Le Crime et la Société

Bibliothèque de Philosophie scientifique

Le Crime et la Société

PAR

J. MAXWELL

DOCTEUR EN MÉDECINE

SUBSTITUT DU PROCUREUR GÉNÉRAL PRÈS LA COUR D'APPEL DE PARIS

PARIS

ERNEST FLAMMARION, ÉDITEUR

26, RUE RACINE, 26

1909

Le Crime et la Société

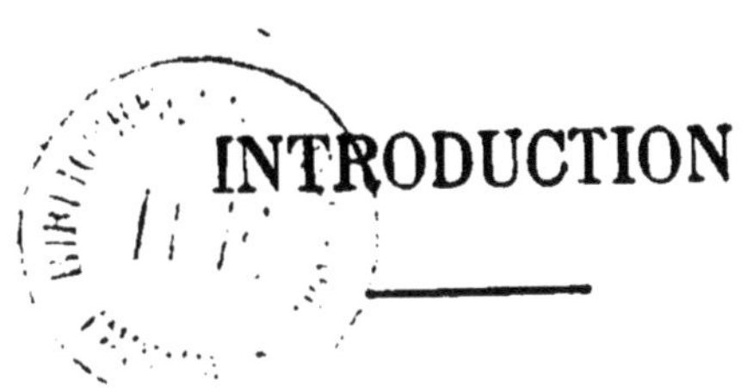

INTRODUCTION

Le livre que je présente au public, sous les auspices de la *Bibliothèque de Philosophie scientifique*, n'est pas l'œuvre d'un sociologue de carrière ; je dois donc demander au lecteur son indulgence, si je me place à un point de vue qui n'est pas exactement celui de l'École.

Je crois que l'unique moyen d'étudier avec précision le phénomène social de la criminalité, est de vivre en contact avec les criminels et de les observer ; je partage, sur ce point, le sentiment de M. Durkheim ; les phénomènes sociaux sont des faits naturels et doivent être étudiés selon la méthode naturelle, c'est-à-dire l'observation, et l'expérimentation lorsqu'elle est possible ; l'effet des lois pénales, souvent contraire à celui que recherchait le législateur, permet de véritables expériences en matière de sociologie criminelle ; malheureusement, ce ne sont pas seulement les lois pénales qui réagissent sur la criminalité; les lois civiles ont un retentissement semblable.

Le sujet de ce livre forme ce qu'on est convenu d'appeler la sociologie criminelle ; c'est une faible partie de la sociologie proprement dite ; mais c'est la plus facile à isoler théoriquement et à soumettre à l'analyse. Je dis théoriquement, car, en réalité, la criminalité n'est pas indépendante de l'état social ; elle est une des manifestations de la vie collective. Je montrerai qu'il ne peut pas y avoir de criminalité en dehors d'un état social quelconque ; elle existe déjà chez les animaux qui vivent en société.

La sociologie crimiuelle ne comprend pas l'étude complète du problème de la criminalité ; elle ne s'occupe que des *rapports de l'infraction et de son auteur avec la société ;* elle étudie le crime, en donnant à ce mot le sens le plus large, au point de vue *objectif*. Les conditious dans lesquelles l'acte criminel se détermine chez son auteur, c'est-à-dire l'étude de la volonté manifestée dans cet acte, est réservée à la psychologie criminelle, dans la mesure où cette science peut être distraite de la psychologie proprement dite.

Les rapports de la sociologie criminelle avec la sociologie générale sont plus faciles à définir que les rapports réciproques de ces deux psychologies ; celles-ci, à mesure qu'on les compare, tendent à se confondre ; il en est autrement des deux autres sciences. Le domaine de la sociologie criminelle est nettement délimité, il s'étend seulement aux manifestations de l'activité humaine interdites par la loi sous menace d'une peine.

Ainsi définie, la sociologie criminelle est donc une branche de la sociologie générale ; elle a pour objet l'étude du crime en tant que phénomène social ; pour éviter une confusion avec le sens très précis du mot crime dans la langue juridique, j'emploierai ordinairement le terme *infraction*, qui est plus compréhensif ; *l'infraction est toute violation d'une loi ou d'une prescription de l'autorité garantie par une sanction pénale*. Tel sera le sens précis de ce mot dans mon étude.

Il est nécessaire de définir exactement le sens technique des expressions que l'on emploie, surtout dans des recherches relativement nouvelles et pour lesquelles la terminologie n'est pas fixée. Il convient donc que je précise la valeur de certaines expressions dont j'aurai à faire usage ; la plus fréquente sera celle de *social* ; ce mot est souvent pris par les sociologues dans les acceptions les plus diverses ; il désigne une foule de phénomènes collectifs, qui ne sont pas pour cela sociaux.

Tout groupement peut, en effet, être considéré comme une société ; sans avoir à rechercher si, d'une manière générale, il n'y aurait pas intérêt à limiter la signification du mot *société*, je m'en servirai dans le sens de groupe politique ayant une unité législative. La France, l'Espagne, l'Italie, seront des « sociétés » ; l'Allemagne, l'Angleterre, l'Autriche-Hongrie en seront également, mais dans la mesure où une législation pénale commune sera applicable à l'ensemble de leurs nationaux. A ce point de vue, l'Allemagne sera une société plus unifiée que l'Autriche-Hongrie, par exemple, puisqu'il existe un Code pénal applicable à l'empire allemand, tandis que l'Autriche et la Hongrie ont des lois différentes.

Ce fait n'est d'ailleurs pas exceptionnel, au contraire ; en France, où l'unité législative est poussée à ses limites extrêmes, il existe des règlements locaux souvent très différents les uns des autres. Au point de vue général, ces différences peuvent être négligées, car ces règlements de police locale ont peu d'importance ; ils suffisent néanmoins pour créer, dans la société française, des sous-sociétés dont les intérêts peuvent quelquefois s'opposer les uns aux autres. Je négligerai ces groupes secondaires, les infractions aux règlements préfectoraux ou municipaux étant sans gravité ; en effet, on ne saurait tenir pour un acte criminel le fait d'avoir oublié de nettoyer le trottoir de sa maison. Je ne considérerai pas cette contravention comme un fait social.

Le fait social, pour moi, sera celui qui intéressera la nation en tant qu'unité politique et législative. Je distinguerai donc le fait collectif du fait social. Cette distinction est nécessaire, et l'exemple que j'ai choisi montre clairement, il me semble, la différence entre ces deux genres de faits ; il montre aussi que la définition du fait social, telle qu'elle est donnée par Durkheim, est peu acceptable[1].

Quelle est la valeur absolue de l'unité sociale plus haut définie? Dans quelle mesure peut-on parler de sa conscience, de sa volonté, de ses représentations? C'est là une question trop compliquée pour la traiter en détail dans une étude consacrée à la criminologie. Je pense que cette unité possède une existence, artificielle sans doute, mais suffisante pour que l'on puisse l'opposer aux individus qui la constituent par leur agrégation.

Les modalités dont est susceptible cette unité sociale sont très différentes ; elle peut revêtir toutes sortes de formes, mais elle ne semble pas les adopter au hasard. Spencer a mis en évidence la loi qui régit la forme des sociétés ; c'est une loi d'évolution.

1. Les nécessités du style m'obligeront quelquefois, pour éviter des répétitions fatigantes, à employer comme synonymes des expressions qui ne le sont pas. Il en sera quelquefois ainsi des termes « social » et « collectif », bien que je vienne de les distinguer.

De même, les mots *crime*, *délit*, seront souvent pris dans le sens *d'infractions : criminel* et *délinquant* seront utilisés comme qualificatifs équivalents, signifiant « *auteurs d'infractions* ». On voudra bien me faire crédit de ces libertés; je les ai prises en vue de rendre plus facile la lecture d'une étude dont le sujet est par lui-même assez difficile à exposer clairement.

Elle varie pour chaque société considérée, mais elle conserve cependant une certaine régularité dans ses effets ; elle donne à la vie sociale l'apparence de la vie individuelle, avec ses périodes de croissance, de maturité, de déclin et de mort. Il n'est pas jusqu'à la mort accidentelle ou violente qui ne menace les sociétés et ne puisse les frapper avant la mort naturelle, résultat de la vieillesse. La conquête, l'extermination, peuvent les faire périr.

Elles ont donc l'apparence de la vie ; elles ont aussi l'apparence de la conscience, de la liberté, de la responsabilité. Il n'est pas douteux, l'Histoire est là pour nous l'apprendre, que les sociétés peuvent périr par leur propre faute ; on peut se demander si elles auraient pu éviter les fautes et les erreurs qui ont amené leur perte ; c'est un autre problème que celui de leur responsabilité effective ; il est d'ordre métaphysique et ne comporte aucune solution, car nous n'avons aucun élément pour en poser les termes.

Les sociétés ont une sorte d'intelligence qui est particulière à chacune d'elles ; leur art, leur littérature, leurs idées générales leur sont propres ; elles peuvent subir l'influence d'une autre société, elles peuvent imiter ses productions, mais, même dans leur imitation, elles révèlent leur caractère personnel ; l'art éthiopien, qui dérive presque sans altération de l'art égyptien, marque de son cachet spécial une imitation souvent servile.

Pour prendre des exemples moins frappants, parce qu'ils sont empruntés à notre temps et que nous discernons mal les choses dont nous sommes trop près, la mentalité française diffère de la mentalité allemande ou anglaise ; les événements ne sont pas appréciés par la société germanique ou anglo-saxonne comme par la nôtre, et ces différences d'ordre intellectuel donnent une manière de personnalité à chaque société ; le langage, qui est le résultat de l'observation commune, comme il est l'œuvre de l'intelligence commune, parle du flegme britannique, de la lourdeur allemande, de la légèreté française. Ces appréciations ne sont pas spéciales à notre langue, nos voisins se jugent et nous jugent de la même façon ; chaque peuple étant, comme il convient, plus sévère pour les autres que pour lui-même, ce qui achève de les faire ressembler à des personnes.

L'individualité, dont le caractère s'observe dans les productions d'une société déterminée, est un fait qui nous autorise à considérer les sociétés comme des êtres d'une nature inconnue, sans doute, probablement artificielle ainsi que je l'ai déjà dit, mais ayant une objectivité certaine ; les différences individuelles qui distinguent les unités dont je parle ne sont pas toujours nettement tranchées ; les régions frontières présentent ordinairement des traits communs aux deux groupes politiques voisins, spécialement dans les pays habités par des races dont le domaine a été partagé entre deux puissances ; il en est ainsi des terres basques, divisées entre l'Espagne et la France. La société, dans le sens accepté par moi, ne se confond donc pas avec la race qui, au point de vue anthropologique, est une conception différente. Il existe peu de races véritables ; cependant, le type humain n'est pas uniquement constitué par sa morphologie anatomique ; il l'est également par sa morphologie psychique, si je puis employer une pareille expression, plus précise que celle de mentalité. Des types anatomiques très différents peuvent avoir de grandes ressemblances psychologiques et être considérés, à certains points de vue, comme des sortes de races.

Malgré les particularités locales, malgré les variétés dues à l'hérédité, l'ensemble d'un groupe politique peut être légitimement considéré comme une unité ; dans la mesure que j'indique, on pourra raisonnablement parler d'une conscience francaise, par exemple.

Il ne faut pas toutefois concevoir cette conscience sociale comme la conscience individuelle, celle-ci est perceptible à l'introspection ; on peut contester la valeur absolue des données du sens intime, il n'en demeure pas moins vrai qu'elles nous permettent seules de nous renseigner sur nos perceptions. On ne peut songer à demander à la conscience d'une société de semblables données ;

en réalité, il n'y a pas d'unité dans la conscience sociale, parce que cette conscience a une existence spéciale ; elle ne se perçoit pas, elle n'a jamais de caractère subjectif, elle est toujours objective.

C'est là, peut-être, la différence la plus frappante qui existe entre la sociologie et la psychologie ; ce que nous appelons, par analogie, la conscience sociale, n'a pas les propriétés de la conscience ordinaire. C'est par une assimilation grossière que nous transportons le langage de la psychologie dans la science sociale.

La conscience des sociétés est l'ensemble des consciences individuelles qui composent la majorité de l'unité sociale, encore n'est-ce que relativement vrai ; le mot majorité ne signifie pas le plus grand nombre des individus, mais doit être limité à ceux qui exercent sur le groupe social une influence quelconque. Les autres sont socialement sans valeur. Cette idée n'a pas échappé à H. Spencer, mais je pense qu'il l'a mal exprimée, en attachant à la conception de coopération une valeur qu'elle ne possède pas.

Cette première constatation, l'inégalité de valeur sociale des individus, est un fait que l'observation la plus élémentaire permet d'établir avec certitude. Elle a des conséquences très importantes en sociologie, conséquences devant lesquelles ont reculé la plupart des sociologues dans leur respect des idées communément acceptées.

La notion de l'égalité humaine est radicalement fausse ; la nature ignore l'égalité, et toute la philosophie zoologique repose sur l'inégalité des individus, fondement de l'évolution. Si l'on veut faire de la science sociale, il faut se débarrasser de cette notion métaphysique ; on lui doit de graves erreurs dans la direction politique des sociétés.

D'ailleurs, les faits ne permettent pas, en pratique, d'appliquer le principe théorique de l'égalité ; il suffit de jeter les yeux sur l'organisme social pour s'en convaincre. C'est même une justice qu'il faut rendre aux partis les plus avancés : ils se sont dégagés de l'influence de ce dogme. La distinction qu'ils font entre les minorités « conscientes » et les majorités inconscientes et serviles est scientifiquement vraie.

La seule valeur que l'on puisse attribuer aux individus incapables d'agir sur les autres est celle qui résulte de leur nombre ; ils jouent le rôle de la masse, ceux qui agissent sont comparables à l'énergie.

Le fait naturel qu'est l'inégalité des individus doit être une des assises des théories expérimentales en sociologie criminelle ; il n'est pas raisonnable d'apprécier les sentiments d'un délinquant d'habitude d'après ceux de l'homme occupant une situation sociale différente. Il est nécessaire de connaître l'état mental et moral des diverses catégories de criminels pour établir une théorie expérimentale de la peine; cela ne paraît pas avoir été fait d'une manière méthodique jusqu'à présent, le législateur ayant constamment prêté aux criminels des sentiments analogues aux siens propres.

Au point de vue particulier de la science dont j'expose les principes généraux, la notion de conscience sociale doit être limitée à la somme des consciences personnelles régissant l'application des peines, en tant que moyens de défense de la société contre le crime. Je comprends l'établissement des peines dans le terme général d'*application*. C'est donc une œuvre législative, judiciaire et administrative.

L'examen des faits nous montrera que l'unité de la conscience sociale ne se retrouve pas dans les divers organismes sociaux auxquels est attribuée cette tâche commune; nous constaterons que le Parlement, la magistrature, l'administration, ont des consciences différentes; c'est le résultat de la différence de composition de ces collectivités dont l'action se combine. Cette constatation nous conduira à certaines conclusions intéressantes, spécialement au sujet de l'exécution des peines.

Il est évident que la définition même que j'ai donnée du terme société, dans l'acception limitée accueillie par moi, bornera mon étude à la société française. Les conditions sociales des diverses nationalités déterminent dans chacune d'elles une évolution de la criminalité; il me paraît difficile, dans l'état actuel de nos connaissances, de généraliser les théories de la sociologie criminelle, les documents sont encore trop incomplets ; peut-être pourrait-on comparer les observations faites par les criminalistes des grandes nations civilisées ; ce travail serait réalisable en ce qui concerne la plupart des nations de l'Europe centrale et occidentale ; je ne suis en mesure de l'entreprendre aujourd'hui. J'étudierai seulement la France et je ne demanderai aux documents étrangers que des indications relatives à des points déterminés. Les lois de la sociologie criminelle générale ne pourront être reconnues qu'en comparant entre elles les données des sociologies criminelles particulières.

L'étude de la criminalité est très compliquée, comme celle de tous les phénomènes sociaux ; elle doit se limiter encore à des analyses de détails, à des généralisations étroites ; je ne pense pas qu'il soit actuellement possible d'aller plus loin sans faire des hypothèses fragiles. Ce que je viens de dire du caractère mobile de la conscience et de la volonté sociales et le manque de précision de ces désignations rendent difficile l'examen des problèmes que soulève leur étude. Je n'ai pu qu'indiquer quelques-unes des difficultés rencontrées ; c'est pour éviter l'une des plus grandes que j'ai donné la définition du sens dans lequel je prends le mot *société*.

Il me reste à faire connaitre la méthode que j'ai suivie ; j'ai adopté les principes posés par M. Durkheim, dont les travaux ont une grande valeur. Je ne partage pas toujours son sentiment, et, sur beaucoup de points litigieux, je préfère les idées de Tarde aux siennes, mais je suis d'accord avec lui sur la méthode.

La sociologie criminelle est obligée de s'appuyer sur les résultats acquis par les autres sciences, ses aînées. Je signalerai plus particulièrement l'anthropologie criminelle, l'ethnographie, les sciences psychologiques et médicales, physiologie, psychiâtrie, neurologie ; enfin, la statistique, base ordinaire des observations sociologiques. L'Histoire ne doit pas être omise, bien que les renseignements que la sociologie criminelle puisse lui demander soient quelquefois peu sûrs.

J'ajouterai, en terminant, que mon livre est l'expression de mes idées personnelles ; je n'ai pas la prétention de parler au nom de la science absolue, je n'ai eu que le souci de demeurer un observateur sans préjugés et un analyste sans parti pris.

LIVRE PREMIER

CHAPITRE I

La Criminalité.

La sociologie criminelle a pour objet l'étude de la criminalité en tant que phénomène social. Elle recherche les conditions dans lesquelles le criminel est produit, elle détermine les moyens d'en limiter la production. Elle n'examine que les rapports du criminel et de l'acte qu'il commet avec la société.

Qu'entend-on par criminalité? Cette expression, en sociologie criminelle, s'étend à tous les actes qui constituent une infraction à la loi pénale.

Il n'est pas possible de trouver une définition plus objective, réunissant tous les faits considérés par un caractère qui leur soit commun et qui n'existe que chez eux. La notion de la *gravité* de l'infraction permettra de distinguer des catégories différentes d'infractions, mais le signe objectif de tous ces faits sera d'être punissables.

Il faut donc établir une séparation très nette entre la criminalité et la moralité. Le jugement porté par la société sur la moralité d'un acte sera ordinairement le même que sur sa criminalité, en ce sens que les infractions les plus graves à la loi morale, en admettant qu'il y ait une loi morale, seront également considérées comme les plus graves à la loi pénale; il en est ainsi de l'assassinat, du vol, de l'attentat à la pudeur. Mais, il ne faut pas que cette apparence entraîne une assimilation.

Le domaine de la morale est distinct de celui de la loi pénale. Il y a des actes moraux qui sont punis, il y a des actes immoraux qui ne le sont pas.

La seconde partie de cette proposition est évidente; il me suffira de signaler les actes d'homosexualité entre majeurs. La législation française ne les punit pas, s'ils ne sont accompagnés d'aucune circonstance de publicité ou de violence. En Allemagne, au contraire, ils sont atteints par la loi pénale. Les pratiques homosexuelles sont immorales, dans la conception ordinaire de la moralité et il y a de bonnes raisons pour les tenir comme telles, car elles sont en opposition avec le but apparent de l'accouplement, qui est la perpétuation de l'espèce.

Un grand nombre de faits du même genre peuvent être cités ; le spéculateur qui abuse d'un renseignement particulier pour jouer à la Bourse, commet un acte de moralité douteuse ; s'il vend à des cours élevés une valeur qu'il sait être mauvaise, il accomplit un acte comparable à celui du vendeur qui trompe son acheteur sur la qualité de la chose vendue ; il échappe actuellement à toute responsabilité pénale, mais son trafic est immoral, puisqu'il a pour base la mauvaise foi.

L'examen des diverses législations répressives nous montre que les différentes sociétés ont des conceptions diverses de la criminalité des actes ; tel fait est puni dans un pays et ne l'est pas dans un autre. Ces divergences arrivent à être considérables quand on considère les infractions les moins graves, les contraventions de police, par exemple ; les règlements varient non seulement de peuple à peuple, mais de ville à ville. On peut enfreindre ces règlements par inadvertance, sans avoir la moindre intention de le faire ; on n'en est pas à l'abri d'une condamnation pour cela. Il est évident que la violation d'un arrêté de police est compatible avec le respect le plus scrupuleux des règles de la morale.

Il n'y a pas de règle fixe, permettant de reconnaître, d'une manière absolue, si un fait doit être puni dans tous les pays.

La variation des concepts sociaux dans l'espace se retrouve aussi dans le temps. La criminalité s'apprécie aujourd'hui autrement qu'elle ne s'appréciait jadis. Le blasphème, le sacrilège, en sont des exemples bien connus. Ils étaient autrefois punis de mort, ils ne sont frappés, aujourd'hui, d'aucune peine.

On retrouve la même variabilité dans la mesure de la peine applicable; les infractions punies de mort étaient bien plus nombreuses dans les anciennes législations. D'une manière générale, les peuples modernes ont adouci leurs systèmes pénaux.

La première partie de la proposition que je formulais plus haut, en disant qu'il y a des actes moraux qui sont des infractions à la loi pénale, est moins évidente que la seconde; la preuve est plus délicate à faire. La raison s'en trouve dans la diversité des concepts moraux.

Nous jugeons de la moralité d'un acte d'après des règles qui ne sont pas uniformes. Je n'ai pas besoin de rappeler que les notions des peuples orientaux ne sont pas conformes à celles des peuples occidentaux. Les nations qui ont subi l'influence du christianisme sont monogames; chez elles, la bigamie est immorale; il en est autrement dans les sociétés islamiques.

Le facteur principal des variations des concepts moraux paraît être d'ordre religieux. La religion, en effet, semble avoir pour objet de donner à l'homme un code de morale; c'est le côté pratique des systèmes religieux; les prescriptions qu'ils établissent ont pour but apparent d'assurer le salut éternel; il en est ainsi notamment dans les grandes religions des peuples caucasiques; l'ensemble de ces prescriptions constitue la règle suivant laquelle les actes doivent être appréciés.

Dans les sociétés comme la nôtre, où l'influence des idées religieuses est en décadence, des systèmes de morale indépendants de tout mélange religieux peuvent se développer; on observe alors des variations de la morale dans l'intérieur du groupe social. Il arrive quelquefois que de véritables conflits se produisent entre la loi pénale du pays et la loi morale de la religion; il en a été ainsi à l'époque de la constitution civile du clergé. On pourrait trouver des exemples plus récents encore de ces conflits, pleins d'intérêt pour le sociologue.

Les prêtres non assermentés, les fidèles fanatiques armés pour résister aux inventaires, violaient la loi pénale pour ne pas violer ce qu'ils pensaient être leur loi morale. Des sentiments de même nature inspiraient ceux qui refusaient le serment religieux, comme Bradlaugh en Angleterre, comme certains jurés en France; on a des exemples de jurés condamnés pour avoir refusé de prêter le serment prescrit, sous prétexte qu'ils ne croyaient pas en Dieu.

Dans ces cas, l'infraction était commise par suite de la divergence des lois pénales et des idées individuelles des délinquants relativement à leurs devoirs moraux.

Les faits que je viens de rappeler justifient donc la proposition formulée tout à l'heure : la criminalité et la moralité sont deux systèmes non seulement différents mais quelquefois opposés.

Elles ont, entre eux, des rapports étroits; cela est évident, puisque les jugements portés sur un acte quelconque, soit au point de vue de sa criminalité, soit au point de vue de sa moralité, sont l'œuvre des mêmes hommes. Cependant, les domaines des deux systèmes ne coïncident pas, alors même que la totalité des membres d'une société a la même foi religieuse; les règles morales s'étendent à une foule d'actions que la loi pénale n'atteint pas; elles peuvent condamner de simples pensées non manifestées, tandis que les lois ne peuvent songer à punir des pensées non manifestées par des actes.

Cependant, les infractions les plus graves à la loi morale constituent en général les crimes les plus graves; cela dépend du fait que les deux systèmes ont leur origine dans la même société. C'est à cette communauté d'origine intellectuelle qu'est due en partie cette concordance, car elle disparait souvent dans les sociétés politiques agrandies par la conquête; l'Algérie nous en offre un exemple.

La polygamie est permise à nos sujets musulmans; elle est interdite à nos nationaux. La majorité de l'élément français tient le fait d'avoir plusieurs femmes légitimes pour immoral, et nos lois en font un crime; mais ce n'est un crime que pour les membres de la société conquérante, non pour ceux qui ont été conquis.

Le fait que la plupart des crimes graves, comme l'assassinat et le vol, sont punis dans presque toutes les législations, et condamnés par presque toutes les morales, ne doit pas nous surprendre; nous ne devons pas l'attribuer à une sorte de révélation mystique; il paraît résulter des nécessités de la vie sociale, être une simple fonction de cette forme d'existence. A l'origine, religion, pénalité, moralité ne se distinguaient probablement pas les unes des autres; ces fonctions ne s'étaient pas différenciées encore. Les religions primitives avaient toutes un caractère local, les Dieux étaient ceux du village ou de la tribu formant l'unité collective et non ceux des peuplades voisines, de même que les lois ne protégeaient que les membres de la société; nous avons des traces historiques de ce fait; quelques-unes d'entre elles ont persisté longtemps dans notre législation : le droit d'aubaine par exemple.

La religion et la morale dérivent peut-être d'idées anciennes relatives à des intérêts collectifs, de même que la législation pénale; d'ailleurs, le

Droit s'est assez lentement dégagé de la Religion; l'étude historique du Droit romain est très instructive à ce point de vue.

Mais ce sont là des hypothèses qu'il est difficile de contrôler d'une manière précise; elles demeurent des possibilités, des probabilités même si l'on veut; elles n'ont pas le caractère de la certitude scientifique.

Je n'essayerai donc pas de rechercher l'origine de l'idée de criminalité; je n'essayerai pas davantage de déterminer si, à un moment donné de l'évolution des sociétés, le crime a été confondu avec le péché et puni comme tel.

Ces recherches présentent un grand intérêt philosophique, mais elles n'ont pas grande influence sur le développement des théories relatives au phénomène de la criminalité. La méthode expérimentale exige des faits pour l'édification des théories et ne permet l'hypothèse que pour expliquer les faits observés.

Or, le fait principal que l'observation nous révèle, est l'association constante de la criminalité et de l'état de société. C'est un phénomène si général, que nous trouvons une ébauche de la criminalité humaine dans les sociétés animales. On a des observations curieuses sur les répressions collectives exercées par les castors, les perroquets vivant en bandes, les freux, les corneilles. La forme la plus apparente de la criminalité chez le freux, sorte de corbeau, est le vol. Il ne s'agit que du vol commis au préjudice des membres de la société, car l'appropriation frauduleuse d'objets appartenant à des étrangers n'est pas punie par la bande.

Je ne connais pas d'exemple de punition collective infligée par des animaux à des individus de leur propre espèce, quand cette espèce n'est pas sociale, c'est-à-dire ne vit pas en groupes.

Ce phénomène, que l'on observe dans les formes les plus rudimentaires de l'état social présentées par les groupes d'animaux, se retrouve dans les formes plus avancées dont les sociétés humaines primitives nous donnent des exemples. La protection collective ne s'étend ordinairement pas aux individus qui ne font pas partie de l'agrégation. Tout est permis à leur encontre; il faut des conventions spéciales, des alliances, pour que les groupes étrangers garantissent à leurs alliés la protection accordée à leurs membres indigènes. La survivance de cet état primitif peut s'observer dans les traités internationaux actuels qui règlent les relations des peuples entre eux; l'état de guerre fait disparaître le caractère criminel des actes commis contre l'ennemi; il ne faut pas remonter bien loin dans l'histoire pour trouver des exemples de pillages et de massacres; certaines de nos guerres contemporaines pourraient en fournir encore.

L'assassinat commis, en temps d'hostilités, sur les combattants du parti adverse, cesse d'être un crime. Il serait facile de multiplier les faits de ce genre, ils confirment la conclusion que je tirais des exemples empruntés aux animaux : c'est que la notion fondamentale de la criminalité paraît être dérivée de l'état de société. Il y a un lien objectif entre ces deux phénomènes.

Pouvons-nous aller plus loin? Pouvons-nous essayer de déterminer celui des deux qui est antérieur à l'autre? Cette détermination aurait une valeur scientifique considérable, car elle nous donnerait la base expérimentale du Droit pénal.

Nous ne pouvons formuler à cet égard qu'une hypothèse, mais sa vraisemblance est telle qu'il paraît difficile d'en trouver une meilleure. Il est probable que la criminalité est le phénomène secondaire.

Pour admettre la théorie opposée, il faudrait supposer qu'avant toute vie sociale, il existe chez les êtres vivants une idée de Justice, en quelque sorte supérieure à l'intelligence et antérieure à elle. Une pareille hypothèse est indémontrable; elle échappe à la sociologie criminelle, comme à toute science expérimentale. Elle est d'ordre métaphysique. Nous ne devons d'ailleurs y recourir que dans le cas où toute autre hypothèse plus simple ferait défaut; or, il n'en est pas ainsi.

Nous concevons très bien le fait de la criminalité, si nous en faisons une fonction de l'état de société. Nous n'avons pas besoin de supposer l'existence d'une idée rudimentaire de justice dans l'intelligence animale ou humaine; la notion de l'intérêt individuel nous suffit.

Ne recherchons pas la cause des tendances sociales, acceptons leur existence comme une donnée expérimentale. Il devient alors évident que les groupes ne subsistent que si les individus qui les constituent vivent en bonnes relations les uns avec les autres. Toute association, divisée par des luttes intestines, perdra le bénéfice de la force collective; elle deviendra la proie des ennemis qui l'entourent; elle ne se défendra pas contre les dangers de toute nature au milieu desquels elle évolue.

Le seul moyen d'éviter les luttes intestines est de garantir aux membres du groupe certains droits; je prends ce mot dans son acceptation la plus large. Les « droits » les plus simples sont ceux qui portent sur les femelles, sur l'abri, sur la nourriture. On constate que ces droits sont protégés dans les sociétés animales elles-mêmes. Les sociétés d'oiseaux garantissent une véritable propriété du nid et des matériaux qui ont servi à l'édifier. L'individu qui veut s'approprier par la force le nid d'un autre oiseau, est attaqué par toute la bande à laquelle appartient l'oiseau lésé. Il est facile de voir dans ces mœurs sociales des animaux, l'ébauche de la répression de l'adultère, de l'agression, du vol.

Les sociétés animales ne semblent pas avoir à leur disposition d'autre moyen de répression que le châtiment corporel; généralement, c'est la mort qui est infligée au délinquant.

L'homme est accessible à d'autres moyens de persuasion. La religion en est un, et des plus énergiques; elle paraît avoir étendu sa protection aux intérêts collectifs des sociétés primitives; c'est ainsi que le mariage, la famille, la propriété ont été garantis par les divinités des groupes intéressés; nous retrouvons l'idée religieuse du lien social dans un grand nombre de cérémonies anciennes, celles qui avaient pour but de créer des liens sociaux artificiels, aboutissant à l'adoption, par la société, d'individus ou de groupes étrangers, aussi bien que celles qui avaient pour objet l'exclusion d'un membre jugé indigne; l'expression latine *interdictio ab aris et focis*, c'est-à-dire l'interdiction des autels et des foyers est significative.

Mais, l'emploi de la religion comme protection des individus est un phénomène social secondaire, postérieur au fait de vivre en groupes. Il a pour effet, comme la répression violente des atteintes aux droits individuels des membres de la société, d'assurer à ceux-ci la jouissance paisible de la vie. L'union des forces individuelles permet aux associations de mieux se défendre contre les dangers extérieurs, c'est là l'intérêt collectif, mais elle ne remplit son but qu'à la condition de maintenir l'harmonie entre les associés.

D'ailleurs, la criminalité ne se conçoit pas en dehors d'un groupe, ayant des intérêts opposés, sur certains points, aux intérêts immédiats de ses composants. Un homme qui vivrait dans un isolement absolu ne saurait être criminel, quelle que soit son immoralité.

La criminalité se révèle donc à l'observation comme un phénomène social, en ce sens qu'elle paraît déterminée par la vie sociale. Cependant, si nous analysons les caractères qu'elle présente, nous constaterons immédiatement un fait : la criminalité est une opposition de l'individu à la société. La volonté du criminel se met en contradiction avec la volonté collective représentée par une habitude, une coutume, une réglementation quelconques.

Le crime, social dans son origine, puisqu'il est déterminé par l'existence d'une société, est anti-social dans ses conséquences.

Il y a donc un conflit de volontés dans la criminalité; d'une part, la volonté sociale, exprimée par l'accord des volontés personnelles ou de la somme la plus forte de ces volontés, et, d'autre part, la volonté individuelle du délinquant. L'infraction, par conséquent, est le produit de deux facteurs :

l'individu et la société. Chacun de ces facteurs a une action propre dans l'évolution de la criminalité, qui variera en fonction de chacun d'eux.

La sociologie criminelle ne peut étudier le criminel en lui-même; il est cependant nécessaire, dans une étude du crime en tant que fonction sociale, d'emprunter à la psychologie criminelle certains renseignements sur l'auteur de l'infraction. Ces renseignements sont indispensables pour apprécier les causes internes de la réaction antisociale survenant chez le délinquant; le devoir de la société, ou son intérêt, lui commanderont de prendre les mesures propres à faire disparaître ces causes dans la limite du possible.

Nous aurons donc à examiner sommairement, d'abord le sujet du crime, ensuite l'objet du crime, c'est-à-dire l'infraction en elle-même, enfin les réactions collectives, ou plutôt sociales, qu'elle provoque.

CHAPITRE II

Le Criminel.

Les criminels se divisent en deux grandes catégories, que l'expérience a grossièrement déterminées; les uns sont en apparence sains d'esprit, les autres sont aliénés.

Cette distinction, sur laquelle repose tout le Droit pénal français, comme d'ailleurs toutes les législations modernes, est susceptible de quelques critiques. L'aliénation mentale, base de cette répartition, est un phénomène pathologique dont l'observation est facile dans certains cas, difficile dans d'autres, impossible dans quelques circonstances.

La psychologie a pour fondement la physiologie du cerveau, en ce sens que les manifestations de la vie psychique ont pour support l'activité des centres cérébraux; on admet que les troubles mentaux sont toujours sous la dépendance d'un trouble organique, circulatoire ou fonctionnel. Les

3.

premiers consistent en une altération permanente, ou plus rarement temporaire, de l'organe, soit dans sa contexture anatomique, soit dans sa constitution. Les seconds sont le résultat d'une modification dans la composition du sang ou dans son cours. Les derniers sont l'expression d'une gêne dans le fonctionnement de l'organe, due à une cause intérieure ou extérieure à cet organe, mais indépendante de son altération. Dans les deux derniers cas, le trouble est ordinairement temporaire.

Cette classification n'a qu'une valeur schématique, mais elle exprime assez bien les notions actuelles sur les causes générales des troubles mentaux.

C'est ainsi que dans la démence et dans l'idiotie, on rencontre des dégénérescences de la substance cérébrale (démence), des atrophies et des arrêts du développement de certaines parties du cerveau (idiotie).

Les troubles circulatoires résultent d'une *intoxication* comme dans l'alcoolisme, le paludisme (*exo-intoxications*) ou l'insolation (Régis), les maladies de l'estomac et des intestins, du foie, des reins, etc. (*auto-intoxications*) ; ils résultent aussi des *infections*, telles que la fièvre typhoïde, la grippe, la polynévrite périphérique, la rage, etc., et des altérations vasculaires, notamment de l'artério-sclérose ; celle-ci peut déterminer le ramollissement cérébral.

Enfin, les troubles fonctionnels sont peu connus ; quelques-uns sont dus à des compressions, soit de l'organe, soit de ses connexions (tumeurs), et cessent avec leur cause ; d'autres dépendent de circonstances encore indéterminées, comme dans l'hystérie. L'épilepsie, dans un grand nombre de cas, a l'apparence d'un trouble fonctionnel.

L'opinion la plus autorisée n'admet pas l'existence de manifestations mentales pathologiques sans un substratum physique, du genre de ceux que je viens d'indiquer sommairement. Cette opinion n'est pas démontrée dans tous les cas, elle l'est seulement dans la presque totalité des cas ; il existe en effet des psychoses aiguës qui ne semblent accompagnées d'aucune lésion anatomo-pathologique. Mais une constatation négative ne nous permet pas d'affirmer que les folies aiguës n'ont pas de substratum physique, étant donné surtout que les autopsies ne se font pas immédiatement après le décès. D'ailleurs, même dans ces cas, on observe des modifications des cellules corticales qui, pour n'être pas concluantes, méritent cependant de retenir l'attention, car elles tendent à confirmer la vraisemblance de l'opinion communément admise par les savants ; celle-ci demeure, en tout cas, la seule hypothèse appuyée sur des observations positives. Elle autorise certaines conclusions importantes.

La plus grave concerne la distinction habituellement faite entre les troubles intellectuels et les troubles moraux ; la moralité est une fonction de la vie psychique, au même titre que l'intelligence ; elle détermine notre appréciation de la qualité des actes suivant certaines règles, comparables à celles qui gouvernent nos jugements purement intellectuels ; ceux-ci se formulent, d'une manière générale, par rapport à la réalisation d'une fin ; ceux-là par rapport à une mesure en apparence absolue et invariable, qui est l'idée du Bien et du Mal.

Avons-nous le droit de dire que ces jugements moraux sont l'œuvre de l'esprit seul ? que l'état du cerveau y est indifférent ? Je ne le pense pas. Nous sommes conduits à considérer comme probable l'hypothèse de l'existence d'une folie morale, comparable à la folie intellectuelle ; l'aliéné ordinaire ne s'aperçoit pas de la fausseté de ses perceptions hallucinatoires, des erreurs de jugement qu'il commet, de l'inadaptabilité des moyens qu'il emploie à l'obtention du but qu'il cherche. Sommes-nous certains qu'il n'existe pas des individus dont les perceptions morales soient seules troublées ?

Nous connaissons des entités morbides dans lesquelles le symptôme dominant est en partie intellectuel, en partie moral, la kleptomanie, par exemple. Je reconnais que cette tendance au vol est de nature impulsive ; mais les opinions formulées par les meilleurs psychiâtres me donnent à réfléchir.

Régis, par exemple, parle des impulsions conscientes, dans lesquelles l'élément pathologique et l'élément délictueux sont presque impossibles à distinguer nettement. (*Précis de Psychiâtrie*, p. 137.) Il enseigne qu'il y a des cas de « transition ».

Combien l'appréciation sera plus difficile, si les faits à considérer ne dépendent pas d'une *impulsion*, c'est-à-dire d'une tendance positive, poussant à l'accomplissement d'un acte et dont l'existence, par conséquent, se révèle forcément à la conscience, mais d'une *inhibition*, c'est-à-dire d'un phénomène négatif, d'une tendance à ne pas accomplir l'acte et dont la conscience ne sera pas nécessairement avertie.

Or, les jugements moraux, en criminologie, sont par définition des *inhibitions;* sauf les cas, très rares, d'un conflit positif entre la morale et la loi pénale, il est évident que celle-là ne poussera pas à l'accomplissement d'un acte interdit par celle-ci, mais tendra au contraire à l'empêcher.

Si le « sens moral » fait défaut, s'il n'a pas été rectifié par l'éducation ou suppléé par elle, on conçoit que les *inhibitions* dues à son action puissent manquer; dans le cas où les déviations, l'insuffisance ou l'absence du sens moral pourraient être considérées comme des phénomènes pathologiques de même ordre que la folie, — s'il existe en un mot des aliénations morales comme il existe des aliénations mentales, — le problème de la criminalité devient d'une complexité redoutable pour le juge chargé d'examiner la volonté du coupable.

Une autre conséquence, non moins importante, des rapports étroits qui existent entre les fonctions psychologiques et l'état de l'organisme, est le déterminisme apparent des actes criminels; si la volonté humaine n'est pas libre, si elle n'est qu'une résultante, l'idée de responsabilité ne doit pas être le principe générateur de la culpabilité, pas plus que l'idée de châtiment ne doit être la base de la peine.

Ces conceptions ont-elles pour fondement l'observation et l'expérience? C'est aux faits qu'il convient de demander la réponse à cette question. Pour cela, nous examinerons sommairement les éléments de la criminalité subjective[1], éléments positifs, tendances à commettre l'acte; éléments négatifs, tendances à ne pas le commettre; nous étudierons objectivement l'acte criminel, puis la volonté qu'il manifeste; nous rechercherons la valeur des distinctions faites entre les délinquants responsables et les aliénés criminels; nous terminerons enfin l'analyse de la criminalité subjective par l'examen de la notion actuelle de responsabilité.

1. Je désigne par le terme *subjectif* les éléments de la criminalité propres au sujet, c'est-à-dire à l'auteur de l'infraction; par celui d'*objectif* ceux qui forment les éléments concrets de l'infraction.

CHAPITRE III

Les éléments de la criminalité subjective.

Comme nous l'avons vu, ces éléments sont de deux sortes ; ils poussent à l'acte ou en détournent. Les premiers sont des impulsions ou des mobiles ; je les appellerai des tendances positives, terme qui est plus général ; les seconds sont des inhibitions, ou des considérations morales ; je les désignerai sous le nom de tendances négatives ou inhibitives, en attendant que la terminologie soit mieux précisée.

A. — TENDANCES POSITIVES.

L'analyse nous montre que ces tendances correspondent à des besoins, réels ou artificiels, dont nous cherchons la satisfaction ; ils se répartissent en deux grandes catégories, suivant que les besoins à satisfaire ont une origine interne, c'est-à-dire organique ou plutôt physiologique (*endo-*

gène), ou une origine externe, c'est-à-dire placée primitivement en dehors de l'organisme (*exogène*). Cette classification n'est pas arbitraire, car l'observation montre que les besoins internes sont presque toujours des besoins réels, tandis que les autres ont un caractère artificiel; ils ont une action psychologique par opposition à l'action physiologique des premiers.

1° Tendances d'origine interne.

Ces tendances ont pour base l'accomplissement des fonctions organiques, c'est-à-dire qu'elles expriment, dans l'individu, l'action des forces qui conservent l'espèce et la perpétuent.

L'entretien de la vie individuelle peut se résumer en un seul terme : le maintien de la chaleur animale. Pour la maintenir, la nourriture et l'abri sont nécessaires.

Le manque de nourriture se traduit organiquement par la faim. L'expérience apprend que la faim est une cause fréquente d'infractions; soit qu'elle agisse par elle-même, quand le crime est commis pour l'apaiser, soit qu'elle agisse par son image psychologique, ce qui est le cas le plus ordinaire. Dans ce cas, c'est la crainte de la faim, plus que la faim actuelle qui pousse à l'infraction. Il est évident que l'on peut éprouver cette crainte soit pour soi-même, soit pour sa famille; le mobile est aussi énergique dans un cas que dans l'autre.

L'abri se trouve dans le vêtement et le logement ; il est aussi nécessaire, dans nos climats et dans nos sociétés, de se vêtir et de se loger, que de se nourrir.

Le manque de ces nécessités primordiales est la misère, source d'un grand nombre d'infractions ; la misère est un mobile puissant, elle place l'individu dans une situation très difficile, car elle l'oblige quelquefois à enfreindre la loi pénale pour assurer son existence ou celle de sa famille. Dans d'autres cas, elle détermine des suicides, souvent collectifs.

Il faut donc reconnaître que les crimes, dont la misère est le mobile, portent en eux-mêmes une cause d'atténuation ou même d'excuse, dans certains cas. Cette conclusion se déduit de la gravité théorique de l'alternative dans laquelle le délinquant se trouve placé ; il est en présence d'un conflit entre ses intérêts vitaux et des intérêts opposés, qui n'ont pas pour lui ce caractère, du moins dans la généralité des cas.

La perpétuation de la vie s'exprime dans l'individu par la fonction sexuelle. Je n'ai pas à insister sur les exigences de cette fonction, de laquelle dérivent aussi une quantité d'infractions. Les besoins sexuels, malgré l'énergie de leurs appels, ne sont pas, dans l'espèce humaine, une nécessité ;

la vie est compatible sans leur satisfaction s'il n'est pas démontré que la santé le soit.

Nous reconnaitrons donc au mobile sexuel une puissance moindre que celle des précédents; l'expérience nous apprend cependant que chez certains individus, et à certaines époques, la tendance qui pousse à la satisfaction des besoins génésiques a une très grande valeur énergétique.

La sexualité agit avec une grande force sur l'imagination; elle est susceptible de revêtir des formes aberrantes et de déterminer, dans la sensibilité et dans les sentiments, des troubles souvent graves.

2° Tendances d'origine externe.

Je dois définir ce que j'entends par origine externe, afin d'éviter tout malentendu. Je ne veux pas dire que la tendance naitra en dehors de l'organisme de l'individu considéré; ce serait une absurdité. Je veux dire simplement que le besoin éprouvé par l'individu est déterminé par des représentations empruntées au milieu extérieur, et ne dépend pas exclusivement de l'état de son organisme. Ces besoins ne sont pas des nécessités; ils n'ont donc pas la réalité absolue de ceux que je viens d'examiner; en ce sens, ils sont artificiels.

L'analyse des faits montre qu'ils peuvent se classer dans trois grandes catégories.

La première est constituée par les besoins artificiels dérivant des besoins naturels de l'abri et de la nourriture; ils peuvent se résumer dans le luxe. Le luxe est relatif; il est, par conséquent, impossible d'en donner une définition absolue. Son principe est l'*inutilité;* mais, comme nous aurons à le constater, l'inutilité est elle-même une mesure relative, dont la valeur change suivant les individus.

Le luxe de l'habitation, du vêtement et de la table sont les trois principales variétés de cette première catégorie des besoins artificiels.

La seconde dérive de la fonction sexuelle ; elle en est le développement psychologique ; elle comprend l'amour, la jalousie, la haine ; les sentiments et les passions dont la sexualité est le principe déterminent une foule d'actes criminels, notamment d'attentats contre les personnes.

La dernière catégorie est la plus complexe ; il est impossible d'en donner une classification complète, car elle correspond à tous les besoins que fait naître dans l'homme la vie civilisée. Ces besoins sont d'une nature particulière, ils ne ressemblent pas à la faim ni au froid ; plus encore que le besoin sexuel, ils peuvent n'être pas satisfaits, sans que pour cela la vie ou la santé soient compromises.

On pourrait les considérer comme le besoin du plaisir sous toutes ses formes ; ces formes seront naturellement très variables et dépendront du degré d'évolution de l'individu et du milieu ; elles sont conditionnées par la civilisation, mais on en trouve déjà le rudiment chez les peuplades préhistoriques et sauvages, dans l'homme de l'époque magdalénienne comme dans le nègre australien.

Je citerai à titre d'exemple les besoins esthétiques qui engendrent les Arts, la Musique, la Peinture, etc. La parure, les bijoux, l'architecture, les arts décoratifs sont l'application des idées esthétiques à l'ornementation du vêtement ou de l'abri. Il ne faut pas confondre l'art et le luxe, bien qu'ils puissent s'associer. Il existe dans tous les phénomènes de luxe un élément d'inutilité, de superfluité, qui ne se retrouve pas dans l'essence des phénomènes d'art.

La satisfaction des besoins dont je viens d'indiquer les catégories générales, est la cause de tendances à l'accomplissement de certains actes qui peuvent être défendus par la loi pénale.

B. — TENDANCES NÉGATIVES.

L'analyse des éléments générateurs de ces tendances à ne pas accomplir un acte révèle leur origine secondaire. Ce sont les idées morales en premier lieu ; en second lieu, ce sont des notions empruntées à l'intérêt personnel, désir d'un avantage ou crainte d'un mal. Il n'est pas sûr que les concepts moraux n'aient pas, primitivement, ce caractère.

Ces tendances négatives sont des inhibitions; l'expérience démontre que leur action est peu uniforme.

Les idées morales ne sont pas également développées chez tous les individus ; elles peuvent se ramener à deux types principaux : les unes paraissent, dans une certaine mesure, avoir un caractère héréditaire. On a des exemples de la persistance des notions d'honneur et de vertu, chez des individus placés depuis leur enfance dans des milieux dépravés ; de même, on en a de plus nombreux encore de l'impuissance de l'éducation à les développer chez certains autres, malgré les qualités du milieu dans lequel ils ont évolué.

Les idées morales du second type sont celles que développe l'éducation ; elles sont acquises.

Le caractère actuel des idées morales est le désintéressement; elles peuvent amener l'individu à se sacrifier soit pour un autre, soit pour la collectivité. C'est ce que le langage moderne désigne sous le nom d'altruisme.

Les inhibitions d'ordre purement moral font défaut chez un grand nombre d'individus, et particulièrement chez les criminels ; l'expérience universelle de tous les peuples leur a enseigné la nécessité de faire appel à des moyens plus sûrs; le plus efficace est la peine. Les individus qui seraient tentés de violer les lois pénales en sont empêchés par la crainte du châtiment.

Je n'ai pas à faire l'analyse historique de la « peine ». Dans les sociétés primitives, elle affecte souvent l'allure d'un acte religieux ; le coupable, et quelquefois sa famille avec lui, est sacrifié rituellement plutôt qu'exécuté. Dans d'autres cas, la société se substitue à l'individu pour le venger; c'est l'origine de l'idée de la vindicte publique. Aujourd'hui, la science criminelle tend à considérer la peine comme n'ayant qu'une raison d'être, son utilité. Elle fonde la plupart de ses théories pénales sur cette conception pratique.

On en arrive donc à considérer le criminel comme un mobile sollicité par des forces contraires ; les unes le poussent à satisfaire ses passions, à contenter ses besoins, à se procurer du plaisir aux dépens des autres citoyens. Les inhibitions agissent comme des forces opposées aux premières ; la société, intéressée à maintenir l'ordre et la paix dans l'intérieur du groupe, a un moyen très simple pour faire croître la valeur de ces forces d'inhibition, c'est d'augmenter la peine. Les sociétés primitives emploient des châtiments cruels, des tortures, des mutilations. Les nations modernes ont une conception plus douce ; elles ont remarqué, par expérience, que les peines disproportionnées, relativement à la gravité de l'acte criminel, n'avaient pas d'efficacité. Elles ne sont pas régulièrement appliquées. Nous aurons à revenir sur cette idée en examinant la peine au point de vue théorique général.

Nous ne retiendrons l'observation précédente que pour reconnaitre l'existence d'une loi expérimentale, démontrée par l'histoire et la pratique contemporaines, régissant la proportionnalité des peines.

Cette proportionnalité se mesure suivant la gravité de l'infraction; celle-ci s'apprécie à deux points de vue : le premier est relatif à l'auteur de l'infraction, le second à la société. Un acte criminel devrait donc être envisagé, dans les systèmes répressifs fondés sur la responsabilité humaine, comme constitué par deux facteurs, l'un subjectif, la volonté criminelle, l'autre objectif, le préjudice social.

La mesure de ce préjudice est très variable d'une civilisation à l'autre; les sociétés théocratiques, ou simplement religieuses, montrent une grande sévérité pour les crimes de lèse-majesté divine; les sociétés laïques, comme la nôtre, ne les punissent pas.

En général, la gravité d'une infraction se reconnait à la gravité de la peine qui la frappe; c'est la classification adoptée par notre Code pénal; elle a l'avantage d'être purement objective; les systèmes qui essayent de déterminer la valeur absolue des infractions peuvent bien s'accorder sur les crimes les plus graves, comme l'assassinat et les vols; mais déjà, dans l'appréciation de la gravité des diverses espèces de vols, les désaccords apparaissent.

Il est inévitable qu'il en soit ainsi, puisqu'en réalité il n'existe aucun critère véritable pour juger de la grandeur du préjudice social ; les règles sont essentiellement arbitraires.

Je passerai d'abord en revue les principales infractions et rechercherai quels sont les principes généraux que l'on peut apporter à l'examen de leur gravité comparée ; j'étudierai ensuite l'élément subjectif du crime, c'est-à-dire la volonté criminelle.

CHAPITRE IV

Les éléments de la criminalité objective. L'acte criminel.

Il est évident que les diverses infractions à la loi pénale ne comportent pas le même traitement ; il en est de plus graves les unes que les autres ; elles doivent être réprimées plus ou moins sévèrement. Toutes les législations sont d'accord sur ce point.

Le système français comprend, comme tous les autres d'ailleurs, une échelle de peines dont les principales sont l'amende, l'emprisonnement, la réclusion, les travaux forcés et la mort ; il n'y a pas très longtemps qu'elle comportait des mutilations avant l'exécution ; jusqu'en 1832, les parricides avaient le poignet coupé ; on se contente maintenant de les exécuter en chemise, nu-pieds, et la tête couverte d'un voile noir.

A côté de ces peines usuelles, on en trouve de plus rarement appliquées : la déportation et la détention, réservées aux crimes politiques, de même que le bannissement; enfin la relégation, l'interdiction de séjour et celle de certains droits civiques (électorat, éligibilité), civils (jury, fonctions publiques, port d'armes, expertise, etc.), et de famille (tutelle, conseil de famille).

Les peines ont été constamment en s'adoucissant depuis plusieurs siècles; le Code de 1810 a été modifié par deux refontes générales, celle de 1832, à laquelle nous devons l'extension des circonstances atténuantes, introduites en 1824, et celle de 1863.

Si l'on compare nos lois pénales à celles des principales nations européennes, on constate que nos peines sont, en général, plus élevées. Une nouvelle revision de leur mesure semble nécessaire. Nous aurons à revenir sur l'étude de la peine à ce point de vue.

§ I. — LES CRIMES CONTRE LES PARTICULIERS.

Le droit français, dans son appréciation de la gravité, tient compte de trois éléments principaux; le préjudice social, le préjudice individuel, la perversité de l'auteur de l'acte.

Ce dernier élément est celui qui forme la base des aggravations résultant de la préméditation, du guet-apens, des actes de barbarie (art. 303); il appartient plutôt au facteur subjectif, et sera étudié avec la volonté criminelle.

Comme éléments d'appréciation véritablement objectifs, nous ne trouvons, en définitive, que l'idée de préjudice, social ou individuel.

Celui-ci peut être assez facilement apprécié; le législateur classe les crimes contre les particuliers en deux grandes catégories, les attentats contre les personnes et les attentats contre les biens; les premiers sont considérés, d'une manière générale, comme plus graves que les seconds, car ils comportent seuls, dans certains cas (assassinat, meurtre accompagnant un autre crime, incendie d'une maison servant à l'habitation), la peine de mort.

Cette peine n'est pas applicable au meurtre simple ni aux coups et blessures ayant entrainé la mort sans intention de la donner; dans ces cas, comme dans l'homicide par imprudence, le préjudice causé à la victime est aussi grand que dans l'assassinat, par exemple, mais le législateur tient compte d'un élément subjectif, intentionnel, qui lui paraît justifier l'appréciation plus indulgente qu'il fait de la gravité de l'infraction.

Les mêmes principes régissent les coups et blessures qui peuvent devenir de simples contraventions lorsqu'ils sont légers.

La théorie générale des violences contre les personnes se complète par celle des excuses et de la justification; l'excuse diminue la gravité de l'infraction; c'est, par exemple, la provocation résultant de violences graves, mais ne mettant pas la vie en péril; ou l'homicide, les blessures dont on se rend coupable en repoussant, pendant le jour, l'escalade ou l'effraction des clôtures d'une maison ou d'un appartement habité, etc. L'excuse ne fait pas disparaître toute culpabilité, la justification, au contraire, produit ce résultat; par exemple, les blessures, coups, homicides ordonnés par la loi et commandés par l'autorité légitime, ou par la nécessité actuelle de la légitime défense de soi-même ou d'autrui, ne constituent ni crime ni délit.

Le meurtre commis par le mari sur son épouse surprise en flagrant délit d'adultère dans le domicile conjugal, et sur le complice, n'est qu'excusable.

Les raisons qui excusent ou justifient les infractions ci-dessus énumérées, à titre d'exemples seulement, car il ne faut pas considérer mon énumération comme complète — je ne fais pas un manuel de droit pénal — sont tirées, les unes de l'intérêt collectif, les autres de considérations subjectives; les crimes ordonnés par la loi et commandés par l'autorité, sont justifiés; cela s'explique par la nécessité de rendre légale la répression de certains faits : les émeutes, par exemple. Il ne faut pas que l'instabilité des pouvoirs politiques puisse permettre à un parti victorieux de poursuivre les défenseurs vaincus de l'ordre ancien; il ne faut pas permettre davantage des poursuites privées, fondées sur les actes de répression.

La légitime défense se justifie d'elle-même; cela ne souffre pas de difficulté dans le cas où l'on tue pour défendre sa propre vie; cela se conçoit aussi dans le cas où c'est la vie d'autrui qui est menacée; l'impunité doit être assurée à celui qui défend son semblable contre des meurtriers, car il accomplit un acte de solidarité.

L'article 329 du Code pénal étend la justification de légitime défense à deux cas : celui dans lequel l'infraction a été commise en repoussant, *pendant la nuit*, l'escalade ou l'effraction des clôtures d'une maison ou appartement habité, et celui dans lequel l'acte a été accompli en se défendant contre les auteurs de vols ou de pillages exécutés avec violence.

On comprend mieux l'exception de légitime défense dans le second cas que dans le premier; la victime de vols exécutés avec violence peut raisonnablement croire sa vie menacée; il en est autrement dans le cas d'escalade ou d'effraction; cependant, le législateur n'a voulu protéger que les personnes par l'excuse et l'exception des articles 322 et 329 du Code pénal. On peut penser qu'il y aurait lieu de spécifier les clôtures dont l'escalade ou l'effraction entraineraient l'application de l'article 322 ou de l'article 329; il est difficile de croire que l'escalade du mur de clôture d'une dépendance mette en péril la vie des habitants de la maison.

Les attentats aux mœurs sont des crimes contre les personnes, mais ils intéressent la collectivité dans une certaine mesure; il en est ainsi de l'outrage public à la pudeur, de l'excitation des mineurs à la débauche, de l'adultère. Cette dernière infraction était autrefois punie des peines les plus graves; aujourd'hui, dans beaucoup de pays, en Angleterre notamment, elle n'est pas l'objet d'une sanction pénale; la collectivité semble s'intéresser de moins en moins à cette infraction, qui revêtait autrefois un caractère d'outrage aux divinités locales, de crime religieux; en réalité, il n'y a que des intérêts privés en jeu. L'adultère devrait avoir depuis longtemps disparu de notre Code pénal; il ne peut être poursuivi que sur la plainte du conjoint et on arrive à cette contradiction qui justifie toutes les critiques, que l'adultère le plus coupable de tous, au point de vue moral, celui dont le mari se fait le complaisant bénéficiaire, est impuni, tandis que la malheureuse femme qui se donne par amour, s'expose à être mise en prison à la requête de son époux.

Les plus justes reproches peuvent être adressés à nos lois en cette matière; l'excuse de l'article 324, la peine qui frappe le délit d'adultère sont une source de chantages. Il y a plus d'inconvénients que d'avantages à les maintenir dans notre législation.

Une dernière catégorie de délits contre les personnes est formée par les menaces, les injures, la diffamation; je ne m'en occuperai pas ici, car ils présentent peu d'intérêt au point de vue sociologique; il en est autrement des délits de la parole et de l'écriture commis envers les dépositaires de l'autorité; nous les étudierons en même temps que les infractions constituant des attentats contre la collectivité.

Les biens sont protégés, comme la vie et l'intégrité corporelle des citoyens; les attentats contre les biens se divisent en appropriations frauduleuses et en destructions.

Les appropriations frauduleuses comprennent un grand nombre de modalités ; les plus fréquentes sont les vols. La loi française les sépare en crimes et simples délits.

Les premiers sont accompagnés de circonstances aggravantes, dérivant, soit des faits, soit de la qualité de l'agent. La nuit, la pluralité d'auteurs, le port d'armes, la violence, les menaces, l'effraction, l'escalade, les fausses clés, la maison habitée, le chemin public constituent la première catégorie; l'aggravation résulte du mélange de la violence directe ou indirecte, contre les personnes ou contre les choses, qui s'ajoute au fait du vol. La circonstance aggravante de chemin public résulte de la combinaison de l'intérêt général, sécurité des routes. et de l'intérêt particulier, protection de la propriété individuelle. Elle ne concerne que les voyageurs, non les objets déposés sur le chemin public.

La seconde catégorie est déterminée par la qualité de l'auteur du vol ; les domestiques, employés à gages, ouvriers. apprentis, etc., commettent des crimes lorsqu'ils volent leurs maîtres et patrons. Le législateur a essayé de compenser les facilités que le coupable trouve pour voler son employeur, par l'augmentation de la peine. Le principe de cette aggravation est général, c'est celui de la confiance nécessaire ; il s'applique à d'autres moyens d'appropriation frauduleuse que le vol, à l'abus de confiance, par exemple ; il ne me parait pas à l'abri de toute critique.

A côté du vol, se sont édifiés d'autres moyens de dépouiller autrui ; ils ont pris dans les sociétés modernes un développement considérable ; ils forment, d'une manière générale, la classe des escroqueries et des abus de confiance.

L'escroquerie s'est singulièrement perfectionnée ; la loi française, limitant le juge dans les termes étroits de la définition de l'infraction, ne permet pas d'atteindre tous les genres d'escroquerie ; l'escroquerie à la société financière est un des modes les plus remarquables de l'art du dépouillement; elle présente de sérieuses garanties de sécurité.

Le législateur la considère comme un délit; il semble que les modifications profondes qu'a subies l'économie sociale justifieraient une aggravation de nos lois pénales sur ce point.

Il existe enfin une dernière classe d'attentats contre la propriété des particuliers, celle des faux. La loi française en fait des crimes ; les peines qui frappent le faux ont été progressivement adoucies, car il était autrefois puni de mort dans quelques cas; aujourd'hui il ne comporte que les travaux forcés ou la réclusion et l'amende, avec les atténuations résultant de l'article 463 du Code pénal.

La loi distingue un grand nombre de faux ; elle atteint plus sévèrement les falsifications d'écritures authentiques, publiques, commerciales, que les faux privés.

Les destructions, dégradations, dommages, sont punis de peines différentes, selon la nature des intérêts lésés ; l'incendie est le fait le plus grave; il est puni de mort dans le cas d'incendie d'une maison ou d'un endroit quelconque servant à l'habitation et dans celui où le crime a occasionné la mort d'une personne.

Il faut remarquer que la loi ne fait pas de différence entre celui qui met le feu à une maison pour en tuer l'habitant et celui qui commet un homicide involontaire en incendiant un des objets prévus en l'article 434, fût-ce une meule de paille; c'est une exception intéressante au principe de la nécessité d'une intention homicide; le législateur ancien, recruté principalement dans la classe des propriétaires fonciers, a manifesté dans la rédaction de ces prescriptions, des préoccupations générales en faveur desquelles il a fait fléchir le principe fondamental de ses conceptions pénales, la volonté criminelle. Un homicide non volontaire est puni comme un assassinat dans l'hypothèse que je viens d'examiner.

A un degré intermédiaire entre la protection des intérêts particuliers et celle des intérêts généraux, se placent les infractions commises contre l'enfant et contre la famille. Sur ce point, les idées du législateur français paraissent fort incomplètes. Il protège l'état civil de l'enfant, punit son enlèvement, sa substitution, son exposition et son abandon. Il punit aussi la supposition d'un enfant à une femme qui n'est pas accouchée.

Il est facile de distinguer, dans les préoccupations des rédacteurs de nos lois, deux courants d'idées : l'un est relatif à la personne de l'enfant, l'autre à ses biens et aux droits de ses héritiers ou des héritiers de ses père et mère supposés. On rencontre aussi des soucis plus généraux, ceux qui sont relatifs à l'état civil par exemple.

Mais, malgré ces textes, l'enfant est insuffisamment protégé; des lois récentes ont institué la déchéance de la puissance paternelle à l'égard des parents indignes et établi des peines sévères pour punir les mauvais traitements exercés sur les enfants ; ces nouvelles lois, associées à celles qui ont pour objet de protéger la femme enceinte ou récemment accouchée, ont un grand intérêt sociologique ; elles semblent indiquer l'éveil, dans la conscience des législateurs, de sentiments nouveaux, en particulier du souci de la préservation de l'enfant ; les efforts faits sont encore insuffisants et doivent être considérés comme des signes heureux d'une activité législative plus scientifique.

La loi ne se préoccupe pas encore de l'enfant à naître ; elle ne prend aucune mesure pour empêcher la reproduction coupable ; elle demeure presque indifférente à la conservation de la qualité des enfants qui deviendront un jour les représentants de la société dans le monde : il y a là une grave méconnaissance des intérêts collectifs les plus importants, ainsi que j'aurai à le montrer.

La seule infraction qui soit réprimée, dans cet ordre d'idées, est l'avortement ; c'est un crime très spécial, que l'on trouve compris dans le chapitre Ier, section II, traitant des violences.

La protection de la famille est assurée par les dispositions relatives à l'état civil, qui sont insérées dans le Code civil, et par quelques articles du Code pénal concernant la déclaration des nouveau-nés ; la « sainteté » du mariage est préservée par les peines qui atteignent l'adultère et la bigamie ; il me semble difficile d'apercevoir un intérêt social objectif dans la répression de ces infractions ; cela est évident pour l'adultère ; cela l'est moins pour la bigamie, mais en réalité. la lésion même, dans ce cas, paraît limitée à des intérêts privés, dès que l'on se dégage du préjugé religieux.

Les temps récents ont été les témoins d'un mouvement social digne d'attirer l'attention ; le souci de la santé collective a pris un extraordinaire développement : jadis, cette préoccupation se manifestait surtout par la crainte des épidémies contagieuses ; la loi qui punit de mort celui qui s'échappe du lazaret où il est en quarantaine, n'est pas abrogée.

Les logements insalubres, la contamination des sources, les épizooties, les maladies contagieuses, les fraudes alimentaires, le travail des femmes et des enfants, le repos hebdomadaire, la protection des nourrissons, etc., tout un ensemble de lois et de règlements divers, ont pour objet la santé publique ; cette législation, en France, est due à un sentiment respectable, elle est l'expression d'une tendance sociale juste ; le seul reproche que l'on puisse lui faire, c'est d'être quelquefois difficilement applicable comme la loi sur la police sanitaire rurale (loi de 1902), ou de nuire aux intérêts de ceux qu'elle veut protéger, comme la loi sur le repos hebdomadaire dans certaines petites industries.

Ce sont des imperfections qui disparaitront avec le temps. Le principe de ces lois est excellent et vraiment démocratique, je ne veux pas dire démagogique.

Si l'on étudie les causes qui ont amené les pouvoirs publics à promulguer ces lois, on est conduit à reconnaitre une évolution très marquée dans leurs caractères essentiels; la législation barbare de 1822 sur les quarantaines, est fille de la peur; c'est une réaction de défense sociale provoquée par la crainte des épidémies. Plus tard, on aperçoit dans les idées du législateur un élément relativement nouveau ; la loi de 1850 sur les logements insalubres marque le triomphe d'une conception de l'intérêt social, au point de vue de la santé individuelle, sur l'intangibilité du droit de propriété, sur la liberté des conventions.

Le mouvement dont on distingue à peine les traces dans cette période de notre activité législative, a pris une force considérable à la fin du XIXe siècle et au commencement du XXe, le désir de bien faire a été peut-être plus loin que la possibilité de bien faire.

Malgré ses défauts, l'œuvre législative contemporaine mérite l'attention bienveillante des sociologues, car elle précise le conflit des intérêts généraux et des intérêts particuliers sur des points nouveaux et contestés ; elle permet des expériences dont les résultats seront finalement bons, le progrès social se réalisant par des accommodations successives, qui sont fréquemment des transactions.

De la solution que l'on donne à ces conflits dépend la mesure dans laquelle on doit penser que l'État, en tant que pouvoir collectif, peut restreindre certains droits fixés par la coutume et en protéger d'autres, dont la défense n'était pas assurée autrefois.

§ 2. — LES CRIMES CONTRE L'ÉTAT.

Il nous reste à examiner maintenant les principes appliqués par le législateur français pour défendre le groupe social contre les atteintes individuelles ou collectives dont il peut être l'objet.

Le code prévoit les attentats contre la sûreté de l'État, contre la Constitution, contre la paix publique.

Les attentats contre la sûreté de l'État se divisent en deux classes : les uns sont dirigés contre la sûreté *extérieure*, les autres contre la sûreté *intérieure* de l'État; les premiers ont pour but d'affaiblir la puissance sociale dans ses rapports avec les autres sociétés politiques ou États; les seconds, tout en ayant quelquefois indirectement ce résultat, ont pour but immédiat de porter atteinte à l'ordre intérieur de l'organisme social.

Les peines édictées par la loi sont graves; la plus ordinaire était la peine de mort; elle a été remplacée par la déportation, depuis l'abrogation de la peine de mort en matière politique. C'est ainsi que les attentats à la sûreté extérieure de l'État, constitués par le fait de porter les armes contre la France, quand on est Français, celui d'entretenir des intelligences avec une puissance étrangère pour l'engager à commettre des hostilités contre la France, celui de trahison, celui de recel d'espions ou de soldats ennemis sont punis de la déportation dans une enceinte fortifiée, hors du territoire continental.

Les imprudents qui, par des actes hostiles non autorisés, exposent l'État à une déclaration de guerre ou à des représailles, sont déportés ou bannis.

L'espionnage est puni de l'emprisonnement et de l'amende (loi du 18 avril 1886).

Les attentats contre la sûreté intérieure de l'État sont plus nombreux; le code les divisait en deux catégories; les attentats et complots dirigés contre le chef de l'État (l'empereur ou sa famille, loi du 10 juin 1853); la guerre civile, l'emploi illégal de la force publique, les dévastations et pillages publics; la loi distingue l'attentat proprement dit, constitué par la tentative ou l'exécution, et le complot. Le complot, résultant de l'entente de deux ou plusieurs personnes, en vue d'exécuter l'un des *crimes* prévus par les articles 86 à 88 et 91 du Code pénal est puni de peines moins graves que l'attentat. La sévérité de la répression décroit selon que le complot a été ou n'a pas été suivi d'un acte pour en préparer l'exécution; la simple proposition faite pour entrainer quelqu'un dans le complot, lorsqu'il a pour but de changer ou détruire le gouvernement, entraine l'emprisonnement de un à cinq ans.

Les crimes commis contre l'empereur ne sont plus possibles dans notre République, et les dispositions qui leur étaient applicables n'ont pas leur raison d'être; le chef de l'État n'est plus spécialement protégé, sauf contre l'offense prévue par l'article 26 de la loi sur la presse.

La suppression de la peine de mort en matière politique rend la peine applicable à celui qui excite ses concitoyens à la guerre civile ou qui, dans le but de changer le gouvernement, « porte la dévastation, le massacre et le pillage dans une ou plusieurs communes » (art. 91), plus douce que la peine de l'assassinat ce qui semble illogique.

Les autres crimes et délits contre la sûreté intérieure de l'État sont frappés de peines allant de la déportation à la détention et à l'emprisonnement; les crimes sont la levée de soldats et leur armement sans l'autorisation du pouvoir légitime, la prise de possession illégale de commandements militaires, l'emploi de la troupe pour résister à des levées de gens de guerre régulièrement ordonnées, la destruction par le feu ou la poudre des propriétés de l'État; l'attaque en bandes de ces propriétés, l'organisation de ces bandes, etc.

Parmi les délits, j'indiquerai la provocation adressée aux soldats pour les détourner de leurs devoirs militaires; elle n'est punie que de un à six mois d'emprisonnement.

Les raisons qui ont inspiré ces mesures législatives sont faciles à comprendre; aucune vie sociale n'est possible si les infractions de la nature de celles que je viens de mentionner ne sont pas rigoureusement punies. On peut se demander si les peines qui frappent ces délits et ces crimes ne sont pas insuffisantes; la solution de cette question dépend de celle que l'on donne à la théorie du crime politique.

Une dernière catégorie d'infractions est visée par la loi pénale; elle est formée par les crimes et délits des fonctionnaires; la société prend des mesures pour empêcher que les agents de l'autorité n'abusent pas des pouvoirs qui leur sont confiés.

Les atteintes au crédit public, constituées par la fausse monnaie, la contrefaçon des sceaux de l'État, le faux en écriture publique; enfin les rebellions, les refus de service, les recels de condamnés, les bris de scellés, les usurpations de fonctions, les associations de malfaiteurs, le vaga-

6

bondage et la mendicité nous ramènent aux crimes et délits commis contre les particuliers.

On s'aperçoit, en analysant les conceptions de nos lois sur la gravité relative des infractions, que les idées changent assez vite en cette matière; dans les pays où le jury est institué, le désaccord entre ce que nous appelons l'opinion publique et la loi, se traduit par une impunité relative des infractions trop sévèrement réprimées : il en est ainsi de l'infanticide, malgré la réforme accomplie par la loi de 1901 ; la peine est souvent excessive. Il en est de même en matière de faux; en général, les acquittements en Cour d'assises sont dus à l'élévation de la peine.

Je laisserai de côté certaines classes d'infractions qui ne rentrent pas dans celles que je viens d'examiner ; je ferai une exception pour le vagabondage et la mendicité. L'idée qui paraît avoir inspiré le législateur, lorsqu'il a édicté des peines contre ces délits, est assez complexe; elle comprend d'abord la notion du danger que les gens sans aveu font perpétuellement courir à la paix publique; ils troublent la tranquillité des campagnes, ils diminuent la sécurité des grandes routes et inquiètent les habitants qui vivent isolés. Le mal, aujourd'hui, est plus grand que jamais; c'est en partie pour y remédier que le gouvernement a établi dans certaines villes des brigades spéciales de police.

L'existence de ce danger collectif ne suffirait pas à justifier la répression du vagabondage, car dans l'état actuel de nos conceptions morales, rien n'oblige un individu qui ne veut pas travailler à exercer un métier; il est libre de vivre à sa guise et d'errer sur les grandes routes si telle est sa volonté; de même, nous jugeons comme une bonne action le fait de distribuer des aumônes, ce qui implique l'existence de gens à qui nous la faisons. Moralement, la mendicité n'est donc pas une mauvaise action.

Le législateur a obéi à des motifs pratiques en interdisant le vagabondage et la mendicité : ils préparent l'infraction. Une autre idée, dont la précision n'est peut-être pas parfaite, semble avoir flotté dans l'esprit des rédacteurs de nos codes; ils semblent avoir vaguement eu conscience de la nécessité du travail; si nos sociétés continuent leur évolution dans le sens vers lequel elles paraissent s'être orientées depuis un siècle, la multiplication des charges collectives deviendra telle, que les oisifs seront un grave inconvénient; ceux que la fortune a favorisés pourront éviter à chers deniers l'obligation du travail; les autres ne pourront pas la fuir. L'intérêt social tendra de plus en plus à considérer la paresse comme une sorte d'infraction. Cette tendance est manifestement celle des partis politiques les plus avancés; elle a la force immanente qui s'attache à toutes les idées nouvelles, quand elles contiennent une parcelle de vérité et de justice, selon la notion que nous avons du vrai et du juste à l'époque considérée.

De cette idée découle la notion moderne du vagabondage spécial, qui assimile l'ignominie des ressources à leur absence. La prostitution n'est pas un délit, tandis que la complicité de la prostitution en est un.

§ 3. — TENTATIVE, COMPLICITÉ, RÉCIDIVE.

J'en aurai terminé avec l'examen de la « valeur » des infractions dans notre Droit pénal, quand j'aurai dit un mot des principes de nos lois en matière de tentative, de complicité et de récidive.

La loi assimile la tentative au crime lui-même ; elle la frappe des mêmes peines ; la tentative de délit est atteinte comme le délit consommé, mais elle n'est punie que lorsque la loi le dit expressément. Peut-être y aurait-il des réserves à faire sur cette assimilation de la tentative au fait accompli ; elle fait une trop large part à l'appréciation subjective de l'infraction et ne tient pas assez compte de ses facteurs objectifs ; il est évident que le préjudice n'existe pas dans le cas de tentative. Les inconvénients de notre législation disparaîtraient si les juges avaient plus de liberté pour déterminer la peine.

La complicité, dont la loi énumère les différentes modalités, provocation par dons ou menaces, aide ou assistance, recel, etc., est prévue dans les articles 59 et 60 du Code pénal: Les complices d'un crime ou d'un délit sont punis comme les auteurs principaux, sauf dans les cas de recel ; le recéleur échappe à la peine de mort. La théorie de la gravité relative des cas de complicité est très compliquée, quelques-uns sont plus graves que l'acte criminel ; celui qui oblige un individu à commettre un crime par abus de pouvoir ou d'autorité, par menaces, dons ou promesses, peut être plus dangereux que le criminel lui-même ; il en est autrement de la complicité par aide ou assistance ; elle n'est pas toujours aussi grave que l'acte lui-même. Enfin, dans la majeure partie des cas, la complicité par recel est moins grave que l'acte ; cette notion n'a pas échappé au législateur, dans le cas où le recel peut entraîner la peine de mort ou celle des travaux forcés à perpétuité.

La récidive entraine une augmentation de la pénalité ; lorsqu'elle présente un certain caractère de gravité, elle expose le délinquant à la relégation, qui est une véritable déportation. Le problème de la récidive est encore un des plus délicats de ceux qu'étudie la sociologie criminelle ; diverses solutions sont proposées pour le résoudre ; les uns cherchent à provoquer le relèvement du condamné, ce qui est une idée généreuse, mais inapplicable dans la majeure partie des cas; les autres demandent à une répression plus sévère de débarrasser la société d'éléments inassimilables; c'est le principe de la loi du 27 mai 1885 sur la relégation; la tendance opposée a produit la loi du 14 août de la même année sur la libération conditionnelle et le patronage des libérés. La première n'est appliquée qu'avec une réserve sage; la seconde, source facile d'économies budgétaires, est trop libéralement appliquée; de nombreux relégués en profitent, ce qui ne laisse pas que de surprendre.

§ 4. — LES OSCILLATIONS DE LA RÉPRESSION.

Cette constatation est d'ailleurs générale; l'étude de la condition de la France, au point de vue de la sociologie criminelle, est des plus intéressantes; une des circonstances les plus curieuses de cet état est l'action des impressions actuelles sur l'application des lois; la sensibilité extrême de l'opinion publique, les idées préconçues, d'ailleurs toujours généreuses, des représentants du pouvoir, agissent avec une incroyable énergie sur la pratique répressive; pour n'en citer qu'un exemple, j'indiquerai la loi sur les menées anarchiques; elle n'est pas bien vieille, elle date du 28 juillet 1894; elle n'est plus appliquée. Elle n'est cependant pas abrogée et les cours d'assises rendent quelquefois des décisions que cette loi réserve aux tribunaux correctionnels; chose plus curieuse encore, les jurés se montrent souvent plus rigoureux que les magistrats et condamnent avec une sévérité et une fermeté, rares dans leurs décisions, les faits sur lesquels ils statuent.

La récente campagne en faveur du maintien de la peine de mort est aussi instructive; la majorité des Chambres, au moment où le projet de loi supprimant la peine de mort a été déposé, était favorable à cette suppression; les jurys, les conseils généraux ensuite, ont protesté; un mouvement énergique d'opinion, inspiré par le sentiment peut-être encore plus que par la réflexion, s'est manifesté pour le maintien et l'application de la peine capitale; mais, entre temps, les criminels ne risquaient pas plus à tuer leurs victimes qu'à les voler simplement; la peine de mort était supprimée en fait, mais rien ne l'avait remplacée.

Au point de vue de la philosophie sociale, les oscillations qui se remarquent dans l'application des lois répressives est fâcheuse ; elle détermine de l'incertitude chez les membres du groupe ; il serait facile d'en multiplier les exemples ; je n'en citerai que deux.

La mévente des vins a causé dans les pays viticoles un malaise grave; la valeur de la terre y a baissé dans des proportions énormes; des propriétés qui s'étaient vendues 1.200.000 francs il y a vingt-cinq ans, ne trouvent pas acquéreur à 200.000 francs aujourd'hui. Les causes de cette crise sont nombreuses, et la fraude n'est pas la seule à incriminer; les vignerons se sont attaqués cependant à la fraude, car, de toutes les causes efficientes, c'était elle qui les frappait avec le plus d'évidence. Les négociants malhonnêtes s'enrichissaient de leur misère.

Sous l'impulsion de l'opinion publique, on a fait de nouvelles lois destinées à réprimer les fraudes commerciales; la législation ancienne suffisait dans presque tous les cas, mais nous avons l'habitude, en France, de faire de nouvelles lois dès qu'un abus devient intolérable; ces lois nouvelles sont en général très sévères, mais leur sévérité se tempère par l'inapplication.

La loi de 1905 sur les fraudes commerciales, la falsification des denrées alimentaires et des produits agricoles, est d'une grande rigueur, mais le législateur a pris une précaution intéressante: il en a confié l'application, non à l'autorité judiciaire, mais aux préfets! C'est le préfet qui saisit le procureur de la République des contraventions signalées par le laboratoire d'examen. On voit immédiatement comment la loi peut être diversement appliquée suivant les circonstances.

Tout le monde se souvient encore des incidents bruyants auxquels les poursuites contre les fraudeurs ont donné lieu : après une période de paix et d'impunité relative, ces malheureux ont été soudainement traqués ; ils peuvent dire, sans ironie exagérée, que leur bonne foi a été indignement surprise.

Les faits de grève, les contraventions aux lois de 1901 et 1904 sur les congrégations, ont donné lieu à des oscillations semblables ; l'opinion publique s'émeut, les poursuites sont commencées ; c'est particulièrement ce que l'on observe en matière d'entraves à la liberté du travail ; puis l'émotion se calme, les délinquants sont condamnés, souvent graciés et toujours amnistiés. L'abus des amnisties est une faute au point de vue criminologique ; en pratique, c'est une cause de véritables injustices ; quand l'amnistie n'est pas subordonnée au paiement des frais de justice, il arrive que les condamnés les plus intéressants, ceux qui ont payé les frais réclamés par le percepteur des amendes, sont plus mal traités que les autres ; l'amnistie libère ceux-ci, mais ne permet pas à ceux-là de rentrer dans les sommes déboursées par eux.

Les poursuites contre les congrégations ont abouti au même résultat ; elles ont occasionné une surcharge considérable aux Tribunaux ; travail bien inutile, puisque les congréganistes ont été amnistiés.

Il y a donc, dans la société française, des conditions particulières, inhérentes aux habitudes, aux mœurs politiques et administratives, qui retentissent d'une façon anormale sur la répression et altèrent la « valeur » des infractions considérées au point de vue social.

Ces réserves faites, on doit reconnaître que l'appréciation de la gravité relative des infractions est en général bien faite dans notre législation pénale; je lui ai fait quelques critiques de détail, que je résumerai de la manière suivante :

L'assimilation de la tentative et de la complicité à l'acte criminel lui-même n'est pas toujours fondée; la loi ne tient pas compte du « préjudice » comme élément d'appréciation; c'est je crois une erreur, à quelque point de vue que l'on se place. Un vol domestique de 100 francs, passible de la Cour d'assises, est moins grave en réalité qu'une escroquerie de cent millions; cependant il est légalement puni d'une peine plus sévère.

Certaines législations plus modernes que la nôtre, tiennent compte du préjudice pour définir la gravité de l'infraction et, par suite, la juridiction compétente pour en connaître; notre système n'a pas cette souplesse et les juges sont étroitement liés par les définitions du Code. C'est évidemment un inconvénient; les petits crimes, comme celui que j'ai pris pour exemple, échappent trop souvent à toute répression, à cause de la disproportion existant entre le fait et la peine. Le jury n'aime d'ailleurs pas à s'occuper de ces affaires insignifiantes et les acquitte avec impatience.

Il en résulte une véritable perturbation dans la répression ; les circonstances aggravantes d'un vol, par exemple, sont invoquées par le prévenu lui-même, dans l'espoir souvent justifié que son infraction, qui aurait été réprimée comme délit, sera impunie comme crime.

Les Parquets s'exposent à cette demande en correctionnalisant les petits crimes ; cette pratique, qui est inspirée par le souci des intérêts de la répression plutôt que par l'indulgence, je le reconnais, a été souvent interdite ; elle n'a jamais pu disparaître, parce qu'elle est nécessaire. Le jour où les règles de compétence seraient étroitement observées, il faudrait tripler au moins les sessions d'assises ; le nombre des vols qualifiés, des tentatives de meurtre qui sont jugés par les tribunaux correctionnels, à Paris et dans les grandes villes surtout, est considérable.

Il y a donc, en l'état actuel des choses, un double scandale : les magistrats violent sciemment les lois de la compétence, et ils sont forcés de le faire ; les prévenus de leur côté réclament une qualification plus sévère de leur infraction, comptant trouver l'impunité dans la gravité même de leur acte.

La pratique de la correctionnalisation est un de ces moyens administratifs, si habituels en France, à l'aide desquels on « tempère » les défauts de la législation. Elle devrait être législativement réglée, comme en Allemagne; il est évident que, dans un très grand nombre de cas, il ne faut pas songer à renvoyer devant le jury des faits sans gravité; mais l'usage nécessaire de la correctionnalisation ne doit pas dépendre de l'arbitraire du juge; il faut que la loi en détermine les limites et les cas généraux; il faut aussi qu'elle oblige le délinquant à subir cette mesure lorsque les circonstances la justifieront.

D'ailleurs, comme toute chose, la notion de la gravité relative des infractions est variable; elle dépend uniquement de la volonté sociale, qui règle les peines, mesure de l'importance des délits.

Le caractère criminel d'un acte dépend exclusivement de la détermination sociale; nous avons vu, en effet, que dans notre pays, où la législation écrite est seule admise, les coutumes ont une action manifeste, souvent contraire à celle des textes légaux; cette action ne va pas jusqu'à la répression d'actes non punis par la loi; elle s'exerce dans des limites définies par les pouvoirs judiciaires des magistrats. La hiérarchisation des membres du ministère public, étroitement dépendants du Garde des Sceaux, permet un contrôle permanent et efficace de l'action publique, c'est-à-dire de l'initiative des poursuites. Les courants d'opinion qui se font jour avec le plus de force dans les milieux politiques, retentissent ainsi sur la magistrature; il ne faut pas considérer cela comme un inconvénient sans compensations; la rigidité de la loi française y gagne quelque souplesse. Il est vrai qu'elle y perd un peu de son uniformité; les idées du gouvernement peuvent changer brusquement selon des nécessités qui ne sont pas uniquement judiciaires.

La correctionnalisation, dont je parlais tout à l'heure, a les caractères d'une véritable coutume; elle n'a pas encore force de loi, mais le temps est proche où l'on sera contraint de la réglementer, car elle est inévitable.

Enfin, les acquittements du jury, dans quelques catégories de crimes, indiquent clairement l'état de l'opinion sur la punissabilité de l'acte et sur sa gravité; leur influence a déterminé l'abaissement des peines frappant l'infanticide; elle provoquera d'autres modifications à notre appréciation légale de la valeur relative des infractions, en matière de faux, d'abus de confiance et de vols domestiques, par exemple. On peut citer le duel comme un cas dans lequel la coutume refuse de se conformer à la conception légale du crime; non seulement les jurys ne condamnent que très exceptionnellement les duellistes, mais encore on a vu des membres du gouvernement et des magistrats se battre en duel et donner l'exemple de la violation de la loi officielle.

Ces phénomènes sociologiques criminels seraient

inexplicables, si l'on ne considérait pas le crime comme essentiellement déterminé par l'état social; dans les cas que j'ai cités, à titre d'exemples, on retrouve ce conflit entre la loi pénale et une sorte de loi morale, la notion de l'honneur, à laquelle les Français sont particulièrement sensibles; le duel est souvent une nécessité sociale; comme ce sentiment est celui des milieux où se recrutent les représentants du pouvoir législatif et les agents de l'autorité, on comprend l'impunité dont le duel jouit en dépit des textes du Code. Le sentiment social est en définitive plus puissant que la loi écrite, car c'est de lui que procède la notion positive de l'infraction.

A examiner les choses de près, l'action de l'état social, dans la genèse du crime, est aussi puissante que celle du sentiment social sur sa définition. La criminalité se modifie avec les mœurs, et se perfectionne avec elles. La disparition des diligences a rendu impossibles, en France, les attaques à main armée contre les convois de voyageurs; ce crime a presque disparu, et c'est à peine si, de loin en loin, on en découvre quelques cas typiques.

CHAPITRE V

La Volonté criminelle.

§ 1. — LA CULPABILITÉ.

Les théories actuelles sur la criminalité ne se bornent pas à l'étude et à l'appréciation de l'acte délictueux considéré en lui-même; elles exigent, pour que l'infraction soit punissable, l'existence d'une « volonté » de mal faire chez le délinquant.

Au premier examen, cette condition parait juste et nécessaire; en effet, on ne saurait tenir pour punissable un acte qui est involontaire; cette règle n'est pas absolue, car la loi frappe de peines relativement sévères certains actes indépendants de la volonté, comme les homicides et les blessures par imprudence. Dans ces cas, l'élément objectif de l'infraction est seul pris en compte et le délit existe dès qu'une faute est constatée chez l'agent; c'est là une observation intéressante, car elle permet de reconnaitre, dans les cas considérés, l'existence d'un intérêt social tel. que la répression paraît nécessaire, même si l'agent n'a pas eu l'intention de commettre l'acte punissable. On retrouve les mêmes prescriptions en matière d'incendie, ce qui se comprend, et en matière de chasse sur le terrain d'autrui, ce qui est moins intelligible.

La bonne foi n'est donc pas toujours une cause de justification; elle demeure cependant telle, en principe, dans la presque totalité des crimes et délits; il en est autrement en matière de contraventions; là, elle n'est pas une excuse.

Il faut avoir voulu commettre une infraction à la loi pénale pour être puni; mais, la volonté suppose la capacité de discerner le caractère criminel de l'acte, et, ensuite, la liberté de l'accomplir ou de ne pas l'accomplir.

La première de ces notions correspond à ce que la loi appelle la démence, la seconde à la contrainte.

Il est évident que la contrainte et la démence font disparaître toute responsabilité pénale, dans les systèmes qui fondent la peine sur la conception de la liberté humaine. Cela ne souffre aucune difficulté, en ce qui concerne la contrainte physique, ou même morale; celui qui est contraint à exécuter un acte criminel n'est qu'un instrument.

L'immunité pénale de la démence repose sur le même principe, l'absence de liberté et de volonté; il faut reconnaître que cette notion est assez facile à comprendre dans la théorie de la culpabilité, telle que nos législateurs de 1810 l'ont formulée.

Je crois qu'il est inutile de rechercher le fondement philosophique de ce système pénal. Il repose en définitive sur l'hypothèse du libre arbitre, hypothèse dont la probabilité est des moins certaines ; elle appartient à la psychologie et à la métaphysique, et ne dépend pas de la sociologie criminelle.

Cette science, en effet, pour demeurer dans les limites de l'observation et de l'expérience, doit s'appuyer sur des données positives ; or, je ne connais aucune observation qui permette d'affirmer la liberté de la volonté ; c'est une de ces données du sens intime, qui sont sujettes à l'illusion et à l'erreur. D'ailleurs, cette hypothèse n'est pas indispensable pour l'étude objective de la volonté criminelle.

La détermination des actes humains est un fait ; nous appelons acte volontaire celui qui est déterminé par une décision de notre esprit, par une résolution d'agir, dont notre conscience a la claire perception ; les choses se passent comme si nous pouvions faire ou ne pas faire une action quelconque, à notre choix. Il est possible, je serais même tenté de dire il est probable, que notre décision est sous la dépendance étroite de notre organisme, et que la volonté que nous manifestons ne fait qu'enregistrer une préférence nécessaire. mais cela n'a qu'une importance secondaire pour le sociologue. car, au point de vue de la science qu'il étudie, les raisonnements faits dans l'hypothèse déterministe s'appliquent avec plus de rigueur encore dans celle de la liberté. La première considère l'acte comme le résultat inévitable des forces contraires qui tendent à favoriser ou à combattre son accomplissement ; le sociologue recherchera les conditions individuelles et collectives les plus propres à diminuer les forces productrices du crime et à développer celles qui leur sont opposées.

La seconde hypothèse fait disparaitre le caractère de nécessité de l'acte criminel ; elle ajoute un facteur nouveau, celui du choix libre de l'action ; ce facteur aura une influence d'autant plus grande que les conditions favorables à la production du crime auront été mieux corrigées ; l'effet de l'éducation, par exemple, sera beaucoup pius certain dans le second cas que dans le premier.

Il y a d'autres raisons encore à invoquer en faveur de la notion de la volonté criminelle, telle qu'elle est généralement acceptée ; ce sont des raisons d'ordre pratique; elles font appel au sens commun, et sont de nature, par cela même, à impressionner le sociologue ; le sens commun exprime en effet ces moyennes d'opinions, ces jugements généraux acceptés par la majeure partie des membres d'une société, sur la « valeur » des actes ; ils correspondent souvent à des apparences plus qu'à des réalités, et ont plus de surface que de profondeur ; mais ce sont eux qui déterminent les volontés individuelles, dont la somme fait la volonté collective ; ce sont eux qui forment les concepts sociaux générateurs du droit pénal et, partiellement, de la morale.

La sociologie est relative, c'est une science des contingences et non de l'absolu ; elle doit étudier les faits tels qu'elle les rencontre, édifier ses théories sur ces faits, en dégager les lois générales ; elle ne saurait prétendre à accommoder les faits à de soi-disant principes.

Il me semble, par conséquent, que la notion commune sur la liberté humaine a plus de valeur pour le sociologue que sa conception métaphysique ; elle est seule féconde en résultats pratiques ; je comprends qu'on la discute, afin de ramener l'opinion commune à des appréciations plus conformes à la science ; je conçois que l'effort des savants tende à éclairer leurs contemporains ; cela doit être un des buts de la criminologie ; mais, dans l'examen de la notion de la volonté criminelle, la science, je le répète, a tout avantage à envisager les concepts sociaux tels qu'ils sont, non tels qu'ils devraient être.

Or, la majorité des hommes, ceux qui constituent la masse active dans la politique, dans l'administration, dans l'exercice de la justice, a des idées arrêtées sur la volonté criminelle; on admet que dans la pratique, un homme, à moins d'être fou, peut et doit s'abstenir de tout acte défendu. Les médecins ont beau étendre les cas dans lesquels ils reconnaissent l'existence de troubles mentaux, les philosophes ont beau soutenir que la liberté humaine est une chimère, le bon sens n'admet pas que l'homme soit le jeu de forces incontrôlables; et le bon sens, s'il a probablement tort théoriquement, a cependant pratiquement raison.

Si l'on examine les conceptions dominantes aujourd'hui, on constate qu'elles sont rebelles à toute théorie acceptant l'hypothèse d'une irresponsabilité universelle. Ces conceptions en effet reposent au fond sur une idée de culpabilité, c'est-à-dire de faute évitable; car, il n'y a pas de faute, dès que l'événement ne peut être évité. Proposer une peine quelconque pour une action que son caractère de nécessité ne permet pas de considérer comme une faute, paraîtrait inacceptable et barbare. L'état de l'opinion générale est tel, que la mise à mort d'un fou dangereux lui semblerait une monstrueuse injustice.

La sociologie criminelle, pour être pratique, doit tenir compte de cet état de l'opinion; elle doit considérer que l'acte, pour être punissable, exige la volonté de nuire chez son auteur. Toute théorie plus philosophique ne saurait actuellement servir de fondement à un système pénal utilisable.

Il faut donc reconnaître à l'idée de *culpabilité* une valeur objective, due à la généralité de son acceptation. Pour être coupable, il sera nécessaire, non seulement de commettre une action punie par la loi, mais encore d'avoir sciemment voulu la commettre.

Cette manière de voir, qui est celle de notre société, peut être mal fondée ; elle peut présenter de graves inconvénients au point de vue de la collectivité ; il paraît difficile de la modifier à l'heure actuelle.

§ 2. — LA CONTRAINTE ET LA DÉMENCE.

La société divise donc les délinquants en coupables et non coupables ; deux grandes catégories de causes font disparaître la culpabilité de l'agent, en dehors des cas où le crime est justifié. Ce sont celles que j'indiquais tout à l'heure comme exclusives de la liberté de la volonté criminelle : la contrainte et la démence. La première ne comporte aucune observation.

La loi exige que la contrainte soit le résultat d'une force à laquelle l'auteur de l'infraction *n'a pas pu résister*. Cela s'entend d'une contrainte purement physique, comme le fait de tenir la main et de guider les doigts d'un individu auquel on fait apposer une fausse signature malgré lui; cela s'entend aussi d'une contrainte morale, comme la menace d'un mal plus ou moins grave, ou le commandement d'une personne ayant autorité légitime. Telle est l'interprétation donnée à l'article 64 du Code pénal.

Ce Code règle la question de la démence dans le même article: le mot démence est celui qu'emploie le texte de la loi, mais il ne faut pas l'entendre au sens médical; dans le langage psychiâtrique, la démence correspond à l'affaiblissement progressif ou à la destruction des facultés intellectuelles. L'aliénation mentale, sous toutes ses formes, est une cause qui fait disparaître la « responsabilité pénale ». Le terme de démence est général; à l'époque où le Code a été rédigé, les notions que la science possédait sur les maladies mentales étaient encore rudimentaires; tout le monde est d'accord pour entendre l'expression légale dans un sens très étendu.

Les fonctions intellectuelles, comme nous l'avons indiqué, peuvent être raisonnablement considérées sous l'aspect organique, c'est-à-dire peuvent être tenues pour de simples fonctions du système nerveux. Elles se résument dans trois termes principaux : perceptions externes ou internes; élaboration des données des perceptions, ou pensée proprement dite; enfin activité motrice ou réalisation de la pensée par des actes. Je rappelle au lecteur que je ne lui présente qu'un schéma, dont l'unique prétention est la simplicité.

Les trois termes de ces fonctions peuvent être troublés isolément ou simultanément; il est rare que les troubles de la perception ou de l'idéation, toutefois, ne retentissent pas sur l'activité.

Les perceptions peuvent se présenter à l'observation sous deux formes pathologiques : les *hallucinations* et les *illusions*. Les premières constituent (Ball) des « perceptions sans objet » ; cette définition est simple et facile à retenir, mais elle n'est peut-être pas très exacte; elle est suffisante en psychiâtrie élémentaire, si l'on admet que toutes les hallucinations soient pathologiques, ce qui n'est pas probable.

L'illusion est la fausse interprétation d'une sensation vraie. Elle forme une sorte d'intermédiaire entre les altérations pathologiques des perceptions et celle de l'idéation; ces dernières comprennent l'immense catégorie des délires, dont les principaux sont les délires de grandeur, de désespoir, de persécution, et enfin les délires érotiques et mystiques. A côté des délires, on rencontre les troubles de la mémoire et de l'attention.

On peut ranger dans la même classe les altérations morbides de la sensibilité affective, telles que les angoisses et les anxiétés, les phobies, les obsessions; enfin, les troubles de la conscience et de la personnalité.

Les troubles de l'activité se divisent en deux classes : ceux de l'activité générale, comme l'excitation ou la dépression, et ceux de l'activité spéciale, troubles du langage écrit ou parlé, impulsions enfin, dont le rôle en criminologie est considérable.

Les différents symptômes que je viens d'énumérer se répartissent inégalement dans les diverses maladies mentales; ils ont une signification particulière et ne sont pas comparables entre eux, au point de vue de leur influence sur la responsabilité; les amnésies, par exemple, n'ont pas l'importance des impulsions. Les psychiâtres ont pour mission de déterminer, non seulement la nature et le degré des troubles que présente chaque malade, mais encore l'influence que chacun de ces troubles peut avoir sur la volonté, sur la conscience, sur la responsabilité [1].

C'est au spécialiste, à l'expert, que la société doit demander un avis sur cette question; est-elle résolue dans le sens de l'affirmative, le délinquant doit être tenu pour punissable; il doit être mis à l'abri de toute peine si le juge spécial répond que l'état mental de l'auteur de l'infraction n'est pas sain.

1. Voy. plus bas ch. VII.

§ 3. — LES VICES DE LA VOLONTÉ. — DÉGÉNÉRESCENCES ET DÉCHÉANCES.

Notre Code ne prévoit aucune alternative; le criminel est aliéné ou ne l'est pas : dans le premier cas il est responsable, dans le second, il cesse de l'être. Cette conception trop simple n'a pas résisté à l'examen des faits ; la science a bien vite reconnu que la barrière qui sépare les fous du reste de l'humanité n'est pas fixe; il y a entre le plus aliéné des malades et l'homme le plus sain d'esprit une foule de degrés intermédiaires; l'appréciation de la responsabilité devient difficile dans ces cas de transition. Grasset a bien exposé l'objet de la question dans son livre « Demi-fous et demi-responsables ».

L'idée de cette *responsabilité atténuée* n'existe pas dans le Code à l'état de formule, mais elle y est contenue en germe ; je la trouve dans la théorie de l'article 66 et des articles suivants (67 à 69). Le premier indique une cause d'excuse absolutoire : l'absence de discernement. Elle dépend de l'âge du délinquant. Jusqu'à dix-huit ans, le juge doit se demander si l'auteur de l'infraction a agi avec ou sans « discernement ». Si le mineur de dix-huit ans n'a pas eu de discernement, il est acquitté et remis à ses parents ou envoyé en correction. S'il a agi avec discernement, il doit être condamné; nos textes sur ce point contiennent une discordance : la question de discernement se pose jusqu'à dix-huit ans, mais l'atténuation des peines résultant de la minorité ne s'applique pas aux mineurs entre seize et dix-huit ans. Il faut avoir moins de seize ans pour bénéficier des réductions de peines accordées à la minorité.

C'est bien là ce que nous entendons par la responsabilité atténuée. Le Code l'admet dans le cas où l'âge du délinquant excuse sa faute. Il n'y a pas de raison pour refuser le même bénéfice à ceux dont la débilité mentale est aussi une excuse. La jurisprudence, en donnant cette extension à l'article 64 du Code pénal, a obéi à des sentiments de justice et d'équité, conformes aux tendances de l'opinion sociale.

Je crois que cette notion de la responsabilité atténuée, ayant pour conséquence une atténuation de la peine, est une des plus graves erreurs de la science pénale fondée sur le droit. J'aurai à faire connaître les raisons d'intérêt général qui me font penser ainsi.

Il faut reconnaître cependant que cette conception est conforme à l'esprit de notre législation pénale, dont le principe est l'idée de châtiment et d'intimidation. La peine doit être méritée, et elle doit être exemplaire. Nous verrons que si la responsabilité limitée diminue la mesure dans laquelle la peine est méritée, elle diminue bien davantage son exemplarité.

Il était difficile d'éviter cette erreur; les progrès de la psychologie criminelle nous montrent chaque jour plus clairement que le nombre des individus véritablement sains d'esprit est faible; les découvertes de l'anthropologie criminelle ont amené des savants du plus haut mérite à considérer le génie comme une sorte de folie *sui generis*; il y a une part de vérité dans cette théorie, car les phénomènes automatiques jouent un rôle considérable dans le mécanisme du génie; mais l'analogie du mécanisme n'implique pas l'analogie de la cause.

Il faut retenir de tout cela un fait général : la science médicale et l'anthropologie criminelle ont reconnu l'existence d'une foule de cas frustes, dans lesquels on ne pouvait conclure ni à la folie ni au bon sens; à mesure que les observations se multiplient, le nombre de ces cas mixtes semble augmenter.

On peut les classer sous deux rubriques générales : les *dégénérescences* et les *déchéances*. Les signes auxquels on reconnait ces *tares* sont des *stigmates*.

Les déchéances sont le lot ordinaire de la vieillesse; il y en a de physiques, comme la perte des cheveux et des dents, la presbytie, la surdité, l'affaiblissement des forces, etc.; ce sont les stigmates de l'âge. Leur aboutissant extrême est le gâtisme; à côté de ces stigmates physiques, on en rencontre de psychiques : l'affaiblissement des facultés, dont le retour aux souvenirs anciens est un des premiers à se manifester.

Les dégénérescences ont une importance beaucoup plus grande; leur variété est infiniment plus complexe. On peut les considérer sous deux aspects généraux : les stigmates peuvent être des arrêts de développement, des troubles de l'évolution ontogénétique, c'est-à-dire de l'évolution de l'individu; ces arrêts de développement ont pour effet de reproduire des formes inférieures du type humain; ce seraient des cas de retour ancestral, dans le sens donné par Darwin à cette expression; c'est-à-dire, par exemple, que le criminel peut reproduire le type humain de l'époque magdalénienne. Il est évident qu'un individu contemporain, organisé physiquement et mentalement comme l'homme préhistorique, s'accommodera mal de notre civilisation. La gloire de Lombroso est due à ses admirables recherches sur les criminels-nés; il a donné l'indication d'un grand nombre des stigmates auxquels on peut les reconnaitre. La saillie des sinus frontaux, le développement des zygomes et des mandibules, l'apophyse lémurienne, l'asymétrie faciale, etc.

Les criminels-nés du type lombrosien ne sont pas les seuls groupes de dégénérés parmi lesquels se recrutent les auteurs d'infractions; on trouvera, dans les livres de Psychiâtrie et d'Anthropologie criminelle toutes les indications relatives à l'état actuel de la science en ce qui concerne les stigmates physiques et psychiques de la dégénérescence.

Les aliénistes divisent les dégénérés en supérieurs, moyens et inférieurs; la classe des premiers est fort grande, et je me demande quel est celui d'entre nous qui n'aurait pas le droit d'y figurer. On peut faire aux théories de Magnan, sur ce point, de sérieux reproches; sa conception du dégénéré supérieur ne correspond pas à quelque chose de précis; il est rare que l'homme le mieux organisé n'ait pas quelque tare; cela semble être une des nécessités de l'imperfection humaine, entachée d'hérédités innombrables. On trouve des individus supérieurs par la valeur intellectuelle et morale qui ont d'étranges manies : celle du scrupule, celle de la propreté, la phobie du microbe, etc. Ils ont souvent une tendance à la neurasthénie. Je me refuse absolument à voir des dégénérés dans ces individus. La notion du dégénéré supérieur, pour demeurer acceptable et conforme aux faits, doit être restreinte à ceux qui, à côté du développement remarquable de certaines facultés, présentent un ensemble de tares exclusif d'une véritable supériorité. C'est surtout dans la sphère des sentiments et des idées morales que leurs imperfections se manifestent.

La tendance actuelle est si critiquable, qu'elle va jusqu'à comprendre les excentriques, les migraineux, les névralgiques, les mystiques et bien d'autres encore, dans la classe confuse des dégénérés supérieurs ; cela n'a pas le caractère précis de la science.

Les dégénérés moyens sont déséquilibrés comme les supérieurs, mais ils ont de la débilité mentale en plus. Ils sont exposés aux obsessions, aux impulsions : ils ont peu d'affectivité ; c'est chez eux que l'on rencontre le plus de parricides (Régis, Asselin) et de régicides (Régis) ; la criminalité politique est le domaine favori de ces individualités redoutables pour la société.

Les dégénérés inférieurs comprennent les idiots et les imbéciles, fréquents auteurs d'attentats sexuels.

L'école italienne trouve dans la catégorie des dégénérés ses criminoloïdes, ou criminels d'occasion, et ses mattoïdes ; elle cherche à établir l'existence de l'épilepsie essentielle ou larvée chez eux. Il est probable, en effet, que les relations de la diathèse épileptoïde et de la criminalité sont très étroites.

Le mouvement ne s'est pas arrêté là ; les analyses les plus récentes posent le problème de la folie et de la débilité morales ; l'école allemande exige (Müller) une hérédité chargée, des signes psychiques et physiques de dégénérescence, un certain degré d'imbécillité. Des spécialistes y ajoutent (Schæfer) la perversité et la fausseté dès l'enfance. Tous ces signes ont une grande valeur; mais j'ai les plus sérieuses raisons de croire que la fonction psychique morale peut être isolément atteinte; il me paraît contraire à l'expérience de soutenir, comme le font les représentants les plus autorisés de la criminologie allemande, qu'une certaine faiblesse intellectuelle soit nécessairement associée à la débilité morale; l'école française me semble plus près de la vérité (Ballet, Arnaud) en soutenant une opinion moins absolue. Je citerai, comme exemples, les délits financiers, l'escroquerie, les crimes des officiers publics ou ministériels; l'observation démontre que les délinquants en ces matières sont fréquemment des gens fort intelligents; il ne faut pas attacher davantage une importance exagérée aux signes de dégénérescence, qui ne valent que par leur accumulation; il en est de même pour l'hérédité. Le vice fondamental des méthodes actuelles me semble être l'unilatéralité des observations. Les recherches ont surtout porté sur les criminels, mais, pour leur donner une valeur définitive, il conviendrait de faire des études comparatives sur les non-délinquants; on trouverait chez beaucoup d'entre eux quelques stigmates de dégénérescence et de très lourdes hérédités.

Je serais disposé à penser que les criminels se recrutent en grand nombre parmi ces « amoraux ». Ceux-ci n'ont pas toujours besoin de commettre une infraction à la loi pour se procurer les satisfactions qu'ils désirent; il en est ainsi des gens riches, qui peuvent être plus facilement à l'abri des tentations. Les autres n'ont pas de scrupules sur le choix des moyens, bien que les plus adroits, et par conséquent les plus dangereux, s'évertuent à respecter les textes légaux dont ils violent l'esprit.

Ces derniers sont exposés à la tentation, c'est-à-dire à l'occasion. L'occasion, au sens le plus large de ce mot, est en effet la cause déterminante de l'acte criminel. Elle est comparable au ressort qui se détend et qui frappe une amorce, enflammant la poudre qui fait explosion.

Sans l'occasion, le crime ne pourrait pas exister; la différence qui distingue l'honnête homme de celui qui ne l'est pas est l'aptitude du premier à résister aux occasions de mal faire. Cette aptitude varie avec les individus, et la mesure de ces variations donne celle de leur honnêteté, mais il est évident que l'on ne peut pas commettre un crime si l'on n'a pas l'occasion de le faire. C'est la possibilité de se procurer l'objet ou la satisfaction désirés qui sollicite le criminel à l'action.

Nous aurons à étudier plus loin la criminalité sous ses deux aspects, habituel ou occasionnel; mais nous reconnaîtrons que, même dans la criminalité d'habitude, l'occasion joue un rôle considérable.

Au point de vue spécial auquel nous nous plaçons actuellement, celui de la volonté criminelle, et de son existence dans une mesure limitée chez les dégénérés, nous reconnaîtrons que l'occasion est une cause déterminante de leur criminalité, en ce sens que l'idée de commettre l'infraction, la volonté d'exécuter la mauvaise action, naissent souvent chez eux des circonstances qui rendent possible ou facile l'accomplissement de l'acte défendu, ou qui semblent en assurer l'impunité. C'est parmi ces dégénérés que se rencontrent les individus capables de « tuer le mandarin ».

Cet élément circonstanciel rend très compliquée l'analyse du criminel ; elle m'a fait souvent penser à la vérité de ce mot de de Maistre, écrivant que l'honnête homme est effrayé de ce qu'il découvre au fond de lui-même lorsqu'il s'examine. Il n'est pas impossible que chez beaucoup de non-délinquants, l'honnêteté ne soit que le résultat de la timidité et de l'absence d'occasions ; combien de magistrats, après un long exercice de leurs fonctions, n'en sont-ils pas arrivés à se demander ce qu'ils auraient fait s'ils avaient été à la place des malheureux contre lesquels ils requièrent l'application de la loi. S'ils sont sincères avec eux-mêmes, peuvent-ils affirmer qu'ils le savent ?

§ 4. — LE LIBRE ARBITRE.

En effet, l'analyse de la volonté criminelle, pour peu qu'on la pousse, rend de plus en plus probable le déterminisme des actions humaines ; l'illusion de la liberté semble due à la complexité des phénomènes psychologiques dont elle est l'apparente conséquence ; nous sommes évidemment avertis de l'existence et de l'intensité de nos volitions, mais nous ne savons pas pourquoi nous voulons telle chose et non telle autre ; en réalité, le choix que nous croyons faire est l'enregistrement dans notre conscience d'un résultat mécanique ; il suffit de faire varier l'énergie des différentes composantes pour avoir des résultats différents. L'étude des impulsions le démontre d'une façon saisissante ; la résistance du sujet, dans les impulsions conscientes, est l'occasion d'une lutte quelquefois effrayante entre l'idée obsédante et la volonté qui la combat. Examinée attentivement, la volonté qui résiste n'est que l'ensemble des inhibitions, concepts intellectuels et moraux, acquis ou hérités. Le caractère de certaines impulsions est d'être irrésistibles, car elles augmentent d'énergie à mesure que l'angoisse, l'insomnie, les troubles physiologiques diminuent la force des inhibitions chez le malade. Ces infortunés ont une impression si vive et si claire de leur impuissance finale, qu'ils demandent quelquefois à être attachés ou internés, pour ne pas commettre l'acte mauvais qui les tente. L'accomplissent-ils? Aussitôt un sentiment de soulagement et de bien-être remplace les angoisses disparues. Il m'est donc difficile d'admettre, comme Régis, que l'accomplissement de l'acte impulsif conscient n'est ni constant ni fatal; comment ne le serait-il pas, si l'impulsion est irrésistible?

Ce phénomène de coercition n'est pas exclusivement limité aux cas pathologiques, car il y a des impulsions de toute nature; l'homme en apparence le plus sain d'esprit est à la merci d'un stimulus physiologique particulièrement intense; cela s'observe notamment dans les phénomènes de la vie sexuelle; la satisfaction du désir a des conséquences bien connues sur l'appréciation de l'acte et même du partenaire; on les envisage l'un et l'autre d'une manière très différente, selon que le stimulant sexuel est avivé par le besoin ou apaisé par la satisfaction. Que d'écarts de conduite, en apparence inexplicables, deviennent intelligibles, si l'on tient compte des éléments divers dont se fait la volonté et des variations d'intensité et d'énergie relatives que présentent ces éléments!

En résumé, nous pouvons être certains que la volonté criminelle n'existe pas dans des cas déterminés, mais nous ne pouvons jamais avoir une certitude scientifique du contraire. Il peut y avoir des vices organiques de la fonction cérébrale de moralité, vices qui ne se révèleront que par l'immoralité, ou plutôt par l'amoralité du sujet, qui est un véritable aliéné, au point de vue moral ; l'existence du libre arbitre enfin, c'est-à-dire de la possibilité de faire ou de ne pas faire quelque chose, au gré de notre volonté, est tellement discutable, qu'il me paraît difficile de la conserver longtemps encore comme base de notre système pénal. J'ai indiqué plus haut que l'idée dont s'inspirent nos magistrats, nos législateurs et nos psychiâtres, était une conception pratique, étrangère à la notion métaphysique du libre arbitre proprement dit ; cette conception suppose simplement l'existence d'une faute volontaire, c'est-à-dire d'un acte délibéré, exécuté avec la conscience de sa criminalité. Mais l'erreur philosophique des rédacteurs du Code pénal a été de donner pour base à la criminalité, la notion de faute évitable ; il est probable que la faute qui constitue le crime n'est pas évitable, étant donnés les circonstances dans lesquelles elle est commise et l'individu qui la commet. Il semble que l'unique moyen d'empêcher le crime, dans la mesure où il peut être utilement combattu, est de s'efforcer à faire croître la valeur des inhibitions individuelles et de diminuer les occasions, que j'ai appelées des tentations.

On peut espérer agir ainsi sur le criminel éventuel par l'éducation et l'intimidation ; il est moins facile d'agir sur les circonstances extérieures au criminel ; de bonnes mœurs, je ne dis pas de bonnes lois, peuvent améliorer les circonstances extérieures ; mais il ne faut pas songer à éteindre la criminalité, qui est un phénomène social naturel.

Le crime est inévitable, soit qu'on le considère au point de vue social, soit qu'on l'envisage au point de vue des criminels eux-mêmes, qui ne me semblent pas pouvoir résister aux sollicitations les entraînant au mal.

Nous devons donc être pleins de pitié et d'indulgence pour eux, ne pas en avoir horreur et les considérer comme des malheureux qui sont surtout à plaindre. Cette façon de penser, qui me semble être la seule juste, entraine des conséquences importantes dans la systématisation de la Peine. Toute idée de culpabilité, de châtiment, de représailles et de vengeance doit en être exclue.

La pitié ne doit pas cependant être l'unique sentiment que le crime inspire ; quelque dignes de commisération que soient les délinquants, il y a des individus plus intéressants qu'eux ; il y a des considérations générales qui priment les considérations particulières dont les criminels sont l'objet. Il y a, en un mot, la collectivité, qui est plus importante que les individus ; il y a les membres sains de la société qui sont beaucoup plus respectables et plus utiles que les autres. Il me semble donc nécessaire de prendre, pour axe de tout système répressif scientifique, le concept de l'intérêt social, tel que le définit la société. La notion de vindicte publique doit être abandonnée.

Cette notion purement pratique, établie sur des faits, dégagée de toute hypothèse controversable, donne une grande sécurité au législateur et au juge; à ce dernier surtout, car s'il peut avoir des scrupules pour reconnaitre un coupable, il ne peut en avoir pour reconnaitre un nuisible.

La lutte contre le crime prend un aspect différent, elle devient plus sereine, plus impartiale, plus calme. Les magistrats cessent d'être des vengeurs, pour ne demeurer que des agents de sécurité publique. Ce n'est pas le seul changement que cette substitution d'une idée à une autre dans l'établissement du système répressif doive entrainer; on peut se demander, théoriquement, s'il convient de faire des distinctions entre l'aliéné criminel et le criminel proprement dit, car ils sont aussi dangereux pour la société l'un que l'autre.

CHAPITRE VI

L'Aliéné criminel.

§ 1. — LE PÉRIL ET SA CAUSE.

La société française n'est pas suffisamment protégée contre les aliénés. Dès qu'un criminel est déclaré atteint d'aliénation mentale, les juges le relaxent; il est alors mis à la disposition de l'autorité administrative, qui le laisse en liberté ou l'interne suivant les circonstances; aucune mesure spéciale n'est prescrite à l'égard de ces malheureux, qui sont enfermés dans les asiles ordinaires, où la surveillance n'est pas toujours suffisante. Le mal ne s'arrête pas là; les aliénés, soumis au régime commun, peuvent être mis en liberté, et doivent même l'être, si le médecin les juge guéris. Or, chez beaucoup de ces malades, l'absence d'excitations extérieures et la privation de toute boisson alcoolique, ont pour effet de faire diminuer le nombre et l'intensité des crises;

celles-ci peuvent disparaître par des traitements appropriés, chez les épileptiques, par exemple. Remis en liberté, ces dangereux fous commettent fréquemment de nouveaux crimes. J'en ai eu un cas frappant dans le ressort de Bordeaux, où un assassin, interné à la suite d'un homicide, fut relâché comme guéri et commit un nouveau meurtre peu de temps après sa mise en liberté. Les exemples de ce genre sont nombreux.

D'un autre côté, les formalités relatives à l'arrestation des aliénés dangereux sont trop longues, les agents de l'autorité, surtout dans les campagnes, sont trop inexpérimentés ou trop timides pour faire interner les aliénés qui menacent de commettre des crimes; il arrive alors que l'internement n'est décidé que lorsque le crime a été exécuté. J'en ai eu le triste exemple à Saumur, où j'étais procureur de la République, il y a quelques années. Un individu me fut dénoncé par sa femme et sa belle-mère, comme étant un fou redoutable, qui voulait les tuer. Aucun délit n'était encore commis et je n'avais pas le moyen d'intervenir efficacement; le fait fut signalé aux autorités compétentes, mais avant qu'elles eussent pu prendre les mesures nécessaires, le fou avait accompli son crime.

Ces faits sont instructifs; ils ne sont pas rares en matière de crimes graves contre les personnes; ils sont constants en matière de petite criminalité. Il arrive trop souvent aux tribunaux d'avoir à juger cinq ou six fois le même aliéné successivement interné, puis relâché. On trouve, dans la vie judiciaire de ces délinquants, des alternatives d'internement médical et d'emprisonnement judiciaire.

Une des causes les plus actives de cette insuffisance de la défense sociale contre les aliénés, doit être cherchée dans les nécessités budgétaires; l'entretien des aliénés nécessiteux est à la charge des départements ou des communes; ce sont justement ceux pour lesquels l'infraction est presque une obligation, car ils ne peuvent pas trouver de travail. Or, les dépenses relatives à la protection sociale ne sont pas les plus aisément faites actuellement; les collectivités cherchent à diminuer le nombre des indigents internés à leurs frais; il en résulte que les médecins des asiles sont souvent contraints de remettre dans la circulation des aliénés dangereux; il y a longtemps que les hommes de science réclament des modifications à notre législation sur ce point.

§ 2. — PRINCIPALES FORMES DE LA CRIMINALITÉ DES ALIÉNÉS.

L'observation de la criminalité des aliénés permet de classer les principaux types de délinquants qu'elle présente en deux catégories inégalement dangereuses: les excités et les déprimés. Les premiers sont de beaucoup les plus redoutables.

La manie.

On trouve ces excités parmi les malades atteints de manie; dans les cas de manie aiguë, on observe des actes de destruction absurde et des actes de violences : l'homicide, par exemple. La manie subaiguë, ou excitation maniaque, comprend un grand nombre de formes, dont les plus simples ne sont pas véritablement pathologiques, tandis que les plus graves portent la marque visible de la folie. Entre ces extrêmes se rangent les cas intermédiaires, bien difficiles quelquefois à trancher dans un sens précis. La classe des excitations maniaques compte les aliénés les plus dangereux.

Elle s'étend des *agités* aux *excités* proprement dits; comment les distinguer dans les cas de transition? L'agité n'est pas un malade, c'est un suractif.

L'excité maniaque, au contraire, est un malade, capable de commettre des actes de violences, homicides, viols, attentats à la pudeur. Il a une tendance marquée à la dénonciation, à la lettre anonyme. La dénonciation est souvent calomnieuse.

La manie présente une forme délicate à reconnaître dans les cas frustes; la forme intermittente dans laquelle les accès aigus sont séparés par des retours à l'état normal (?), et la manie rémittente, dont les paroxysmes sont entrecoupés de périodes de rémission, c'est-à-dire d'amélioration.

Il y a de grandes probabilités pour que certains arthritiques soient exposés à des formes frustes de manies rémittentes ou intermittentes; Mabille et Lallemant, dans leur mémoire, qui a obtenu le prix Falret, — *Des folies diathésiques*, 1890, — ont étudié la périodicité des accès de folie chez les arthritiques; ils les rattachent à des auto-intoxications. D'autre part, Magnan a démontré que ces *folies cycliques*, comme il les appelle, sont fréquentes chez les dégénérés. Mes propres observations tendent à me persuader que les idées de ces auteurs contiennent une grande part de vérité; on comprend l'importance de ces constatations; la folie et le bon sens n'ont pas de frontières bien fixes et il existe des cas intermédiaires entre les cas extrêmes; on doit par conséquent s'attendre à rencontrer des périodes d'agitation, d'excitation ou de troubles intellectuels et moraux chez des dégénérés qui ne sont pas de véritables aliénés. En tenant compte de l'effet des auto-intoxications sur ces troubles, on conçoit que les moindres excès puissent déterminer chez ces individus de véritables crises; ajoutons à ces considérations cette dernière constatation, que la folie morale est ordinairement observée chez les dégénérés, et nous aurons une idée de l'importance que les formes frustes de manie rémittente ou intermittente peuvent avoir dans la genèse du crime.

Le retour des accès dépend d'une occasion ; la grossesse, les menstrues, les changements de saison, un dîner trop copieux ou malsain, un abus des boissons alcooliques, peuvent être la cause d'un accès subit d'agitation, de trouble mental et conduire à l'accomplissement d'actes répréhensibles.

Ce que je viens de dire des différentes formes de manie, s'applique aux cas de folie circulaire et de folie à double forme, dans lesquelles les accès de manie, c'est-à-dire d'agitation, alternent avec la mélancolie, type dépressif de folie.

Les infections et les intoxications.

Le délire aigu (confusion mentale méningitique) offre l'aspect clinique de la manie aiguë, dont il est assez difficile de distinguer quelquefois ; il est déterminé par une infection ; il prédispose aux actes de violence, notamment à l'homicide. Il convient de retenir que le délire aigu a été observé dans la grippe, la fièvre typhoïde, la pneumonie, etc. Il survient fréquemment à la période prodromique.

La difficulté du diagnostic différentiel dans ces cas, explique comment il peut arriver que ces troubles infectieux puissent être confondus avec des accès de manie. Ils peuvent précéder les manifestations cliniques de l'infection.

Parmi les psychoses qui semblent devoir être rattachées à une infection ou à une auto-intoxication (sexuelle, Kraepelin; générale, Sérieux, Régis), on range la démence précoce ; pendant la période prodromique, qui peut être fort longue, les malades sont sujets à des impulsions, à des idées de persécution, à des crises de mysticisme; on peut les confondre avec des neurasthéniques ou des hystériques.

Ils présentent des phases d'agitation au cours desquelles ils commettent des actes de violence. A la période d'état, ces malades sont en général peu dangereux ; cependant Kraepelin signale les particularités suivantes : dans la forme hébéphrénique, les malades ont des impulsions à l'incendie, à l'outrage public à la pudeur, à la désertion; ils peuvent être redoutables pour ceux auprès desquels ils vivent. Dans la catatonie, on observe des tendances aux actes de violence contre l'entourage, à la violation de sépulture, aux menaces. Dans la forme paranoïde, on rencontre des impulsions à la fureur, à la violence, aux attentats sexuels; quelquefois aux fugues, au vagabondage, à la dénonciation calomnieuse.

Les psychoses d'intoxication et d'infection proprement dites sont fort nombreuses; j'emprunte au *Précis de Psychiâtrie* de Régis[1] les indications suivantes :

En premier lieu, il faut signaler, parmi les psychoses exo-toxiques, l'alcoolisme, source effrayante de crimes ; la forme aiguë présente les cas les plus fréquents d'homicide ; on connait la fureur alcoolique. La forme chronique offre des exemples d'abus de confiance, de viols, d'attentats aux mœurs.

Le saturnisme (intoxication par le plomb) ressemble cliniquement à l'alcoolisme (psychose aiguë).

Le morphinisme entraîne un affaiblissement rapide de la volonté et du sens moral ; le morphinomane est facilement indélicat, obscène, et commet toutes sortes d'excès.

Je pourrais encore citer la cocaïne, l'éther, l'opium, le haschich, le chloroforme et le tabac lui même comme des causes de troubles mentaux ; mais cette étude serait en dehors des limites de ce livre.

Les auto-intoxications ne déterminent pas de psychoses graves au point de vue criminologique ; il faut cependant faire une exception pour les troubles liés à la puberté, aux menstrues, à la ménopause, à la grossesse, à la parturition. On distingue les psychoses : pubérales, avec ten-

1. Paris. Doin. 3e édition, 1906.

dances au vol, au meurtre, à l'incendie; menstruelles et ménopausiques, vol et surtout vol à l'étalage; gravidiques, sans impulsions bien nettes en général sauf pour le vol dans les grands magasins; enfin puerpérales, causes d'infanticides.

Les infections, dans les accès psychiques aigus, peuvent entrainer à l'homicide; dans les troubles chroniques la criminalité se rencontre plus rarement.

Les Psychoses systématisées essentielles.

La folie proprement dite constitue le groupe des délires systématisés de Magnan, des psychoses systématisées essentielles de Régis, de la Paranoïa des Allemands. Elle détermine un nombre considérable de crimes; le plus fréquent est l'homicide.

Les principaux types de délires sont :

Le délire mystique, cause d'assassinats; le malade tue un ennemi de Dieu, un suppôt du démon ou s'immole en holocauste avec sa famille.

Le délire de persécution, l'un des plus dangereux : l'aliéné tue ses ennemis imaginaires pour se défendre; les persécutés persécuteurs sont certainement les fous les plus à craindre, ils forment le gros des aliénés criminels.

Le délire érotique, rarement isolé, ordinairement lié au délire de persécution (le malade est victime d'attentats et dénonce ses prétendus agresseurs ou les tue); le délire de jalousie ressemble au précédent, il est commun chez les dégénérés.

Le délire politique : régicides, attentats du type anarchiste. Ce délire est plus commun qu'on ne l'imagine, il existe à tous les degrés.

Le crime ordinaire de tous ces fous est l'homicide, plus rarement l'incendie, le viol, le vol. On remarquera, et j'insiste sur cette considération, que ces crimes sont parmi les plus graves; au point de vue de la défense sociale, l'aliéné est un être extrêmement redoutable, car sa criminalité est toujours de l'espèce la plus nuisible.

Les dégénérescences et les impulsions.

On peut en dire autant des psychoses de la dégénérescence (psychoses des dégénérés [Magnan]); les aliénistes considèrent que les dégénérés supérieurs commettent rarement des infractions, je ne sais pas si cette opinion est bien fondée; on rencontre chez ces tarés une obtusion constante du sens moral; je ne serais pas surpris qu'un jour on n'en vint à reconnaitre que certains délinquants doivent être classés dans cette catégorie de malades; il faudrait les chercher chez les escrocs et les auteurs de délits financiers. L'étude de la célèbre escroquerie des cent millions serait intéressante à ce point de vue.

J'ai déjà indiqué les réserves que l'on doit faire en acceptant les classifications de Magnan ; peut-être ces réserves ne sont-elles que le résultat de l'impropriété de l'expression de *dégénéré supérieur*, qui me paraît s'appliquer à des catégories trop indéterminées; les *dégénérés moyens* ont une physionomie plus nette; ils fournissent le plus gros contingent à l'armée sans cesse croissante des demi-responsables.

Le caractère dominant de leur criminalité est l'impulsivité.

La théorie de l'impulsion, telle que les meilleurs auteurs la présentent, ne me satisfait pas; je ne puis songer à la discuter dans un travail consacré à l'étude de la criminalité au point de vue social, car cette discussion exigerait une analyse complète de l'automatisme, qui est un des phénomènes les plus délicats de la psychologie. Je crois que l'analyse dont je parle conduirait à une synthèse de l'activité automatique, dans laquelle les hallucinations, les obsessions et les impulsions se grouperaient naturellement, suivant les fonctions des centres entrant automatiquement en activité[1].

Pitres et Régis (*Obsessions et Impulsions*, Paris, 1902) définissent l'impulsion comme une tendance au réflexe. J'hésite beaucoup à me ranger à leur

1. Garnier avait saisi les relations entre les obsessions, les impulsions et l'automatisme. — Voy. *Des perversions sexuelles obsédantes et impulsives* (*Arch. Anthr. crimin.* 1900, 604.)

manière de voir. Ces auteurs divisent les impulsions en trois classes :

1° Impulsions motrices pures ou à réflexe direct; l'acte suit fatalement et immédiatement la stimulation sans aucune action inhibitoire intermédiaire.

Comme types de ces impulsions, ils indiquent celles de l'idiot, de l'imbécile, de l'épileptique.

2° Impulsions psycho-motrices ou à réflexe retardé ; dans ces cas, les processus psychiques ordinaires accompagnent l'acte, dont le malade a conscience et dont il conserve le souvenir; il a la notion de ses conséquences. Ce qui lui manque, c'est le pouvoir inhibitif.

Comme exemples de ce type d'impulsions, Pitres et Régis signalent les réactions violentes de certains dégénérés : hystériques, épileptiques en dehors des accès, maniaques agités.

3° Impulsions psychiques ou à réflexe interrompu (impulsions intellectuelles de Ball); là, on trouve l'existence du pouvoir d'inhibition ; il y a lutte entre la sollicitation à l'acte et la conscience ; Régis, dans son « Manuel de Psychiâtrie », accepte l'opinion de Magnan et Legrain relativement à l'obsession impulsive, qui est le type de cette sorte d'impulsion : conscience lucide, lutte angoissante, irrésistibilité, émotivité, soulagement consécutif à l'acte.

Cependant, bien qu'il admette l'irrésistibilité de

l'impulsion, l'éminent auteur ne considère pas que l'accomplissement de l'acte soit fatal.

On aperçoit immédiatement la critique dont la théorie de Pitres et de Régis peut être l'objet. Le mouvement réflexe est celui que provoque un stimulus extérieur; ce stimulus manque dans un très grand nombre d'impulsions; on ne saurait, il me semble, logiquement considérer comme une tendance à un réflexe l'impulsion d'une mère à tuer son enfant. Je serais d'accord avec mes savants amis, s'ils substituaient le terme automatique à celui de réflexe; je reconnais que leur terminologie fait image et donne une idée très vive de l'allure clinique de l'impulsion; mais elle ne me paraît pas exacte dans tous les cas, principalement dans ceux de la seconde et de la troisième classe de leur division. On y observe en effet des tendances à des actes qui ne ressemblent en rien à des mouvements réflexes; l'impulsion à la coprophagie, par exemple, est l'opposé d'un mouvement de ce genre.

Physiologiquement, le réflexe est provoqué par une excitation *exogène*[1]; l'impulsion peut être, au contraire, déterminée par une excitation *endogène*. Tel est, en général, le cas pour l'impulsion au suicide, autre tendance à un mouvement que l'on ne peut pas légitimement assimiler à un réflexe.

1. Voyez : Charles Richet, *Les Réflexes Psychiques* : travaux du laboratoire de M. Ch. Richet, Tome V, Paris, Alcan, 1902.

Je comprends beaucoup mieux la théorie de l'impulsion dès que l'on considère ce phénomène comme de l'automatisme; j'ai proposé de l'envisager en fonction de l'activité des centres nerveux; on divise ceux-ci en inférieurs, moyens et supérieurs, quelle que soit leur localisation. Il est nécessaire d'admettre que toute manifestation de la vie, que ce soit la vie animale, motricité, fonctions de relation, etc., ou que ce soit la vie psychique, a pour substratum l'activité d'un élément quelconque du système nerveux; il est probable que les éléments qui président à la fonction intellectuelle et consciente sont autres que ceux qui régissent les fonctions purement animales, comme la marche ou les actes de défense; les centres inférieurs sont les éléments nerveux afférents aux fonctions les plus simples, les moyens et les supérieurs président à l'accomplissement de fonctions de plus en plus élevées, à des actes de plus en plus appropriés à une fin éloignée. L'automatisme des premiers correspond aux impulsions motrices pures de Pitres et Régis; celui des centres moyens à leurs impulsions psycho-motrices; celui des supérieurs à leurs impulsions psychiques. On pourrait distinguer ces divers automatismes sous le nom d'automatismes hypo-, méso- et hypercentral, ou sous toute autre appellation meilleure, mais on conserverait à ces phénomènes leur caractère d'unité physiologique.

Cela est important en terminologie criminelle, car les actes réflexes purs n'ont presque jamais un caractère délictueux, tandis que beaucoup d'impulsions le possèdent, souvent à un très haut degré.

Quoi qu'il en soit, tout le monde s'accorde à reconnaître la gravité du péril social résultant de l'impulsivité de certains individus; les neuf dixièmes de ces cas douteux, dans la médecine légale des aliénés, sont fournis par les impulsifs, ils constituent une véritable plaie.

On rencontre naturellement toutes sortes d'impulsions; les plus fréquentes, au point de vue criminel, sont les suivantes :

L'impulsion ambulatoire, que l'on observe chez certains vagabonds incorrigibles; c'est la *dromomanie*. On la rencontre chez les persécutés migrateurs (Foville); chez les mégalomanes, les alcooliques, les paralytiques généraux, dont nous aurons à nous occuper.

L'impulsion au vol ou *kleptomanie*. Elle se présente sous deux formes très différentes : dans l'une, le vol est commis stupidement, sans précaution; c'est un acte d'automatisme hypo- ou mésocentral, suivi ordinairement d'amnésie. On observe ce type de kleptomanes parmi les dégénérés inférieurs, les déments séniles, les épileptiques, les paralytiques. Dans l'autre forme, qui est la plus intéressante au point de vue médicolégal, l'impulsion est consciente; on la rencontre

10.

chez les dégénérés, les déséquilibrés, quelquefois chez des individus d'une grande valeur intellectuelle; j'ai entendu dire, mais je n'ai pas pu vérifier le fait, qu'un ancien premier ministre anglais, lord D., aujourd'hui mort, présentait cette particularité; je l'ai notée chez la femme d'un avoué, dans un tribunal de province; cette dame était, d'ailleurs, parfaitement honorable, et sa manie était si connue, que l'on renvoyait aux fournisseurs les menus objets dont elle s'emparait; les volés fermaient volontairement les yeux.

Ces kleptomanes forment la masse des voleurs à l'étalage; les femmes, surtout dans les grands magasins, ont de ces impulsions et j'ai eu souvent à observer des vols de ce genre accomplis par des dames appartenant à la meilleure société.

Le vol dans les grands magasins est ordinairement commis par des hystériques (environ 66 °/₀, Legrand du Saulle); plus de la moitié d'entre les délinquantes observées par Legrand du Saulle avaient commis le vol pendant la période menstruelle. Les femmes gravides y sont exposées, de même que les femmes à l'âge critique et les utérines.

La kleptomanie est quelquefois associée à des perversions sexuelles (vols de cheveux, de mouchoirs, de chaussures, etc.). L'impulsion sexuelle est en effet l'une des plus communes; elle se présente sous des types très variés.

Il y a d'abord l'excitation génésique, portant à l'accomplissement de l'acte normal ; tantôt sans infraction à la loi, comme l'éréthisme continuel des maniaques, des paralytiques généraux au début, tantôt par des moyens criminels, tels que l'attentat avec violence, ainsi qu'on l'observe chez les épileptiques, les maniaques, les dégénérés inférieurs.

Il y a ensuite l'interminable chapitre des perversions et des inversions ; il ne sied pas d'entrer dans le détail de ces innombrables variétés de l'impulsion, je citerai les plus intéressantes au point de vue criminologique.

Les *exhibitionnistes* montrent leurs nudités ; ils sont pour la plupart des malades, alcooliques chroniques, déments, paralytiques généraux, épileptiques ; plus rarement de simples dégénérés impulsifs. On a remarqué (Garnier) la tendance curieuse manifestée par les exhibitionnistes à s'exposer dans les endroits les moins convenables ; dans les églises, devant la porte des écoles de petites filles, dans les promenades publiques. Ce fait est inexplicable dans la théorie qui assimile l'impulsion au réflexe ; il s'explique bien dans celle qui en fait des actes automatiques.

Les *fétichistes* sont souvent des kleptomanes, des coupeurs de nattes, de vêtements féminins, des frôleurs, des frotteurs. Ils commettent quelquefois des outrages publics à la pudeur, en pratiquant des attouchements inconvenants dans les foules.

Les *sadiques* associent à l'acte génital des tortures diverses; il en existe de nombreuses catégories, allant des individus qui piquent avec des épingles les seins ou les fesses des femmes dans les rues, jusqu'aux grands criminels du genre de Vacher ou de Jack l'éventreur.

Les *masochistes* trouvent la satisfaction de leurs instincts sexuels dans les mauvais traitements auxquels ils se soumettent. Cette anomalie est rarement criminelle.

La recherche des enfants s'observe surtout chez les vieillards; une cause fréquente d'attentats à la pudeur sur des petites filles, est la superstition assez répandue dans les basses classes, que la syphilis se guérit par la cohabitation avec une vierge ; pour être sûrs d'avoir une vierge authentique, le criminel s'adresse à de tout jeunes enfants.

Enfin, les inversions sexuelles, ou *homosexualité*, comprennent l'uranisme, le saphisme, le tribadisme; ces faits ne sont pas punis en France. Ils le sont en Allemagne, du moins l'uranisme ou pédérastie; chose assez digne de remarque, ce pays où l'homosexualité masculine est punie, semble être un de ceux où elle est le plus répandue, en Europe.

On distingue encore l'impulsion à boire, ou *dipsomanie*, qui s'associe à la criminalité alcoolique, la *pyromanie*, impulsion à mettre le feu, souvent constatée chez les imbéciles, les déments, les mélancoliques ; les femmes sont plus rarement pyromanes que les hommes ; ce genre d'impulsion est fréquent chez les jeunes gens, surtout à l'époque de la puberté, qui a une action indiscutable sur la genèse des impulsions de tout ordre.

L'impulsion à l'homicide est une des moins rares ; on en observe de motrices, dans lesquelles l'acte criminel est accompli avec une rapidité, une sauvagerie et une cruauté extraordinaires ; le meurtrier s'acharne sur le cadavre de ses victimes ; tel est le cas des épileptiques au cours de l'accès, des alcooliques en crise aiguë.

L'impulsion psycho-motrice à l'homicide est irrésistible, quoique généralement consciente ; elle n'est pas toujours suivie d'amnésie, au moins complète. On l'observe dans la manie aiguë, dans les accès maniaques de la folie à double forme, dans les états d'excitation de la paralysie générale. J'y rattacherais certains accès épileptiques au cours desquels se développe un véritable état second épileptique, cause d'amnésies retardées ; il est assez curieux de voir l'école française s'attarder dans la conception arriérée de l'épilepsie constamment amnésique, à la suite de Garnier et malgré de nombreux travaux parus soit à l'étranger (Ottolenghi, Tamburini), soit en France (Ball, Hennocq, Féré, Ducosté, Régis et moi). L'amnésie retardée est encore contestée, bien que son existence soit aisément constatée avec un peu de soin dans l'observation du malade ; elle est en connexion avec les états crépusculaires que l'on rencontre si fréquemment dans le mal comitial.

Enfin, l'impulsion psychique à l'homicide se trouve chez les épileptiques, les dégénérés, les alcooliques. Un très grand nombre des assassinats soi-disant passionnels doivent être attribués à des dégénérés impulsifs ; d'Annunzio a très bien décrit les déséquilibrés de cette espèce dans son *Triomphe de la Mort.* Ils sont vraiment peu dignes d'intérêt et manifestent toujours cette sorte d'égoïsme puéril que l'on appelle l'hypertrophie du moi, et qui n'est en réalité que le germe de la mégalomanie, caractéristique essentielle de tous les automatismes psychiques et psycho-moteurs.

On pourrait signaler encore certaines impulsions propres aux dégénérés, telles que l'homicide familial, le parricide, l'empoisonnement conjugal, l'assassinat politique et, en matière sexuelle, la bestialité, la nécrophilie, le vampirisme.

On voit, par ce que je viens d'indiquer, combien les impulsifs sont aptes à devenir de dangereux criminels ; de toutes les catégories de criminoloïdes, les dégénérés sont les plus enclins à l'acte impulsif. Il ne faut pas perdre de vue cette constatation, qui aura des conséquences importantes au point de vue de la défense sociale ; celle-ci n'existe pas contre le dégénéré impulsif, au contraire ; il semble que nous ayons soigneusement entretenu le développement de leur criminalité, sous l'influence d'idées humanitaires très respectables, mais encore plus critiquables. La Nature, plus logique, semble avoir placé le remède à côté du mal; car les impulsions les plus fréquentes que l'on observe chez les individus dont je viens de décrire les tendances, sont les impulsions au suicide. La race des dégénérés impulsifs se charge de sa propre destruction.

La démence, la paralysie générale, les névroses.

En continuant l'attristante étude de tous les types d'aliénés criminels, nous arrivons aux déments; ils sont en général peu dangereux; l'homicide est rare parmi eux, ce ne sont pas des violents; cependant, sous l'influence de l'excitation génésique, ils peuvent commettre des viols; ordinairement, ils sont disposés au vol, à l'outrage public à la pudeur (exhibitionnisme), à l'incendie.

La *Paralysie générale progressive* est la cause d'un très grand nombre d'infractions, et je le crains, d'un aussi grand nombre de condamnations d'irresponsables, surtout dans la période prodromique.

Les infractions habituelles des paralytiques généraux sont le vol, l'abus de confiance, le faux, l'attentat à la pudeur. Ils commettent plus rarement des actes de violence, sauf dans leurs périodes d'excitation.

Il en est autrement de l'épilepsie, qui fournit un grand nombre de criminels; je me suis déjà expliqué sur les impulsions épileptiques, causes de meurtres multiples et barbares. L'école de Lombroso attache à l'épilepsie. sous toutes ses formes, une grande importance dans la genèse de la criminalité.

Il est difficile, en principe, de considérer les hystériques comme des aliénés; ils rentrent dans la catégorie des déséquilibrés; il y a beaucoup de réserves à faire sur les théories courantes au sujet de l'hystérie; lorsque cette névrose s'ajoute à la dégénérescence, elle fournit un très gros contingent à la criminalité, dénonciations, auto-accusations, escroqueries, vols, surtout à l'étalage, simulations, empoisonnements, violences par arme à feu (revolver), vitriolisation, chantage, etc.

Les auteurs rattachent l'hypnotisme et la suggestion à l'hystérie; c'est en effet chez les hystériques que l'on a d'abord observé ces phénomènes, médicalement, tout au moins; mes observations personnelles me portent à penser, comme l'enseigne Bernheim, que la suggestibilité n'est pas spéciale aux hystériques.

La responsabilité des personnes atteintes de cette névrose a fait l'objet de controverses nombreuses; on admet en général leur responsabilité.

Résumé.

En considérant la criminalité des aliénés dans son ensemble, on est amené à reconnaître immédiatement son caractère d'exceptionnelle gravité ; l'exposé sommaire que je viens d'en faire montre que, chez eux, la tendance à l'homicide est presque constante.

Les aliénés criminels sont donc au moins aussi dangereux pour la collectivité que les autres criminels ; cependant, sous l'influence du progrès des idées et de l'adoucissement des mœurs, on en est arrivé à faire une distinction entre les uns et les autres ; on ne punit pas les aliénés, on est censé les mettre simplement hors d'état de nuire ; j'ai déjà indiqué combien cette sanction sociale était peu effective.

La peine est réservée aux criminels dits responsables ; en examinant les caractères de la volonté criminelle, j'ai déjà indiqué l'incertitude positive de nos connaissances sur les causes de l'acte volontaire ; j'ai montré combien la croyance à la liberté de nos volitions était philosophiquement improbable ; Taussat, dans son livre : *Le Monisme et l'Animisme* (Paris, Alcan, 1908), a essayé de soumettre la théorie du libre arbitre à la loi d'évolution, et ses idées sont vraisemblables.

« Ainsi se développe, dit-il, sinon la liberté absolue, du moins une liberté relative. Elle correspond à des possibilités d'actes plus nombreux et plus variés, à des jugements plus éclairés sur les conséquences de ces actes, à la conception de notre responsabilité vis-à-vis de nous-mêmes et des autres. » (P. 146.)

Le sociologue n'a pas à rechercher la solution de ce problème insoluble qu'est le libre arbitre; il examine les faits sociaux et il considère les opinions dominantes et les concepts philosophiques incorporés dans la loi, comme des faits sociaux.

Tout notre système pénal repose sur l'idée de culpabilité, c'est-à-dire de responsabilité; nous avons vu, en effet, que la conception légale de la culpabilité impliquait l'existence d'une volonté capable de faire ou de ne pas faire l'acte défendu. Nous avons également vu les cas dans lesquels cette volonté perdait son apparence de liberté, de choix possible entre deux ou plusieurs alternatives, et nous avons sommairement examiné les circonstances qui, en supprimant la possibilité de résister aux sollicitations criminelles, faisaient disparaître la responsabilité de l'auteur de l'infraction. Nous avons rencontré un grand nombre de cas dans lesquels la responsabilité, sans disparaître complètement, était cependant diminuée, et nous avons reconnu le fondement légal de l'atténuation de la criminalité qui en résulte dans le Code pénal lui-même.

Nous pouvons aller maintenant plus loin et rechercher ce que l'on doit entendre par la responsabilité entière, par la responsabilité atténuée, par l'irresponsabilité ; nous étudierons en même temps la valeur sociale de ces diverses notions.

CHAPITRE VII

La Responsabilité.

---

§ 1. — DÉFINITION.

Qu'entend-on par la *Responsabilité* d'un criminel? Ce mot a été l'objet des plus vives critiques de M. Gilbert Ballet au Congrès des médecins aliénistes et neurologistes de langue française, tenu à Genève en 1907 ; le savant professeur a écrit un rapport sérieusement étudié, élégamment rédigé. Reprenant les idées de Ferri (*Sociologie criminelle*, 1re édition, p. 336), il distingue deux acceptions principales du mot Responsabilité : la responsabilité morale et la responsabilité sociale ; il montre avec raison que la première est d'ordre métaphysique et repose sur l'hypothèse du libre arbitre ; il tente, mais là il est plus difficile de le suivre, de démontrer que la responsabilité sociale est indépendante de toute liberté et ne suppose que la nuisance de l'agent ;

c'est juridiquement inexact. La responsabilité, même civile, exige la liberté de la volonté, condition nécessaire d'après une doctrine et une jurisprudence unanimes. « L'imputabilité est un des éléments essentiels de la responsabilité : par suite, les individus qui n'ont pas leur libre arbitre (insensés), ni la conscience de leurs actes (petits enfants), qui sont en état de démence ou d'ivresse involontaire, au moment même de l'acte, sont irresponsables (Sourdat, I, 16). »

M. Gilbert Ballet est cependant dans la vérité sociologique, s'il n'est pas dans la vérité juridique ; la responsabilité sociale devrait être uniquement déterminée par la nocivité de l'auteur de l'infraction. Je me range complètement à sa manière de voir, mais je dois reconnaître qu'elle est étrangère à notre droit pénal et à notre droit civil. La responsabilité civile a pour fondement la faute de l'agent, exactement comme sa punissabilité d'après la loi pénale ; le libre arbitre est en réalité la notion fondamentale de toute responsabilité.

Cependant, ajoute l'éminent professeur, il n'est nullement question de responsabilité dans le Code, dont les auteurs, bien avisés, ont pris soin d'éviter la mention ; cet argument n'est pas probant, car le livre II du Code pénal porte comme titre : « Des personnes punissables, excusables ou responsables pour crimes ou pour délits ». Mais, ce qui justifie dans une certaine mesure l'argumentation de M. Ballet. le Code pénal donne au mot *responsabilité* un sens particulier, celui de responsabilité civile; tels sont les termes des articles 73 et 74; employant ce mot dans une acception bien définie, le législateur ne pouvait lui attribuer un autre sens.

L'usage cependant s'en est répandu et l'on confond cette expression avec celle de punissabilité, qui n'est pas française; y a-t-il lieu de la changer? Je ne le pense pas; elle a pris droit de cité dans la langue du droit pénal, et elle correspond à une idée bien déterminée; il eût peut-être mieux valu trouver une autre expression, il est aujourd'hui trop tard, il me semble, pour le faire.

On l'entend dans le sens de responsabilité pénale, par opposition à la responsabilité civile, qui est son équivalent juridique; ce n'est pas exactement l'imputabilité, car l'imputabilité n'exige pas la punissabilité, si l'on me permet ce néologisme, qui traduirait, j'imagine, assez bien le sens de ces mots « responsabilité pénale ». Un fait peut être imputable à quelqu'un sans qu'il en soit responsable; imputer quelque chose à quelqu'un, c'est lui attribuer une action blâmable, sans préjuger qu'il en soit responsable : le mot responsable comporte une idée plus précise et implique une sanction; l'individu auquel une action blâmable est imputée doit en répondre devant les juridictions compétentes ou donner satisfaction.

La responsabilité exprime donc la situation d'une personne qui est tenue de subir les conséquences de ses actes. Ces conséquences peuvent être civiles, pénales, disciplinaires ou simplement mondaines ; la folie, par exemple, fait disparaître l'obligation mondaine du duel. L'aliéné, à ce point de vue, n'a pas à répondre d'une insulte par lui faite.

On aperçoit immédiatement l'imprécision du terme employé par M. Gilbert Ballet ; sa responsabilité sociale comporte des formes très différentes de responsabilités particulières, les unes civiles, les autres pénales, disciplinaires, mondaines. Les cercles exercent sur leurs membres une véritable action disciplinaire et peuvent prononcer leur radiation, décision que valideraient les tribunaux si elle était prise conformément aux statuts ; la force sociale serait mise au service de la volonté collective du cercle, et la responsabilité du membre radié aurait un caractère social.

Je pense donc, contrairement à l'opinion de M. Ballet, que la responsabilité pénale a une signification très précise ; c'est une des formes de la responsabilité sociale, comme l'a fort bien vu ce savant, mais c'est une forme qui a une existence propre et des limites déterminées. Elle est subordonnée à la responsabilité sociale, par définition, puisqu'il ne saurait y avoir de pénalité sans une société qui l'établit et l'applique ; elle l'est à la responsabilité morale, puisque toute notre législation repose sur l'idée de culpabilité et sur la notion du libre arbitre. Les Codes pénal et d'instruction criminelle emploient constamment le mot *coupable* qui implique l'idée de faute, et par suite exclut tout déterminisme de l'infraction.

Le Code pénal allemand, dans son paragraphe 51, parle expressément de libre arbitre, *freie Willensbestimmung* ; si notre Code est moins explicite, il n'en suppose pas moins la même liberté de détermination.

La jurisprudence n'hésite pas sur ce point, et M. le président Magnaud, auquel on ne saurait sans injustice prêter des idées rétrogrades, l'a reconnu dans un jugement célèbre.

Il est évident qu'un système pénal fondé sur une semblable hypothèse ne satisfait pas l'esprit moderne ; je me suis expliqué déjà là-dessus ; mais cette conception, quelque erronée qu'elle puisse paraître, est celle du législateur ; elle correspond à une notion pratique qui est celle de l'homme soi-disant normal, apte à résister à toutes les sollicitations qui l'entraînent à mal faire. Je n'ai pas besoin de dire que l'homme normal est une abstraction sans réalité et que l'homme vertueux est aussi innocent de sa vertu que le criminel me paraît l'être de ses mauvais instincts. Ils sont l'un et l'autre ce que la nature les a faits, et ils produisent ce qu'ils sont faits pour produire.

Telle paraît être l'opinion des philosophes aujourd'hui ; le libre arbitre leur semble extrêmement hypothétique et son incertitude ne peut servir à l'édification d'un système pénal ; leur doute philosophique ne peut pas davantage être utilisé, car il aboutit à deux conséquences également choquantes pour la mentalité collective : l'impunité ou la répression, sans distinction entre le responsable et l'irresponsable. Il est clair qu'aucune société ne pourrait subsister dans le premier cas ; il est non moins évident que le sentiment général n'est pas prêt à considérer la criminalité comme un mal dont il faut se débarrasser sans se préoccuper des conditions dans lesquelles se trouve la personne du criminel. Cette conception a les préférences du Dr Wylm, qui recommande à la société d'imiter la nature et de se défaire de tous les déchets qui compromettent son évolution ; à ce point de vue, l'aliéné et le non-aliéné se valent ; il ne doit pas être question d'infliger des châtiments injustes aux uns, des traitements inutiles aux autres ; il convient simplement d'en débarrasser la collectivité, sans animosité pour les malheureux qu'il faut éliminer, mais sans faiblesse coupable pour eux. L'euthanasie, c'est-à-dire la mort sans souffrance que le Dr Wylm préconise dans certains cas, est une solution évolutionniste du problème. (*La Morale Sexuelle*, Paris, Alcan, 1907.)

Je reconnais avec lui que cette solution, toute

scientifique, uniquement objective, des difficultés que présente le traitement social de la criminalité, a peu de chances d'être admise aujourd'hui ; l'opinion n'y est pas préparée, car nos sociétés ont développé chez elles la sensibilité et l'émotivité aux dépens de la virilité et de la vigueur ; elles résument, dans leur mentalité collective, les qualités et les défauts des individus trop civilisés ; je dirais d'elles volontiers qu'elles réalisent le type du soi-disant dégénéré supérieur.

Ne songeons donc pas à supprimer la question de la responsabilité pénale, telle que je la définissais, en lui substituant purement et simplement la notion de la responsabilité sociale ; l'avenir se chargera de résoudre la difficulté, soit qu'il dispose les collectivités à veiller attentivement à la sécurité de leurs membres actuels et à la qualité de leurs membres futurs, soit qu'il consacre les tendances présentes et laisse les nations trop vieilles périr de faiblesse, justes victimes de leur humanitarisme, de leur égoïsme et de leur stérilité[1].

1. La théorie de Wylm est la suivante : la nature nous montre le moyen d'empêcher la propagation des types inférieurs ; c'est la mort des individus qui le réalisent. La société doit se préoccuper de deux choses essentielles, si elle veut se conformer aux tendances de l'évolution, telles qu'elles semblent se manifester. D'une part elle doit assurer sa perpétuation, en veillant à la qualité et à la quantité des enfants qui formeront ses membres à venir. Car il ne suffit pas qu'une société soit nombreuse

Dans le langage criminologique, le mot de *responsabilité* a le sens de responsabilité pénale ; il remplace l'expression de punissabilité et signifie que l'auteur de l'infraction considérée n'est pas affranchi des conséquences de cette infraction, telles qu'elles sont définies par la loi pénale ; l'usage a si bien précisé le sens de ce mot, que son emploi isolé ne souffre aucune équivoque ; quand on veut parler d'une autre responsabilité que la responsabilité pénale, on ajoute un adjectif ; il en est ainsi de la responsabilité civile, par exemple.

§ 2. — LA RESPONSABILITÉ ATTÉNUÉE.

Nous avons eu l'occasion de constater que le Code pénal ne considère pas comme punissable la

pour qu'elle soit forte et vigoureuse ; il faut qu'elle soit composée de membres utiles.

Il en résulte que la société ne doit pas laisser la fonction de reproduction sans contrôle ; elle a l'obligation d'interdire la paternité ou la maternité malsaine ; c'est au médecin de juger s'il convient ou non de permettre ou de défendre cette fonction aux individus.

La société doit encore veiller à sa propre santé, c'est-à-dire à sa composition ; elle doit écarter d'elle les éléments asociaux (idiots, imbéciles, déments, etc.) et antisociaux (criminels-nés, aliénés criminels). Le moyen que la nature emploie pour éliminer les types inférieurs, analogues à ceux que je viens d'indiquer en fonction de la vie sociale, est la mort. Elle continue, malgré nous, à l'appliquer, car nous constatons que les types intellectuellement défectueux ont une tendance marquée au suicide et à l'assassinat familial. La descendance des dégénérés personne qui est en état de démence au moment de l'action, ou qui a été contrainte par une force à laquelle elle n'a pu résister. De telles personnes ne sont pas responsables.

Nous avons été plus loin : nous avons vu que le Code pénal primitif contenait en germe une idée qui s'est beaucoup développée depuis 1810, celle de la responsabilité atténuée. J'ai montré que l'atténuation des peines admise par les articles 67 et 69 reposait sur la notion de la minorité de seize ans ; les mineurs sont considérés comme moins punissables, parce qu'ils sont moins responsables pénalement.

Le germe inclus dans le Code a donné naissance à un monstre : la théorie de la responsabilité limitée comme cause d'atténuation de la peine.

La réforme de 1832 et celle de 1863, complétées

est souvent frappée de stérilité, et porte en elle-même des germes de prompte destruction, comme la progéniture des alcooliques. Pourquoi nous efforcer de conserver la vie aux asociaux, qui seront toujours incapables de vivre humainement ? Une mort douce et paisible n'est-elle pas préférable à l'existence qui leur est réservée ? Ne vaut-il pas mieux supprimer de la même manière les antisociaux confirmés ? Ne vaut-il pas mieux les faire disparaître, que d'exposer à leurs violences des individus socialement supérieurs à eux ? La mort donnée dans ces conditions n'est pas une peine ; elle devient une mesure de préservation sociale, empruntée à la nature et destinée à sauvegarder la valeur du type humain. C'est au médecin qu'il appartient d'en apprécier la nécessité ; ce n'est pas au juge qu'il appartient de la prononcer comme un châtiment.

par le décret du 27 novembre 1870, qui a donné sa forme actuelle à l'article 463, relatif à l'admission des circonstances atténuantes, ont favorisé l'évolution de ce monstre. Certaines législations lui ont donné droit de cité, le Danemark, par exemple, dont le Code pénal, paragraphe 39, prescrit que les délinquants dont la responsabilité est diminuée doivent bénéficier d'une atténuation de peine. Les criminalistes danois se plaignent vivement de cette disposition législative ; jurisconsultes et médecins sont d'accord pour en réclamer la suppression, si j'en crois le professeur Torp de Copenhague, qui l'a déclaré au Xe Congrès de l'Union internationale de droit pénal, tenu à Hambourg en 1905. (*Bulletin de l'Union*, 1906, p. 491.)

La théorie sur laquelle je m'exprime avec cette sévérité me parait, en effet, une des plus graves erreurs de la pratique contemporaine; je crois qu'il faut lui attribuer, en majeure partie, la cause du différend existant entre les juristes et les aliénistes, aussi bien en France qu'à l'étranger.

Les juristes, surtout les magistrats, et c'est d'eux que je parle plus particulièrement, sont frappés de l'extension croissante que prennent les catégories de criminels à responsabilité atténuée; les juges sont les gardiens de l'ordre social et l'expérience leur a, depuis longtemps, montré que les délinquants du type des demi-responsables, suivant l'expression de Grasset, sont accessibles à l'action intimidante, ou inhibitrice, de la peine; ils savent que ces prévenus sont aptes à comprendre le châtiment et à en faire état dans leurs délibérations prévolitives. Infliger un châtiment indulgent à ces délinquants est une faute, c'est en quelque sorte les inviter à recommencer; les récidivistes les plus incorrigibles se rencontrent parmi eux. Les magistrats ont parfaitement raison au point de vue social.

D'un autre côté, les psychiâtres savent que la responsabilité ne cesse pas brusquement, pour faire place à l'irresponsabilité; M. Gilbert Ballet cite, en les approuvant, les paroles de Régis: « Dans un grand nombre de cas soumis à l'examen du médecin expert, dans le plus grand nombre, pourrait-on dire, il s'agit d'états pathologiques incomplets, intermédiaires, comportant, non une responsabilité absolue, mais une responsabilité atténuée. » (*Précis de Psychiâtrie*, p. 919.)

La notion très complète que les médecins ont aujourd'hui de ces états, leur permet de reconnaître assez facilement, en général, les cas dans lesquels la responsabilité du délinquant n'est pas entière; comme le sens de ce mot est, en somme, celui de *punissabilité*, la conséquence forcée de la notion psychiâtrique de la responsabilité atténuée aboutit à celle de l'atténuation de la punition; cette conséquence est irréprochable au point de vue théorique; elle est funeste dans la pratique.

En réalité, il conviendrait d'infliger une peine plus sévère aux délinquants dont la responsabilité n'est pas absolue, pour employer le langage de Régis; c'est une nécessité, si l'on veut conserver à la peine son caractère inhibitif; mais cette nécessité devient une injustice, si l'on considère l'individu lui-même, car c'est une sorte de malade, et il serait plus durement frappé pour sa maladie que pour sa faute; c'est l'opposition, en définitive irréductible de ces deux aspects du problème posé par la théorie actuelle de la responsabilité atténuée, qui rend la difficulté insoluble et cause tous les malentendus.

M. G. Ballet (XVIIe Congrès des alienistes et neurologistes de langue française, Genève et Lausanne, 1907, vol. I, p. 25), a fort bien résumé l'état de la question.

« Au point de vue pratique, dit-il, il y a des inconvénients plus graves encore à déclarer atténuée la responsabilité des fous moraux et des déséquilibrés pervers. Je me suis efforcé de le faire ressortir dans la discussion de la société des prisons. (Bulletin, 1905, p. 199). On aboutit, de la sorte, en effet, à ce résultat, de faire condamner ces anormaux avec admission de circonstances atténuantes, ce qui est une double faute. C'est une faute d'abord de les condamner à une peine infamante, car, si le médecin n'a pu les déclarer « déments », puisqu'ils ont la notion du bien et du mal et de la portée de leurs actes, ce sont des anormaux qui relèvent de la pathologie ou du moins de la tératologie. C'est une faute, au point de vue de la défense sociale, de les condamner à une peine atténuée, c'est-à-dire à une courte peine, car cela leur permet de reprendre bientôt la série de leurs méfaits. De cette façon, on a fait à la fois de la mauvaise protection sociale et de la mauvaise justice. »

Peut-il en être autrement? Lié par les textes, le légiste est contraint de s'y conformer; il ne saurait penser à y substituer ses opinions préférées. Or, toute notre conception légale de la peine repose sur l'idée de la responsabilité morale, de la faute volontaire. Si l'expert démontre au juge que le délinquant souffre d'un état morbide quelconque, dont la conséquence est de diminuer « le libre exercice de sa volonté », le juge appliquera l'article 463 et diminuera la peine. Si le magistrat, frappé de l'absurdité de cette mesure transactionnelle, proteste contre l'extension indéfinie des responsabilités atténuées, il s'expose aux critiques des hommes qui n'ont pas reçu son éducation professionnelle. On en trouvera un exemple dans les Archives d'Anthropologie criminelle, 1897, pages 601-638; M. Hamon, qui paraît avoir de fortes convictions, maltraite la magistrature avec une vigueur vraiment réconfortante dans notre temps d'universelle indifférence. Il est fâcheux que son zèle soit plus dogmatique dans la forme que démonstratif au fond; les citations qu'il emprunte au conseiller Fabreguettes, à Bérard, au Dr Dubuisson ne me semblent pas établir « l'absurdité » de leur opinion. Je crois que M. Hamon n'a pas compris ce qu'ils veulent dire.

§ 3. — L'ACTION DE LA PEINE SUR LES DÉGÉNÉRÉS.

On ne peut exiger des magistrats qu'ils parlent le langage de la médecine; ils parlent en juristes ou en philosophes; mais ils expriment une opinion très juste, à laquelle les anthropologistes et les médecins reviennent indirectement. Les juges ont reconnu par expérience que les délinquants à responsabilité limitée sont capables d'intimidation; les ressorts psychologiques que met en mouvement l'idée de la peine n'ont pas à être examinés ici; il suffit de constater ce fait, sur lequel tout le monde est d'accord, que la crainte de la peine est un facteur puissant d'abstention; en langage psychologique, on dit que la peine agit comme motif inhibitoire. Les magistrats savent que les dégénérés criminels — les mauvais sujets du langage courant — se tiennent tranquilles quand ils redoutent un châtiment sérieux; cette constatation légitime aux yeux des juges la peine prononcée; elle explique la notion légale du libre arbitre qu'ils acceptent, ne pouvant la discuter dans leurs décisions; si la peine empêche le crime, cela démontre que le choix est possible entre l'acte et l'abstention. M. Hamon reconnait qu'il existe des procédés de correction, de prévention; ce qui suppose de sa part l'admission d'une certaine incertitude dans l'évolution du criminel et, par suite, la possibilité de modifier le sens de son déterminisme.

Et c'est bien dans cette conviction que l'étude pratique du criminel confirme le sociologue. La peine agit dans la détermination de l'acte criminel comme un poids, qui tend à faire pencher la volonté, comme un poids matériel fait pencher le plateau d'une balance; la moindre expérience de la psychologie objective le démontre; il suffit d'étudier à ce point de vue les petits enfants; qui pourra contester sérieusement leur sensibilité à la crainte du châtiment? Qui niera l'influence de la répression sur la modification de leurs mauvais instincts? Les criminels, du moins certaines catégories d'entre eux, ressemblent beaucoup aux enfants. Ce sont justement ceux auxquels la science reconnait une responsabilité atténuée. Le juge n'a qu'un seul moyen de tenir compte de cette circonstance, c'est, comme je l'ai dit, de diminuer la peine. Qu'arrive-t-il? Le poids qui est mis dans la balance est plus léger que le poids ordinaire et il ne suffit pas à entraîner le plateau.

Cette comparaison me semble très juste; si l'on analyse la valeur de la peine comme motif inhibitoire, on reconnait qu'elle a une action dépendant des souffrances, des ennuis, des inconvénients divers dont elle est assortie. Dans notre système pénal, c'est la privation de la liberté et le régime de la prison qui sont à redouter; ces ennuis — car ce ne sont pas de véritables souffrances, — sont proportionnels à la durée de la peine. L'expérience démontre que les courtes peines sont infiniment moins inhibitives que les longues; cela est particulièrement vrai pour les demi-responsables; on comprend aisément qu'un individu de cette catégorie, chez lequel la peine ordinaire, pour des raisons variées, a une valeur inhibitive au-dessous de la normale, soit en quelque sorte encouragé au crime par la certitude que dans son cas la peine sera réduite.

Prenons un exemple schématique; donnons une valeur numérique fictive à la tendance qui sollicite le demi-responsable au crime. Représentons cette valeur par le nombre 10. Les tendances opposées auront, dans le cas du non-criminel, une valeur au moins égale; représentons l'ensemble de ces tendances par deux facteurs; l'un y, qui exprimera toutes les tendances inhibitives, excepté la crainte du châtiment; l'autre x, qui exprimera la valeur de cette crainte en tant que tendance inhibitoire.

Pour le non-délinquant, $x+y=10$; c'est la valeur minimum des inconnues. En diminuant la peine, nous diminuons la crainte qu'elle inspire ; le facteur x tend vers zéro. Il suffit que ce terme diminue de valeur pour que l'équation cesse d'exprimer un état d'équilibre volitif et par suite moteur ; les tendances à l'action seront les plus fortes et l'acte sera exécuté.

J'ai donné cet exemple grossier parce qu'il montre clairement ce que les criminalistes entendent par responsabilité et responsabilité atténuée. Chez l'irresponsable, x et y auront constamment une valeur inférieure à 10 ; chez le responsable, cette valeur *peut* être inférieure, égale ou supérieure à 10 ; chez le demi-responsable cette valeur est voisine de 10 et peut lui être inférieure. Les criminalistes admettent que ces variations de x et y sont sous la dépendance, dans une certaine mesure, de facteurs volontaires ; l'amplitude de ces variations est plus forte chez le responsable que chez le demi-responsable, pour lequel la valeur de y et de x est plus faible et par conséquent devient plus aisément inférieure à 10. On conçoit combien les magistrats, qui ont constamment pu vérifier la variabilité des tendances représentées par la crainte de la peine, soient rebelles à laisser croître, sans protester, le nombre des délinquants à l'égard desquels ils sont contraints de donner à notre x une valeur inférieure à la normale. La possibilité de faire varier la détermination des actes individuels, en agissant sur les facteurs représentés par x, crainte de la peine et par y, notions morales, liens sociaux, etc., constitue le fondement pratique de la responsabilité; les choses se passent, en effet, comme si les mobiles, au lieu d'agir mécaniquement, comme les poids d'une balance, avaient une action sélective, la sélection paraissant le résultat du choix volontaire de l'individu. A ce point de vue, être responsable signifie simplement être accessible à l'action des tendances inhibitives. L'indice de cette sensibilité marquera théoriquement le degré de la responsabilité.

Une analyse plus approfondie conduit évidemment à la conception pour laquelle je montrais tout à l'heure mes préférences, celle d'une irresponsabilité non pas complète, mais relative, des êtres vivants, car la sensibilité dont je parlais ne dépend pas en apparence de nous; ce n'est pas de notre faute si nous ne répondons pas à l'action de certaines inhibitions. Mais la conception d'une irresponsabilité morale universelle n'est pas acceptée sans contestation. Si l'on abandonne à son sort le libre arbitre, on essaye de sauver la responsabilité du naufrage.

M. le professeur Grasset, dans son livre *Demi-fous et demi-responsables* (Paris, Alcan, 1907), a résumé les différentes doctrines sur la notion de la responsabilité, et il essaye d'établir une responsabilité *médicale*. Elle serait fonction de la normalité des *neurones psychiques*.

M. Grasset est un savant ingénieux ; il distingue la *culpabilité* et la *responsabilité physiologique*; celle-ci est un élément nécessaire, mais non suffisant de la première. La responsabilité médicale ou physiologique correspond à la normalité de ces « neurones psychiques », l'irresponsabilité à leur maladie.

M. Ballet a fait au système de M. Grasset une objection qui me paraît fort juste : comment reconnaître la normalité des neurones psychiques? « En examinant le délinquant, en analysant ses sentiments affectifs, son sens moral, ses impulsions, son intelligence, sa mémoire, ses maladies antérieures, etc. », répond M. Grasset.

On s'aperçoit, qu'exception faite des anamnestiques et de l'examen somatique du sujet, le médecin établira son opinion, relativement à la normalité des neurones psychiques, sur un examen psychologique et physiolologique de son patient; M. Grasset conclura de l'état de la fonction à celui de l'organe; mais alors? L'acte criminel est anormal, dans son système, puisque cet acte est une réaction motrice que l'homme dont les *neurones psychiques* sont normaux n'accomplirait pas. Les éléments nerveux qui déterminent cette réaction sont fonctionnellement troublés, puisque, par définition, cette réponse de l'individu aux excitations extérieures n'est pas normale; le crime est en effet une exception. Il en résulte que, pour apprécier la « normalité des neurones psychiques », Grasset tiendra compte des fonctions affectives, sensitives, morales, intellectuelles et motrices du délinquant, exception faite de l'acte incriminé. Il me semble cependant que le développement logique des idées du savant clinicien devraient le conduire à déclarer que les neurones de tout criminel ne sont pas normaux, puisque leur fonctionnement ne l'est pas. Le coupable sera donc responsable de sa constitution psychique et nerveuse, ce qui revient à dire que la responsabilité pénale est indépendante de toute faute personnelle. Grasset pense que sa théorie ne répugnera pas aux déterministes; je ne crois pas qu'il la fasse accepter par les partisans du libre arbitre.

C'est surtout sa notion de la responsabilité atténuée qui est difficile à admettre; le demi-fou a des neurones partiellement malades, soit; cela nous permet-il d'affirmer que sa responsabilité sera simplement diminuée? Je ne suis pas disposé à le concéder, car nous ignorons l'influence que la maladie de certains neurones peut avoir sur le fonctionnement de ceux qui sont restés sains. De plus, si la diminution du pouvoir de résistance aux sollicitations criminelles est le fait de la maladie, il n'est pas juste d'en faire subir les conséquences au malade; il ne faut pas oublier que la notion de faute volontaire est à la base de toute notre législation pénale.

On a discuté à perte d'haleine sur ces questions; le livre du savant professeur de Montpellier est très documenté, et j'y renvoie le lecteur. Je me bornerai à citer, en terminant, la théorie de Tarde sur la responsabilité; elle constitue un essai de conciliation entre le déterminisme pur et la responsabilité morale des délinquants; elle exige deux conditions pour que le délinquant soit responsable moralement de son acte : d'abord, qu'il demeure identique à lui-même entre l'acte et l'accusation; en second lieu, qu'il soit semblable à son milieu. La première de ces conditions, si l'on analyse les idées de Tarde (*Études pénales et sociales*, Lyon, Storck; Paris, Masson, 1892, p. 321 et suiv., l'*Idée de culpabilité*) se réduit à la permanence du sentiment du moi; les maladies de la volonté, de la personnalité, l'hypnose, la suggestion, font disparaître l'identité individuelle, et par suite la responsabilité morale. Tarde, toutefois, est trop avisé pour ne pas savoir que cette identité ne dépend pas uniquement de l'absence des troubles indiqués plus haut. Il admet que cette identité peut cesser dans des cas non pathologiques; la conversion, par exemple, et le remords sincère. On voit tout de suite la conséquence de ce développement nécessaire de son système; il aboutit à l'impunité de ceux qui changent moralement entre le moment de l'acte et celui où ils doivent en rendre compte à la justice. Tarde n'écarte pas cette suite logique de ses conceptions; il se borne à dire que leur impunité serait pleine d'inconvénients (p. 342); il a raison. D'ailleurs, cette conception de l'identité ne semble pas exacte; notre personnalité est variable; elle n'est jamais identique à elle-même; c'est une fonction limitée, relative, et peut-être discontinue, de notre organisme.

Le second terme de la proposition de Tarde est aussi contestable que le premier; il n'est pas nécessaire qu'il y ait une certaine similitude sociale entre le délinquant et la victime pour que la responsabilité morale prenne corps; je trouve aussi grave le meurtre ou l'assassinat d'un sauvage que le meurtre ou l'assassinat d'un concitoyen. Il y a beaucoup de vérité dans la thèse de Tarde, mais c'est de la vérité historique; les systèmes pénaux primitifs ne frappaient d'une peine que les crimes commis contre les membres du groupe; cette conception tend à disparaître dans les nations civilisées, au moins dans leurs parties saines; si l'on admet les opinions du regretté philosophe, on sera contraint d'admettre également que les attentats, dont nos guerres de classes nous offrent tant d'exemples aujourd'hui, ne constituent aucune faute, aucune cause de responsabilité morale chez leurs auteurs; ceux-ci se proclament avec raison comme des ennemis de notre organisme social qu'ils veulent détruire; il n'y a pas de similitude véritable entre l'anarchiste saboteur et notre société individualiste; cette similitude n'est pas perçue en tout cas par l'anarchiste et ce dernier n'a, dans le système de Tarde, aucune responsabilité, il n'est pas un coupable; ce système aboutit également à l'impunité théorique des crimes et délits politiques.

Le bref examen que je viens de faire des efforts les plus récents et les plus importants réalisés pour donner un fondement indépendant à la responsabilité, confirme l'opinion que je donnais comme la plus probable, c'est qu'une chose dont on tente la démonstration par des moyens aussi nombreux, et aussi contradictoires quelquefois, est suivant toute apparence une chose indémontrable. Il convient donc de se contenter de la notion légale, qui est pratique et simple; tout individu qui n'est pas fou, qui n'a pas été contraint par une force à laquelle il n'a pas pu résister, est responsable pénalement; nous admettrons que la responsabilité est susceptible de degrés, mais nous ne pourrons en aucune espèce de façon accepter la pratique courante, qui fait bénéficier les demi-responsables d'une atténuation de peine, car c'est une véritable prime à la récidive et à l'accroissement de la criminalité.

Je ne propose donc pas de rechercher le plus ou moins de vérité que l'on peut trouver dans la notion de la responsabilité, telle qu'elle existe dans nos lois; je prends comme un fait cette croyance à la liberté de la volonté; c'est en effet un fait social d'une valeur considérable, puisqu'il constitue l'élément générateur de notre droit; peu importe qu'il soit vrai ou faux; l'histoire nous montre que la force sociale d'une opinion est très différente de sa vérité; elle dépend du nombre des individus qui ont la même opinion et de l'énergie de leur conviction: l'homme demeure la mesure de la vérité.

La sociologie doit tenir compte de cette force, qui est objective et active; elle ne peut pas faire une œuvre utile en dehors d'elle; on peut essayer, dans une discussion théorique, de ramener l'opinion à des idées autres que celles de la majorité; dans une systématisation pratique, il suffit de connaître la valeur de ces idées.

Avec l'examen de la responsabilité, nous avons terminé l'étude de la criminalité au point de vue particulier du sujet de l'acte délictueux; les conclusions auxquelles nous sommes arrivés sont bien modestes; les principes absolus nous manquent pour établir avec certitude les fondements d'une théorie de la responsabilité; l'expérience nous apprend que la responsabilité morale ne peut être appuyée sur la croyance au libre arbitre; nous n'avons rencontré qu'une seule certitude : la loi considère comme pénalement responsable tout délinquant qui n'est pas fou au moment de l'infraction; nous avons cependant constaté que ce critérium légal était lui-même incertain dans son application, parce que la folie et la santé mentale ne sont pas séparées par des limites fixes; qu'il existe entre elles une zone mixte, sans cesse étendue, dans laquelle on rencontre des individus qui ne sont ni fous ni sains d'esprit. On les tient pour responsables dans une mesure atténuée, et on ne sait pas s'ils doivent être traités comme des coupables ou comme des malades; nous avons vu que, dans la pratique, cette incertitude avait pour résultat de favoriser la criminalité de ces demi-responsables; en résumé, l'analyse de l'élément subjectif de la criminalité nous conduit à penser que nous ne sommes pas protégés contre l'acte criminel de l'aliéné, que nous le sommes mal contre celui des demi-fous; nous reste-t-il la consolation d'être bien défendus contre le délinquant que notre législation considère comme responsable?

L'examen des rapports de la criminalité et de la société nous permettra seul de répondre à cette question.

LIVRE DEUXIÈME

CHAPITRE I

L'aspect social de la criminalité.

§ 1. — LA RELATIVITÉ DE LA NOTION DU CRIME.

Nous avons reconnu que le caractère essentiel de tout acte criminel était d'être défendu par la loi, écrite ou coutumière, sous peine d'une répression quelconque. Nous avons également constaté que ce caractère n'était pas absolu, mais relatif, en ce sens qu'il varie avec l'état de chaque société; des actes autrefois punis de mort ont cessé d'être punissables, de même que des actes jadis impunis sont devenus des infractions pénalement déterminées. Ces variations de la criminalité dans le temps ont une importance philosophique très grande, quoiqu'ils en aient une moindre en sociologie; elles doivent nous rendre prudents.

En effet, la notion de la criminalité d'un acte dépend du jugement que porte sur cet acte la majorité des membres du groupe social, et j'entends ici le mot *majorité* dans le sens que j'en ai donné plus haut; l'opinion de la majorité est une opinion moyenne, elle correspond à des idées et à des sentiments acceptés par la plus grande partie des citoyens; toute idée, tout acte en opposition avec cette opinion moyenne, seront considérés comme blâmables et, dans certains cas, si l'opposition est suffisamment prononcée, comme punissables et, par suite, comme criminels. Mais cela dépend exclusivement de l'état de l'opinion au moment où l'idée est exprimée et l'acte accompli; la conception de la criminalité est donc essentiellement relative; elle est relative, par rapport à chaque société et à chaque stade du développement social.

Il en résulte cette conséquence, que la conception de la criminalité n'a pas d'uniformité durable; son unité apparente est complexe, elle est formée d'éléments en perpétuel changement. Les sociétés sont en effet vivantes et elles évoluent comme toute chose qui vit.

L'évolution d'une société se manifeste de différentes manières; elle peut amener la modification de certains caractères ethniques, tant l'action de conditions communes identiques a d'énergie sur la plasticité des êtres vivants. Ce fait est moins aisément observable que celui de l'évolution intellectuelle, beaucoup plus importante au point de vue criminologique. Le changement qui se fait quelquefois avec une rapidité surprenante, dans les sentiments et dans les idées d'ún peuple est un phénomène d'observation facile; il retentit sur les notions que se forme ce peuple de la criminalité. Comme je l'ai déjà indiqué, ces modifications du consensus public ont pour résultat d'enlever à certains actes tout caractère criminel, comme de donner ce caractére à des actes antérieurement indifférents.

Dans son mouvement incessant, l'opinion classe donc et déclasse les infractions; si nous appelons progrès ce mouvement, ce changement des mœurs, sans préjuger si cette désignation est vraie d'une manière absolue, nous serons conduits à reconnaître que dans l'apparente unité de la criminalité, à une époque et dans une société quelconques, il y a deux éléments très différents : l'un correspond aux infractions auxquelles le progrès conservera leur nature criminelle, l'autre à celles qui la perdront. On peut même concevoir certains crimes comme des actes dont l'avenir fera des vertus; Socrate, qui fut un criminel aux yeux des juges athéniens, est demeuré, dans l'histoire de l'humanité, comme un modèle.

On peut trouver des exemples plus récents : Galilée, condamné à rétracter ce qu'il avait écrit sur le mouvement de la terre; Vanini, condamné par le Parlement de Toulouse en 1619 à avoir la langue arrachée et à être brûlé vif; il avait commis le crime d'être athée trop tôt.

Le phénomène inverse s'observe: la réprobation qui frappe les assassins est plus grande aujourd'hui qu'autrefois. La classe particulière de la société dans laquelle ils se recrutent ordinairement est l'objet de l'animadversion publique et des châtiments sévères sont réclamés contre elle; les lois sur le vagabondage spécial sont une des manifestations de ce sentiment public. Le maintien de la peine de mort en est un autre exemple.

En réalité, la notion du caractère criminel d'un acte est contingente et relative. Garofalo (*La Criminologie*, trad., Paris, Alcan, 1888) a essayé d'établir l'existence du délit naturel. Il le définit en fonction de la pitié et de la probité; pour que la violation de ces sentiments devienne criminelle, il faut « qu'elle blesse, non pas la partie supérieure et la plus délicate de ces sentiments, mais la mesure moyenne dans laquelle ils sont possédés par une communauté, et qui est indispensable pour l'adaptation d'un individu à la société ».

Je doute que le savant criminaliste italien ait convaincu beaucoup de ses lecteurs; il n'y a qu'une chose de vraie dans sa conception, c'est que le crime est défini par l'opinion moyenne, c'est-à-dire est un phénomène essentiellement déterminé par l'état social. La meilleure preuve de l'insuffisance du caractère, qui forme la base de sa théorie, est donnée par l'existence des crimes en temps de guerre; pitié et probité disparaissent envers l'ennemi, parce qu'il est en dehors du groupe social. Ces sentiments sont donc relatifs; ils ont encore leur aspect archaïque, local, national.

La criminalité se définit par l'état de l'opinion moyenne, par les jugements qu'elle porte sur la nocivité des actes. Ces jugements ne sont pas définitifs, les nations évoluent comme les individus et leur état d'esprit change avec le temps. J'en ai donné des exemples.

§ 2. — CRIMINALITÉS RÉTROGRADE ET ANTÉROGRADE.

Le fait, incontestable pour moi, que la notion de la criminalité dépend de l'état de l'opinion moyenne nous conduit à une conclusion forcée; la voici dans son inquiétante simplicité : nous pouvons condamner des gens que l'avenir considérera comme des victimes de notre barbarie.

En effet, si nous jugeons les crimes d'après l'état moyen de l'opinion, nous devons reconnaître que cet état implique l'existence simultanée d'individus en avance et en retard sur la moyenne.

La criminalité des uns sera d'une nature très

différente de celle des autres ; les intelligences qui dépassent le niveau moyen représentent un état à venir de l'opinion, tandis que les autres expriment un état ancien. Nous aurons donc à ce point de vue une criminalité antérograde, pour employer une expression médicale assez défectueuse. et une criminalité rétrograde. Ferri désigne sous les qualificatifs d'anormaux involutifs et évolutifs des criminels du genre de ceux auxqueis je fais allusion ; mais, si son involutif est analogue à mon rétrograde, il n'y a pas identité entre son anormal évolutif et mon antérograde. Le fait d'être rebelle à l'ordre social actuel est commun à tous les criminels ; la difficulté est de savoir si cet état de révolte perpétuel est un caractère évolutif.

Si l'on donne à la distinction de Ferri la valeur qu'il m'a semblé lui attribuer, il faudrait voir dans l'évolutif un délinquant déterminé par l'état social, et qui disparaîtrait si la société se modifiait ; ainsi, a-t-il dit avec un optimisme peut-être trop grand, le divorce, en supprimant le motif de l'uxoricide, fait disparaître ce crime. Les statistiques françaises postérieures au rétablissement du divorce ne confirment pas la thèse de Ferri et rendent assez douteuse sa conception de l'anormal évolutif, au moins dans sa généralité[1].

1. Aujourd'hui 15 janvier 1909, *Le Journal* rapporte deux cas d'uxoricide.

La distinction que j'indiquais tout à l'heure entre la criminalité rétrograde et la criminalité antérograde est d'un autre genre; elle se fonde sur la théorie de l'évolution et sur la notion des moyennes; le mouvement qui entraine une société vers des idées nouvelles, ce qui est la condition de sa vie active et de son développement intellectuel et moral, n'est pas une progression dont l'allure soit semblable chez tous les individus; les uns forment l'avant-garde, les autres sont des traînards; mais ceux qui devancent leur époque, comme ceux qui s'attardent dans des formes dépassées, sont également en dehors du gros de l'armée sociale, de ces normaux qui établissent l'opinion moyenne et la dirigent. Il résulte de ce fait que la société, à une période déterminée de son évolution, traitera comme des criminels des individualités en avance sur elle, qui seront les représentants prématurés d'une morale future, supérieure peut-être à la morale de leurs contemporains. J'ai cité, au commencement de ce chapitre, l'exemple de Socrate, de Galilée, de Vanini; on en pourrait citer bien d'autres.

Il est évident que les sociétés chrétiennes devaient considérer comme des martyrs les soldats qui avaient été exécutés par la justice romaine pour refus de rendre à l'empereur le culte obligatoire; d'un autre côté, les Romains possédaient un empire immense, sans homogénéité politique, dont les diverses parties étaient unies par des liens administratifs et militaires; la personne divinisée de l'empereur et des fondateurs de l'empire était le symbole religieux de ces liens politiques, et le refus de s'associer à leur culte était légitimement considéré comme une atteinte grave à l'unité de l'empire. On ne saurait blâmer les mesures de rigueur prises par les autorités romaines contre les chrétiens, car elles leur paraissaient être imposées par la nécessité; avec le changement du système religieux de la majorité, le point de vue social changea également; mais la prompte dissolution de l'empire, après le triomphe du Christianisme, laisse supposer que les administrateurs de la grande époque impériale n'avaient peut-être pas tort, étant donné le point de vue auquel ils se plaçaient.

La même observation doit être faite en ce qui concerne les civilisations essentiellement religieuses, comme celle de l'Occident à la période d'éclat du Catholicisme; les crimes contre la religion ont été légitimement tenus pour les plus graves, car ils offensaient Dieu, et exposaient, par suite, à sa colère les sociétés indifférentes à leur châtiment. Il ne pouvait être question de liberté de penser dans une pareille conception sociale.

Le point de vue s'est encore modifié, et l'axe social n'étant plus orienté dans le sens de la religion, les attaques dont elle est l'objet ont perdu tout caractère criminel; les considérations précédentes montrent le sens que j'attache à la distinction faite entre les criminalités rétro et antérogrades: les chrétiens des premiers siècles, qui refusaient les sacrifices constitutionnels, étaient des criminels antérogrades, représentant un état futur de l'opinion; de même au Moyen âge et à la Renaissance, les libres penseurs étaient les précurseurs de l'avenir.

On voit la différence fondamentale qui existe entre les deux criminalités dont j'essaie de définir le caractère; en les étudiant par la méthode évolutionniste, on pourrait considérer la criminalité rétrograde comme représentant des variations régressives et par suite certainement mauvaises en elles-mêmes; la criminalité antérograde serait au contraire une variation utile, destinée à se substituer aux formes anciennes. Cependant, toutes les variations nouvelles ne sont pas bonnes; la nouveauté n'est pas un indice certain de progrès. Comment une société pourra-t-elle jamais savoir si l'avenir conservera la variation ou l'écartera?

C'est une question bien grave pour le philosophe; elle dispose volontiers au scepticisme, même en matière de droit pénal. Son importance n'a pas échappé aux recherches des savants; les législateurs modernes ont essayé de la résoudre en distinguant l'expression de la pensée et l'acte. La législation très libérale que nous possédons sur les infractions de la parole et de la plume s'est inspirée de cette distinction. La solution théorique donnée au problème dont je viens d'exposer la position détermine les principes à suivre relativement à la criminalité politique.

Cette division entre les deux espèces de criminalité est depuis longtemps perçue par les juristes, mais la perception en a été obscure et indistincte. L'incertitude des philosophes sur la réalité absolue du caractère criminel d'un acte s'est limitée aux motifs de cet acte et n'a eu pour résultat que d'aboutir à une distinction des infractions d'après leurs mobiles, qui ont été qualifiés diversement. L'assassinat commis par un père sur la fille qui a déshonoré son nom a un mobile honorable, celui qu'accomplit un voleur a un mobile peu digne d'intérêt. Cette distinction a surtout été faite pour les crimes politiques. Elle a eu des conséquences législatives et réglementaires, la peine de mort n'est plus applicable — en théorie — à la criminalité politique, et les condamnés de cette catégorie sont soumis à un régime spécial, qui n'est pas celui des condamnés de droit commun.

La division des délinquants en catégories suivant la qualité des mobiles de l'infraction est arbitraire et il est facile de trouver des cas où le mobile est discutable, ou n'est pas connu. D'autre part, le motif apparent n'est pas toujours le mobile réel. Enfin la distinction des criminels, suivant les circonstances accompagnant l'acte, est peu scientifique, parce qu'elle n'offre aucune garantie pour la classification. La vengeance d'un époux outragé, accomplie en dehors du cas d'excuse prévu par l'article 324 du Code pénal (flagrant délit), peut être exécutée avec des raffinements de barbarie; on en connait un exemple récent, dans lequel, il est vrai, le mari a été soupçonné sans que sa culpabilité ait été démontrée. Ce crime, dont le mobile n'avait rien de déshonorant, était cependant assorti de circonstances telles qu'il pouvait être frappé de l'aggravation prévue par l'article 303 C. P. Ce serait toutefois une erreur que de considérer l'auteur de cet assassinat comme un criminel plus dangereux que le délinquant d'habitude qui tue sans motif un passant.

En effet, ce n'est pas le crime en lui-même qu'il faut envisager, mais le criminel. On peut, et l'on doit classer les infractions suivant leur gravité intrinsèque; il est évident qu'un assassinat est plus grave qu'un vol et doit être frappé d'une peine plus sévère; mais le principe de cette classification ne saurait être étendu des actes à leurs auteurs, un voleur peut devenir un assassin; il est vrai que certains délits sont fréquemment commis par des individus qui se spécialisent en quelque sorte, tels sont l'escroquerie, l'abus de confiance, la mendicité, le vagabondage; mais alors nous touchons à la classification vraiment scientique, nous reconnaissons l'existence de criminels d'habitude et de criminels d'occasion. Ce qu'il importe de savoir, ce n'est pas le genre de l'infraction favorite de chaque criminel, c'est le caractère occasionnel ou habituel de l'infraction[1].

1. Je renvoie le lecteur au livre de Ferri. *La Sociologie criminelle*, Paris, Arthur Rousseau, 1893, dans lequel il trouvera une bibliographie complète et l'indication des principaux travaux sur la classification des criminels parus jusqu'à cette date. M. Terrier en a donné une nouvelle édition. Paris, Alcan, 1905.

CHAPITRE II

La classification des criminels.

La véritable classification des criminels les divise en habituels et occasionnels. L'expérience des criminalistes pratiques en avait pressenti l'importance, car dans les ouvrages anciens, on trouve constamment indiquée la distinction entre les criminels incorrigibles, ayant l'instinct inné du crime, et ceux qui deviennent criminels sous l'influence des mauvais exemples, de la débauche, de la misère, de la paresse. L'anthropologie criminelle a confirmé cette manière de voir; les délinquants d'habitude présentent les caractères anatomiques dont l'école italienne a signalé la valeur séméiologique pour le diagnostic du criminel-né. Ces caractères se retrouvent en moins grand nombre et peuvent manquer chez les délinquants d'occasion.

L'existence de délinquants incorrigibles est un fait dont les conséquences pratiques ont un grand intérêt; on ne saurait en effet traiter de la même manière les criminels habituels et les occasionnels. Ceux-ci peuvent s'amender, ceux-là en sont incapables. Cette constatation est le principe générateur de la loi française sur la relégation des récidivistes.

Les deux catégories de criminels que je viens d'indiquer se subdivisent en divers genres; il est nécessaire de connaître les plus importants d'entre eux.

§ 1. — LE CRIMINEL D'HABITUDE.

Quand on étudie le criminel d'habitude, on reconnaît bien vite qu'il se présente à l'observation sous deux aspects différents : tantôt il apparaît comme un individu fatalement voué au crime, tantôt, au contraire, comme un individu qui aurait pu ne pas devenir criminel s'il s'était développé dans des conditions autres que celles où il a été placé. La criminalité d'habitude est congénitale ou acquise, comme les infirmités.

Je ne puis songer à donner une classification détaillée de tous les types de criminels habituels dans un livre qui n'a pas la prétention d'épuiser le sujet; je me bornerai à en indiquer les spécimens principaux. Le lecteur comprendra ainsi l'importance capitale de la distinction de la criminalité habituelle en innée ou acquise.

A. — Criminalité habituelle congénitale.

Les criminels-nés me paraissent pouvoir être répartis en trois grandes catégories :

1° L'aliéné criminel ; quel que soit l'âge auquel l'aliénation mentale se déclare, elle paraît résulter d'une prédisposition héréditaire, par conséquent d'une tare congénitale. Il y a des cas, assez rares d'ailleurs, où la folie semble consécutive à un accident (traumatisme, maladie), mais alors la prédisposition au crime dépend d'une altération pathologique de l'économie individuelle et présente tous les caractères de la prédisposition congénitale. Elle ne peut être combattue par les moyens qui réussissent quelquefois dans les cas de prédispositions acquises.

Je ne reviens pas sur les principaux caractères de la criminalité des aliénés, je m'en suis déjà expliqué.

2° Le criminel-né du type lombrosien. Les criminels de cette catégorie ont été surtout étudiés par l'école italienne, sous l'impulsion énergique de son illustre chef, Lombroso. Son œuvre a été vivement attaquée, surtout par les Allemands, mais les théories exposées dans ses principaux ouvrages me semblent l'expression de la vérité. (*L'Uomo delinquente*, trad. *L'Homme criminel*, Paris, Alcan ; L'*Anthropologie criminelle*, Paris, Alcan, etc.)

Les criminels du type lombrosien ont l'apparence de sauvages préhistoriques égarés dans nos sociétés modernes; on observe chez eux le développement des sinus frontaux, des mâchoires, de l'arcade zygomatique, l'existence des apophyses lémuriennes, l'insensibilité à la douleur, le goût des tatouages. A ces signes physiques de *régression* correspondent des tares psychiques qui font de ces criminels des êtres incapables de s'adapter à notre civilisation; ils ont les mœurs des tribus barbares de l'Australie, analogues sans doute à celles de nos ancêtres de l'époque des cavernes. Ils sont enclins aux actes de violence, par cupidité ou par vengeance, car ils sont très vindicatifs, et aux viols. On rencontre des criminels de ce genre parmi les auteurs d'assassinats, de meurtres, de vols commis avec violence, avec escalade ou effraction, sur les grands chemins.

Il ne faut pas généraliser à l'excès ces indications et s'imaginer que tous les criminels coupables de viols, de meurtres, d'assassinats, soient du type lombrosien; une telle généralisation serait injuste; il convient de se borner à reconnaître que la proportion des criminels du type lombrosien est beaucoup plus forte chez les auteurs des infractions, dont je viens d'énumérer les principales, que dans tous les autres cas. C'est une observation si juste que la sagesse des nations, c'est-à-dire le langage usuel, en a incorporé le résultat;

l'expression « avoir une tête d'assassin » est plus qu'une image.

Le trait distinctif de ces criminels est d'être *inadaptables* à nos états sociaux civilisés. Sergi, précisant des observations déjà anciennes, a proposé une explication assez intéressante de ce fait ; il assimile le développement moral au développement physique, en ce sens que la vie sociale amène des modifications successives des concepts moraux; les notions héréditairement acquises au cours de la vie sociale sont stratifiées, les plus récentes constituant les couches supérieures; ce serait un mécanisme comparable à celui de la mémoire, dans lequel cette stratification est bien apparente; chez le criminel-né, les strates modernes n'existeraient pas, et la moralité serait celle des sauvages. Il faut en dire presque autant de la mentalité, car l'intelligence des criminels-nés lombrosiens est souvent, on peut même dire est toujours, inférieure à la moyenne.

On peut comparer ces délinquants aux invertis sexuels[1], les uns comme les autres ont une idiosyncrasie particulière, qui ne leur permet pas de s'accommoder des mœurs sociales ou de l'amour physiologique.

3° Les amoraux constituent pour moi un troi-

1. Cette comparaison a été faite par Lombroso, compte rendu du Congrès d'Anthropologie criminelle de Turin, 1906, p. 6. *Du Parallélisme entre l'homosexualité et la criminalité innée.*

sième groupe de criminels d'habitude; ils ont une physionomie spéciale, qui ne rend pas possible leur assimilation au criminel-né, bien que leur criminalité soit due à des facteurs congénitaux; ces criminels sont dans une certaine mesure bien adaptés à la civilisation, ce qui les distingue des précédents; ils sont rarement des violents et n'ont pas l'aspect brutal que donne ordinairement au visage des délinquants lombrosiens la saillie des arcades sourcilières, le volume des mandibules et le peu d'élévation du front. Ils ont toutefois assez souvent des stigmates évidents de dégénérescence.

Les infractions qui leur sont familières sont celles dans lesquelles la duplicité et la ruse jouent le rôle principal; l'escroquerie est leur domaine propre et leur physionomie est bien connue des magistrats; ils déploient souvent une grande ingéniosité dans les procédés qu'ils mettent en œuvre pour s'approprier les fonds d'autrui.

Beaucoup d'entre eux échappent à toute répression, parce que ces individus, qui sont cependant de dangereux criminels, savent quelquefois admirablement respecter le texte de la loi. On en trouverait qui ont fait fortune en spéculant sur la naïveté du public; que de sociétés diverses, faisant de toutes manières appel au crédit, ne sont au fond que d'audacieuses escroqueries!

On observe encore, parmi les amoraux, un genre

de criminels dont la physionomie est très particulière : les maîtres chanteurs ; il en existe deux types généraux. Les uns font métier de prélever leur dîme sur les sociétés financières en les menaçant d'attaques dans les journaux spéciaux ; ce genre de chantage est propre à certains écumeurs de presse, indignes d'être appelés des journalistes ; leurs victimes habituelles sont les banquiers, les administrateurs de sociétés anonymes, financières, industrielles, commerciales. Ces délinquants évitent le plus souvent les poursuites qu'ils méritent, car les plaintes sont rares : les établissements qui ont besoin du crédit et de la confiance aiment mieux payer que subir des attaques, même sans fondement. La rubrique *frais de publicité* hospitalise ces dépenses.

Un second type de maîtres chanteurs exploite les passions sexuelles ; ceux-ci sont plus souvent punis que les premiers. Les relations hétérosexuelles exposent les deux sexes au chantage ; l'homosexualité y expose plutôt les hommes. Les pédérastes professionnels sont presque toujours des maîtres chanteurs, car la prostitution dégrade le mâle plus encore que la femelle. Il y a dans l'association fréquente de l'inversion sexuelle masculine et de la criminalité par extorsion, due à l'amoralité congénitale, un phénomène intéressant, qui justifie la comparaison faite entre l'inversion sexuelle et la criminalité habituelle innée.

4° Un dernier groupe de criminels d'habitude devrait être formé d'une catégorie très nettement caractérisée de délinquants, les vagabonds et, dans une certaine mesure, les mendiants. On ne doit pas les confondre avec les précédents, car ils s'en différencient à plusieurs points de vue. Physiquement, ils ont quelque ressemblance avec les criminels lombrosiens, mais ils s'en distinguent par leur innocuité relative. Il y a des vagabonds et des mendiants qui ont de très nombreuses condamnations pour leurs spécialités, sans en avoir une seule pour vol ou pour violences. Le problème que soulève leur étude est assez compliqué; quelques-uns sont des malades, d'autres ne sauraient être considérés comme tels, bien que leurs impulsions aux fugues, caractéristiques du tempérament du vagabond de carrière, soient en apparence irrésistibles ; une horreur congénitale du travail, une inaptitude innée à l'acceptation de toute règle, paraissent être les notes dominantes de leur caractère.

Telles me semblent être les principales catégories de criminels d'habitude; il ne faut pas croire que tous les individus qui ont les caractères du criminel d'habitude commettent des infractions; les circonstances ambiantes ont leur action sur le développement de la criminalité, dont l'évolution individuelle dépend presque toujours d'un élément occasionnel.

On pourra me reprocher de ne pas comprendre dans cet essai de classification des criminels d'habitude certains délinquants, tels que les sadiques et les incendiaires ; je les ai volontairement omis, car je suis disposé à penser que ces types criminels, d'ailleurs très nets cliniquement, doivent être rangés dans la première catégorie, celle des aliénés.

Si l'on examine la classification des criminels non aliénés, c'est-à-dire ceux des trois dernières catégories, on remarquera les particularités suivantes, qu'il est bon de connaître : le criminel du type lombrosien représente à quelques points de vue un stade ancien de l'évolution humaine, il semble avoir subi une sorte d'arrêt de développement, ou plus exactement il constitue un retour au type ancestral. Ce retour atavique se manifeste par des caractères anatomiques, physiologiques, psychiques.

On retrouve une partie de ces caractères chez les vagabonds et les mendiants d'habitude, mais en général les stigmates somatiques et psychiques sont chez eux moins nombreux et moins marqués ; notamment, l'agressivité qui se rencontre chez les criminels lombrosiens ne s'observe pas chez les vagabonds ; quelques-uns de ceux-ci peuvent avoir un vif sentiment de la poésie de leur vie indépendante ; l'un d'eux décrivait avec conviction le charme de ses *pérégrinations errantes et sans but ;* c'est ainsi qu'il qualifiait son incorrigible penchant au vagabondage.

Le vagabondage et la mendicité sont ordinairement accouplés, en ce sens que le vagabond mendie volontiers : il y a cependant une nuance entre ces deux délits ; le vagabond essentiel est une sorte d'artiste, alors que le mendiant est un parasite par nature ; c'est un paresseux, qui demande l'aumône et au besoin l'exige. D'ailleurs, mendiants et vagabonds commettent facilement une foule de petits vols : ils maraudent.

Les délinquants de la troisième catégorie sont, en général, plus intelligents que les autres ; ils ne sont pas réfractaires à la vie sociale actuelle ; ils semblent, au contraire, y être trop à leur aise ; ce sont des pirates. Comme je l'ai indiqué, si un arrêt de développement s'est produit chez eux, cet arrêt de développement ne porte que sur l'ensemble des idées morales. On connait encore assez mal l'état d'esprit de ces délinquants, dont les plus redoutables esquivent habituellement la prison. Ils se séparent des autres catégories par un trait qui me semble devoir être signalé ; chez eux, la tendance criminelle résulte de l'absence des inhibitions existant chez les individus dits normaux ; les autres criminels par disposition congénitale peuvent manquer d'associations psychiques inhibitives, mais ce qui les caractérise, c'est moins l'absence des inhibitions que l'énergie des stimulants au crime.

B. — Criminalité habituelle acquise.

La criminalité habituelle acquise est essentiellement différente de la précédente; alors que les moyens de prévenir la criminalité congénitale sont rares et difficiles à employer, les procédés qui peuvent être mis en œuvre pour combattre l'évolution de la criminalité habituelle acquise ne font pas défaut. Au point de vue sociologique pratique, cette différence est considérable.

Les mauvaises conditions dans lesquelles s'est trouvé placé l'individu, surtout pendant la jeunesse et l'enfance, sont la cause de la criminalité habituelle acquise. Ces mauvaises conditions sont de plusieurs sortes; en premier lieu, il faut compter l'éducation donnée pendant les jeunes années; en second lieu, les mauvais exemples, soit qu'ils proviennent des parents, ce qui rentre dans le cas précédent, soit qu'ils proviennent des fréquentations personnelles. L'effet des mauvais exemples et des mauvais conseils se constate non seulement sur les jeunes gens, mais encore sur les individus d'âge mur; Tarde a mis en relief l'importance de l'imitation dans les phénomènes sociaux, et la criminalité habituelle acquise est un fait de ce genre.

Elle s'offre à l'observation sous des formes nombreuses et il est fort malaisé d'en donner une classification complète; je crois, cependant, que l'on peut la subdiviser en trois groupes élémentaires, dont les caractéristiques seraient d'abord *la perversion*, ensuite *la débilité*, enfin *l'excitation*. Ces groupes ont un trait commun qui les distingue des classes de criminels congénitaux; les délinquants qui les composent, plus encore que les amoraux, manquent de ces énergies inhibitrices dont est faite la moralité; chez eux aussi, le stimulant au crime manque de force. Ils sont adaptés à la vie criminelle, plutôt que faits pour elle comme les criminels-nés. Ils sont plastiques, si je puis employer cette expression, alors que les types criminels des catégories 1, 2 et 4 de la première division n'ont aucune plasticité, mais sont au contraire des incorrigibles.

Les traits particuliers que j'ai observés chez les criminels habituels de ce type me semblent être les suivants :

1° Les *pervertis* sont des individus dont le tempérament est indifférent; ils ont pris l'habitude du crime dès leur enfance, ayant vécu avec des criminels ou ayant été en contact avec eux de bonne heure; on peut dire d'eux qu'ils sont des criminels par éducation. Ils ressemblent aux pervertis sexuels, comme les criminels-nés ressemblent aux invertis. Ce n'est pas seulement chez les très jeunes enfants que l'éducation criminelle porte ses détestables fruits; elle produit des effets chez les jeunes gens, qui imitent volontiers les mauvais exemples; l'influence des mauvais camarades est pernicieuse; elle constitue le facteur le plus important du développement de la criminalité juvénile dans les grandes villes.

2° Les *débiles*, — j'emploie ce mot faute d'une meilleure expression — sont caractérisés par le manque d'énergie physique ou morale. Je les diviserai en deux variétés, selon que le fonds de leur nature est essentiellement vicieux ou qu'il est bon ou indifférent.

La criminalité de la première variété peut se développer spontanément, sous l'influence combinée de la débilité morale et de la paresse; on rencontre, dans cette classe, des cambrioleurs de second ordre, des voleurs à la tire, des souteneurs; je parle du souteneur professionnel, non du souteneur qui combine la grande criminalité et le vagabondage spécial.

La seconde variété comprend les débiles proprement dits; ce sont des individus faibles, lâches le plus souvent, qui subissent aisément l'influence d'autrui. Ce ne sont pas des abouliques, car l'aboulique a rarement l'énergie minima nécessaire à l'accomplissement d'un acte délictueux ou criminel; ce sont des *débiles*. Ils ont, en général, de mauvais penchants et sont enclins à la débauche, au jeu, souvent à l'ivrognerie. Ils sont faciles à entraîner par de mauvais conseils, de mauvais exemples (imitation). L'influence d'une maitresse exigeante ou criminelle est une cause fréquente de l'évolution de la criminalité acquise chez ces individus.

Ils présentent presque toujours des signes de dégénérescence et ont une hérédité chargée.

3° La dernière variété des criminels d'habitude acquise est fort intéressante au point de vue psychologique ; je les appelle des *excités*[1], sans attacher un sens pathologique à cette expression. Le nombre de ces excités s'accroît constamment, sous l'influence de plusieurs facteurs, dont les principaux sont l'alcoolisme, les réunions publiques, la presse et les groupements corporatifs.

L'impunité ou l'insuffisance de la répression joue un rôle considérable dans le développement de cette criminalité spéciale, qui est un phénomène social digne d'attirer l'attention. Une de ses manifestations historiques est le crime politique. Il y a eu des conspirateurs incorrigibles, toutes les fois que des exécutions capitales ne mettaient pas un insurmontable obstacle à la récidive.

Aujourd'hui, cette criminalité revêt des aspects différents, suivant les pays ; la Russie en offre des exemples contemporains, difficiles à bien connaitre. La France actuelle, grâce à la liberté dont

1. J'emprunte cette expression au Dr Gustave Le Bon qui l'emploie dans un sens un peu différent de celui attribué par moi au mot *excité*. — La question des criminels. *Rev. Phil.*, 1881, I. 519.

nous jouissons, permet d'en observer quelques-uns ; la presse compte, à côté d'écrivains honnêtes, qui forment heureusement la majorité, un certain nombre de délinquants d'habitude, pour lesquels la diffamation est une profession ; la loi de 1881 a favorisé le développement de cette variété de la criminalité habituelle, en rendant difficile, et quelquefois pratiquement impossible, la poursuite des diffamateurs.

Mais c'est surtout dans les crimes et délits relatifs au travail que l'on observe des phénomènes sociaux intéressants ; c'est à leur occasion que se justifient plus particulièrement les considérations étiologiques indiquées plus haut. Sous l'influence de doctrines extrêmement naïves, on en est arrivé à considérer, dans certains milieux, le travail manuel comme la seule forme véritable du travail ; l'intelligence qui organise une industrie ou une maison de commerce, la science qui perfectionne l'outillage et les méthodes de la production disparaissent à côté de la main-d'œuvre qui assure la réalisation matérielle du produit. Le capital, qui permet le paiement régulier des salaires, avant toute vente des produits, l'établissement coûteux de l'usine, le transport des marchandises, le crédit aux acheteurs, et qui supporte seul les pertes, est tenu pour l'ennemi du travail manuel. Il s'est ainsi formé dans une partie du monde ouvrier une mentalité spéciale que le

Dr Gustave Le Bon a très finement analysée. (*La Mentalité ouvrière*, « L'Opinion », n° 35, 12 septembre 1908.) Cet état d'esprit est entretenu et développé par des organisations puissantes, dirigées par de véritables fonctionnaires, qui sont sans doute de bonne foi, mais qui ne connaissent que très imparfaitement le problème dont ils prétendent avoir trouvé la solution dans la suppression du capital.

Les efforts que font les ouvriers pour obtenir des salaires plus élevés, pour avoir plus de liberté et d'indépendance, sont légitimes; le prolétariat obéit à une loi historique en cherchant à partager le bien-être des riches; sa lutte contre le capitalisme rappelle à certains égards la lutte séculaire de la plèbe romaine contre le patriciat. Ce qui est particulier à notre époque et à notre pays, ce n'est pas l'existence de revendications, condamnables dans ce qu'elles ont d'exagéré et de chimérique, mais naturelles et justes dans leur principe; c'est l'indulgence dont jouissent ceux qui les appuient par la violence. Cet état de choses a développé depuis quelques années une classe particulière de délinquants d'habitude, ceux qui commettent des entraves à la liberté du travail.

Parmi eux, les moins dignes d'intérêt sont ceux qui poussent les ouvriers à la violence en temps de grève; on les a désignés du nom de gréviculteurs, et l'expression est heureuse. On retrouve toujours ces personnages dès qu'un conflit entre patrons et salariés se produit. Je les crois sincères dans leur dangereux apostolat, et c'est pour cela que je les classe sous la rubrique des excités; ils sont pourtant autant des excitateurs que des excités et leurs discours comme leurs écrits déterminent dans la foule ouvrière des états d'esprit collectifs, causes d'excès que leurs auteurs ne commettraient probablement jamais s'ils étaient laissés à eux-mêmes.

Il est assez difficile d'étudier la récidive chez ces délinquants, à cause des amnisties périodiques dont ils' bénéficient.

Les anarchistes, les antimilitaristes, les antipatriotes me paraissent devoir être également rangés dans cette catégorie des excités; beaucoup d'entre eux ont des stigmates de dégénérescence. Ils semblent former, au point de vue anthropologique criminel,.un groupe de transition entre les criminels d'habitude proprement dits et les criminels d'occasion.

Il faut toutefois reconnaître, pour être de bonne foi et pour conserver le scepticisme nécessaire dans la science, que l'analyse de certaines variétés de ce type criminel soulève un grave problème de philosophie sociologique. J'y ai fait allusion en traitant de la criminalité rétro ou antérograde.

§ 2. — LE CRIMINEL D'OCCASION.

I. — Principe de la classification.

La classification des criminels d'occasion présente les plus grandes difficultés, parce que les variétés que l'on rencontre sont très nombreuses. D'une manière générale. le criminel d'occasion est de tempérament indifférent, quelquefois même bon. Il s'adapte facilement à la vie sociale, et n'y devient réfractaire que si les circonstances l'y amènent. L'occasion est la cause de ses infractions. Il ne faut pas entendre cela dans le sens que toutes les fois que l'occasion s'en présentera, il deviendra criminel; ce serait une erreur; nous avons déjà vu que, même pour le criminel-né, l'occasion était une cause déterminante; mais tandis que, pour celui-ci, l'occasion se superpose, en quelque sorte, à un substratum criminel et n'est que la soupape qui livre passage à des activités malfaisantes préexistantes, elle est, pour le criminel non habituel, la cause véritable de l'infraction; l'expression de criminel d'occasion, employée pour désigner le criminel non habituel, prête à l'équivoque, car dans toute criminalité, l'occasion est un élément actif de l'infraction.

Le criminel non habituel se montre à l'observation comme ne contenant pas en lui-même toutes les potentialités du crime; elles lui sont dans une certaine mesure extérieures et dépendent des circonstances. Lorsque celles-ci constitueront une stimulation particulièrement forte, l'infraction sera commise. Il est rare que la récidive soit constatée, car il est rare que le stimulus externe ait deux fois dans une vie humaine la même violence; d'ailleurs les circonstances extérieures ne puisent pas leur force uniquement en elles-mêmes, elles l'empruntent aussi aux sentiments de l'individu; ces sentiments s'émoussent avec le temps, avec l'âge, avec l'expérience de la vie, qui accoutume aux déceptions.

La criminalité occasionnelle, comme toute criminalité, il ne faut pas l'oublier, est un phénomène mixte, formé d'éléments extérieurs au criminel et d'éléments qui appartiennent à la personnalité de ce criminel. Tous les maris trompés ne tuent pas leurs femmes, toutes les amantes délaissées n'aspergent pas de vitriol le visage de l'infidèle. Il y a chez les criminels de ce genre un facteur individuel qui les détermine à réagir aux griefs dont ils se plaignent par un acte contraire à la loi, une prédisposition particulière à l'infraction; cela n'est contesté par personne (voy. notamment Ferri, op. cit. 114 et suiv.). A certains points de vue, ils ressemblent aux amoraux dont j'ai fait la troisième catégorie des criminels-nés; on a remarqué, en effet, que chez les criminels non habituels, comme chez les amoraux, c'est souvent moins l'énergie du stimulant interne au crime, que l'absence des fonctions inhibitrices qui se manifeste.

Il existe une différence fondamentale cependant entre la criminalité des amoraux et celle des délinquants dont je m'occupe actuellement; les amoraux sont surtout des escrocs, souvent des délinquants sexuels; ils sont rarement des assassins ou des voleurs. Les criminels occasionnels sont au contraire enclins au vol et à la violence; la fraude (faux, abus de confiance) s'observe aussi chez eux. Leur criminalité dénote moins de subtilité, mais souvent plus de violence que celle des amoraux proprement dits.

Il y a plusieurs types de criminels d'occasion; malgré la variété des combinaisons que forment les deux éléments fondamentaux de leur criminalité, malgré leurs différences personnelles, ils peuvent se grouper en quelques catégories générales.

Cette classification me semble pouvoir être faite d'après le caractère des tendances individuelles que l'occasion rend génératrices du crime. Je choisis ces caractères internes, parce qu'ils peuvent être plus facilement répartis dans un petit nombre de formes générales, répartition qu'il est impossible de faire pour les circonstances extérieures.

Nous avons vu plus haut que les tendances criminogènes, chez un délinquant quelconque, tendances que j'ai appelées positives. par opposition aux négatives, qui sont les inhibitions, avaient une double origine; les unes naissent dans l'individu, ont une origine interne; ce sont les besoins physiologiques : abri, nourriture, fonction sexuelle. Les autres sont développées dans l'individu par l'action du milieu ambiant; ce sont des besoins artificiels. Leur satisfaction n'est pas de l'ordre d'une nécessité, mais bien d'un plaisir. Tel est le caractère des besoins secondaires de ce genre, dérivant de la nécessité de la nourriture et de l'abri (gourmandise, toilette, coquetterie, luxe).

Les besoins artificiels, nés de l'évolution psychologique de la fonction sexuelle[1] ont un caractère différent. Ils ne sont pas nécessaires à la vie, au sens strict du mot, et cependant il existe des cas où l'individu juge leur satisfaction indispensable à sa vie, préférable à elle.

L'énergie de ce sentiment en fait une passion, c'est-à-dire un mouvement de la sensibilité si puissant que les forces de l'individu sont incapables de l'arrêter; toute l'activité est subordonnée à l'impérieuse domination des émotions. La conscience est obscurcie, la volonté dominée; l'individu devient « passif » lorsque la « passion » l'entraîne.

1. Voyez Wylm, *La Morale sexuelle*, livre II, chap. II.

Il ne faut pas toutefois exagérer cette conclusion et lui donner l'importance qu'y attache l'école de Ferri, par exemple. La passivité est relative, l'obnubilation de la conscience est limitée; on rencontre d'ailleurs tous les degrés, dans la pratique, entre le crime passionnel vraiment impulsif et le crime réfléchi; les délinquants passionnels sont, en effet, non pas toujours, mais souvent, des dégénérés; ils sont alors sur ces frontières mal définies qui séparent la santé mentale de l'insanité, dans cette zone mixte où les demi-fous de Grasset ont leur habitat propre.

Ces considérations s'appliquent particulièrement aux crimes passionnels dérivant de l'amour, de la jalousie, de la vengeance. Elles sont moins justes en ce qui concerne un autre genre de crimes passionnels qui n'ont plus pour principe générateur la passion sexuelle; je veux parler des crimes provoqués par le sentiment de l'honneur.

Ce sentiment est essentiellement relatif, car la conception de l'honneur varie infiniment, suivant les sociétés. On outrage l'honneur conjugal d'un Européen, d'un Musulman, d'un Hindou, en usant de sa femme; on outrage celui de certains maris esquimaux en refusant d'apprécier les charmes de leur épouse, qu'ils vous invitent à connaître. La relativité des notions humaines touchant à l'honneur n'en affaiblit pas l'énergie; elles rendent l'homme sensible aux outrages reçus. Le sentiment de l'honneur, celui de l'atteinte portée à ce que l'on considère comme un droit, déterminent la colère et la vengeance, sources de crimes passionnels d'un genre spécial.

La cupidité elle-même peut être d'origine passionnelle; en réalité, l'argent permet, dans nos civilisations, la satisfaction de tous les besoins et de toutes les envies, de sorte que des crimes qui semblent avoir la cupidité pour mobile peuvent en avoir réellement un autre ; par exemple, le désir de conserver les faveurs d'une maîtresse vénale ou de lui procurer du bien-être, ou encore la nécessité de subvenir aux besoins de quelque être cher à un autre titre, femme et enfants, ou vieux parents.

La courte analyse que je viens de faire montre donc la possibilité de ramener les criminels d'occasion à quelques types principaux, classés d'après les éléments internes de leur criminalité; ce ne sera pas exactement une classification d'après les mobiles du crime, il ne faut pas s'y méprendre ; ce sera un groupement établi sur les sentiments dont les mobiles sont une conséquence, car le criminel peut se tromper sur la véritable cause de son crime et attribuer à sa volonté criminelle une origine différente de celle qu'elle a véritablement. Le mobile du crime est une apparence dans bien des cas; il se manifeste dans la conscience, alors que la véritable cause de l'acte est sous-jacente et dépend de conditions psychologiques plus profondes que la conscience personnelle.

II. — Classification des criminels d'occasion.

On peut donc distinguer, dans les criminels d'occasion, ceux qui commettent l'infraction sous l'influence :

A. — D'un besoin physiologique.
B. — D'un besoin psychologique.

Cette distinction nous montre tout d'abord la différence fondamentale qui existe entre ces deux espèces de criminalité occasionnelle. Dans la première, le besoin est réel, sa satisfaction est nécessaire à la vie de l'individu et de sa famille, naturelle ou légale, cela importe peu, ou indispensable à la perpétuation de l'espèce. Dans le second groupe, nous rencontrons des besoins qui n'ont pas ce caractère ; ils sont artificiels, par rapport aux autres, qui sont naturels; d'où cette conséquence, que la criminalité des premiers types de délinquants est socialement moins grave que celle des seconds, en ce sens qu'elle est plus excusable. La vie sociale comporte en effet, implicitement, la condition que l'individu, membre d'une société, pourra vivre au sein de cette société, dans des conditions équitables. Il y a donc, dans la criminalité du premier type, pour certaines de ses catégories au moins, une sorte de faute sociale, qui diminue la faute individuelle.

C'est ce qu'il est facile de reconnaitre en poussant plus loin l'analyse de la criminalité d'occasion.

A. — Action des besoins physiologiques.

Les besoins physiologiques qui peuvent être des causes de la criminalité d'occasion, se ramènent à ces tendances d'origine interne sur lesquelles je me suis déja expliqué. Le plus pressant est celui qui a pour objet l'entretien de la chaleur animale : l'abri et la nourriture.

Se loger, se vêtir, se nourrir, sont d'impérieuses nécessités; ce besoin peut ne pas être exclusivement personnel au délinquant, il peut être éprouvé par sa famille. Je prends ce mot dans le sens le plus large, car, pour moi, la famille a sa base dans l'union sexuelle et dans ses conséquences. Je ne fais pas de distinction entre la famille légale et la famille naturelle.

1° La Faim.

La nécessité de l'alimentation est une occasion assez rare d'infraction; cependant, on en observe quelquefois des exemples. Il y a, sur ce point, un jugement bien connu de M. Magnaud. (Trib. de Château-Thierry, 4 mars 1898). Ce jugement décide que la misère et la faim font disparaître le libre arbitre et affaiblissent la notion du bien et du mal ; que spécialement, une mère de famille qui prend un pain chez un boulanger, sous la pression de la misère et de la faim, ne commet pas de délit, parce qu'elle n'a pas eu d'intention frauduleuse. Cette décision a été confirmée par la cour d'Amiens (22 avril 1898), qui, sans adopter les théories de M. Magnaud, a fait bénéficier la prévenue d'un doute sur la réalité de l'intention frauduleuse, c'est-à-dire de la volonté criminelle.

Je suis assez disposé à donner raison au président Magnaud ; si l'existence de la faim est établie, s'il est également démontré que le prévenu n'avait pas d'autre moyen immédiat de satisfaire son besoin d'aliments, je l'absoudrais volontiers ; je reconnais que c'est là une affaire d'espèce et qu'il est difficile de formuler des règles plus précises que celles dont j'ai donné l'idée générale. C'est au juge qu'il appartient d'apprécier les circonstances de chaque cas.

« La faim, pour continuer mes citations de M. Magnaud, n'est une cause d'irresponsabilité pénale que si l'abstention de nourriture est forcée et que si elle est tellement prolongée que l'existence en est compromise. Dans ces circonstances d'une exceptionnelle gravité, dont l'appréciation appartient aux juges, la faim cesse d'être une cause d'atténuation pour devenir une force irrésistible, qui fait disparaître le délit, faute d'une intention franduleuse. (Trib. de Château-Thierry, 25 mars 1900). »

Je crois que personne ne contestera la sage humanité d'une pareille doctrine; mais, pour qu'elle puisse être appliquée sans abus, il est nécessaire que la faim alléguée présente les caractères coercitifs indiqués. C'est ce qu'a décidé le même jugement; le fait d'entrer dans une auberge et de se faire servir diverses consommations qui n'ont que de lointains rapports avec les objets de première nécessité, constitue le délit de filouterie d'aliments; « la faim moralement pressante mais encore sans danger, qui a poussé le prévenu, peut seulement faire admettre en sa faveur des circonstances atténuantes ».

2° La Misère.

La misère est une cause fréquente d'infractions, car la faim, telle que nous venons de la définir, s'observe rarement dans les affaires criminelles ou correctionnelles. La misère implique l'impossibilité de procurer à soi-même et aux siens les objets nécessaires à l'existence. C'est un cas qui n'est malheureusement pas exceptionnel.

L'analyse des conditions dans lesquelles se produit la criminalité occasionnelle par misère doit rendre très indulgent pour elle. En effet, les tendances sociales actuelles semblent être orientées vers une conception plus vraie et plus active de la solidarité des membres d'un même groupe. C'est une sorte de retour aux formes anciennes des sociétés, dans lesquelles les biens étaient communs; retour moderne, sans doute, et qui sera une transaction entre l'individualisme peut-être exagéré des dernières périodes de l'histoire occidentale et le communisme primitif difficile à rétablir. Pour celui qui examine sans parti pris les éléments dont notre société se compose, il paraît évident que les droits et les devoirs des individus et de la collectivité sont réciproques; que l'une ne saurait avoir des droits sans des obligations correspondantes. Comment exiger de tous les citoyens le respect des lois et l'impôt du sang, lorsque la vie matérielle n'est pas assurée à tous les citoyens? Ceux qui sont dans cette impossibilité de se procurer les choses nécessaires à l'existence dont nous avons fait le trait distinctif de la misère, peuvent, avec une apparence de raison, refuser de remplir des devoirs qui leur sont imposés sans compensation équitable. Ils peuvent dire que la rupture du lien social ne vient pas d'eux, mais du groupe, car le groupe les laisse mourir de misère.

Il n'y a pas d'obligation collective qui puisse primer les obligations que l'on a de vivre et de faire vivre les siens. A un certain point de vue, l'état de misère met celui qui en souffre dans une situation comparable à celle de la légitime défense, ou de la contrainte irrésistible. L'excuse admise pour la faim vaut aussi pour la misère véritable, qui implique non seulement les besoins de l'alimentation de soi-même et des siens, mais aussi ceux de l'abri et du vêtement.

La conscience sociale s'éveille à ces sentiments; il faut reconnaître que cet éveil n'a d'abord été que le prolongement d'un rêve, car l'une de ses premières manifestations a été de proclamer l'obligation de l'instruction, idée excellente, mais qui était décrétée avant que la condition nécessaire à sa réalisation fût établie, car, pour s'instruire, il faut avoir l'existence assurée. Inévitablement on arrivera un jour à donner d'une manière quelconque à chacun des membres du groupe social les moyens de travailler suivant ses forces et ses aptitudes, afin de lui permettre de vivre. M. Arnauld Dubois, dans son rapport sur le projet de loi relatif aux bureaux de placement, a déclaré qu'on doit pouvoir se nourrir avant d'être obligé de s'instruire. (*Journal Officiel*, annexes, 1892, n° 2067.)

C'est un problème difficile à résoudre, j'en conviens, mais il se pose depuis longtemps dans l'esprit des sociologues. Le Dr Wylm écrit à ce sujet : « Je t'ai dit qu'il fallait d'abord vivre et que nous n'assurons pas la vie à tous nos concitoyens. Écoute une voix lointaine : ce n'est pas celle d'un réformateur téméraire, elle résume tout ce que je te disais de la charité comparée au devoir social :

« Quelques aumônes que l'on fait à un homme « nu dans les rues ne remplacent point les obli- « gations de l'État. qui doit à tous les citoyens « une subsistance assurée, la nourriture, un vête- « ment convenable et un genre de vie qui ne soit « pas contraire à la santé. » Ce n'est pas M. Jaurès, ce n'est pas M. Jules Guesde qui ont écrit cela, c'est Montesquieu, livre XXIII, chapitre XIX de l'*Esprit des Lois*. » (Mor. Sex., 223.)

Les criminels occasionnels par misère sont reconnaissables aux caractères suivants : ils ont eu toujours une bonne conduite, ils ne font pas de dépenses inutiles, ils ne vont pas au cabaret, ils sont bons pères de famille ; ils ne cherchent pas à mal faire, mais ils profitent d'une occasion lorsqu'ils n'ont pas d'autre moyen de subvenir à leurs besoins et à ceux de leur famille. Ils commettent exceptionnellement de grands crimes et sont exposés surtout au faux, à l'abus de confiance, à l'escroquerie, aux petits vols. Ils ont en général une psychologie particulière et se reconnaissent à leur imprévoyance, à leur manque d'énergie, à une certaine futilité du caractère. Les plus énergiques, peut-être les meilleurs, commettent fréquemment le suicide ou l'homicide familial ; il ne faut pas confondre les suicides et les homicides familiaux causés par la misère avec les faits du même genre dont certains dégénérés se rendent coupables ; les causes en sont différentes.

3° La Sexualité.

La misère et la faim correspondent à la non-satisfaction de besoins nécessaires: besoins dont la vie dépend, dont le caractère d'urgence est impérieux. Il en est autrement du dernier type de besoin physiologique dont les exigences déterminent la troisième de mes catégories de criminels d'occasion. Je veux parler du stimulus sexuel. Son rôle dans la genèse de la criminalité est moins important que celui de la misère.

L'adultère, que j'ai peine toutefois à considérer comme une véritable infraction, est sa manifestation favorite, j'entends surtout l'adultère masculin. On rencontre encore de véritables criminels d'occasion parmi les auteurs de viols et d'attentats à la pudeur; il est à remarquer que les attentats commis sur les enfants, particulièrement sur les petites filles, sont souvent dus à des vieillards dont la conduite antérieure a été satisfaisante.

Les crimes dont les vieilles femmes sont les victimes semblent, en général, attribuables à l'excitation sexuelle exclusivement physiologique.

B. — Actions des besoins psychologiques.

A un degré plus élevé de complication, nous trouvons des besoins qui n'ont pas le caractère de nécessité ou d'exigence impérieuse comme ceux que je viens d'énumérer, mais qui cependant exercent sur l'individu une action puissante. Ils dérivent des modifications que la vie intellectuelle apporte aux stimulants d'origine physiologique; ils n'ont pas la même urgence, quoique leur force soit quelquefois plus grande que celle des excitations dont ils sont l'épanouissement; mais la satisfaction de ces besoins n'est pas une condition nécessaire de la vie, celle-ci peut subsister sans qu'ils soient apaisés. Il en résulte que les criminels d'occasion du genre de ceux qui nous restent à classer sont moins dignes d'indulgence que les autres.

En effet, les nécessités auxquelles ils s'imaginent obéir ne correspondent pas à des exigences naturelles, mais bien à des exigences artificielles. Ces besoins sont factices et sont aux premiers ce que la broderie est à un tissu. Ils se présentent à l'analyse sous l'aspect de sentiments secondaires, élaborés par l'intelligence sur les données fournies par les besoins physiologiques proprement dits.

1° La Gourmandise, l'Ivrognerie.

La faim et la soif sont le principe générateur de certaines exigences artificielles, dont les principales sont la recherche des plaisirs auxquels le sens du goût sert d'instrument. La gourmandise est la cause d'un grand nombre de fautes commises par les enfants, et, si j'en crois les récits des voyageurs, elle paraît jouer un rôle appréciable dans les infractions dont se rendent coupables les gens peu civilisés; les explorateurs semblent avoir eu souvent à lutter contre cette cause de vols, lorsqu'ils ont dû traverser des régions habitées par des peuplades sauvages. On a déjà remarqué les ressemblances qui existent entre la mentalité des enfants et celle des sauvages, elles s'étendent à leur criminalité. Dans nos sociétés plus avancées, la gourmandise est rarement une occasion d'infractions, exception faite de certaines filouteries d'aliments.

Les boissons, au contraire, sont une cause active de criminalité occasionnelle; leur abus la détermine de deux manières, l'une est directe, l'autre indirecte. La première conduit à l'infraction, dans le but de satisfaire le goût qu'a le délinquant pour certaines boissons, notamment les spiritueux. Les liqueurs fortes sont un stimulant auquel l'organisme s'habitue aisément, dont la privation entraîne une véritable gêne. Aussi, l'ivrognerie est-elle la cause de menus délits, tels que le vol, l'abus de confiance, l'escroquerie, la filouterie d'aliments. Je parle ici de l'ivrognerie en tant que besoin factice de boire des liqueurs fortes. Il faut distinguer ce besoin acquis et artificiel des impulsions caractéristiques de la dipsomanie, dont les traits essentiels sont différents; je les ai déjà étudiés. Le domaine de l'ivrognerie et celui de la dipsomanie ne sont pas semblables.

L'action criminogène de l'abus des liqueurs se produit indirectement, lorsque l'infraction n'est pas le résultat du besoin de se procurer des liqueurs, mais bien de l'excitation que détermine leur absorption préalable; elles agissent alors comme des toxiques, et nous avons signalé l'importance de l'alcoolisme aigu ou chronique dans la genèse de la criminalité.

2° La Gêne, la Propriété, le Luxe.

La misère est, comme je l'ai dit, l'impossibilité de procurer à soi-même et aux siens les choses nécessaires à la vie; ces choses nécessaires sont essentiellement la nourriture, l'abri et le vêtement. La nécessité de ces besoins est susceptible de degrés; nous venons d'examiner les complications dont l'alimentation solide ou liquide est l'origine; le besoin de se loger et de se vêtir est également la cause de complications psychologiques semblables.

On peut les ramener à deux types principaux; la conception des choses nécessaires à la vie varie suivant les individus; ces variations, qu'il n'y a pas lieu d'examiner ici en détail, dépendent de facteurs congénitaux, tels que les goûts personnels, et de facteurs acquis, tels que l'éducation et les habitudes prises. On ne saurait assimiler la privation de ces satisfactions artificielles, à celle des choses nécessaires à l'existence. La vie est compatible avec l'absence de ces satisfactions, qui constitue, non la misère, mais ce que nous appellerons la gêne.

Le second type de complications psychologiques élaborées des besoins de se nourrir, de s'abriter et de se vêtir, est la notion de propriété[1]. Cette conception me semble résulter de l'association de la notion des besoins présents et de celle des besoins futurs, de l'appropriation actuelle combinée à la prévoyance.

L'action criminogène de ces deux formes psychologiques des besoins physiologiques dont nous faisons l'analyse détermine des criminalités d'aspect dissemblable.

a) La gêne est la cause occasionnelle d'un grand nombre de petites infractions, vols, faux, abus de confiance, escroqueries. Les infractions caractéristiques de ce type sont le détournement d'objets saisis et la banqueroute. Je veux parler des banqueroutes occasionnelles, non de celles qui sont longuement préparées et qui consistent en des dissimulations importantes d'actif; ces dernières forment une catégorie criminelle plus grave, elles sont ordinairement assimilables à la criminalité financière dont j'ai signalé déjà la nature.

Les infractions rattachées à ce premier type ont un autre caractère qu'il convient de mettre en

1. Voyez Wylm, *op. cit.*, p. 113.

évidence; elles appartiennent en général à la criminalité urbaine, sauf le détournement d'objets saisis.

b) Le sentiment de la propriété est la cause d'une série très spéciale d'infractions, qui s'observe surtout dans les populations rurales; ces infractions consistent dans la résistance aux mesures légales d'expulsion prises contre les expropriés. Elles se présentent sous la forme d'outrages et de violences dont les huissiers sont l'objet; contrairement au type précédent, cette forme de criminalité peut occasionner des attentats graves, les dépossédés n'hésitant pas à tuer l'huissier ou l'expropriateur. Beaucoup de ces attentats sont accomplis sous l'influence de troubles mentaux; ils ont été étudiés par les professeurs Lande et Régis (*Délire raisonnant de dépossession*), par Mabille, etc.

c) Une évolution plus avancée de l'élaboration psychologique des besoins que nous étudions au point de vue de la genèse du crime, détermine le luxe ; il se manifeste sous des aspects très divers, luxe de la table, de l'habitation, de la toilette et luxes en dérivant. Le besoin du luxe est artificiel, et ne mérite pas l'indulgence dont les nécessités physiologiques peuvent être, dans certains cas, l'objet. Les luxes spéciaux sont assez rarement l'occasion d'infractions, quoique l'on puisse en observer des cas chez certains dégénérés (collectionneurs); la toilette fait exception, elle agit surtout sur les femmes et détermine cette sorte de substitut de la criminalité masculine qu'est la prostitution (Lombroso).

Cependant, le luxe, pris au sens général de satisfaction de besoins artificiels, est une grande cause de criminalité occasionnelle, comme de criminalité habituelle, d'ailleurs. Chez les criminels habituels, son action est fort différente de celle qu'on observe chez les criminels d'occasion ; la cause la plus fréquente des infractions de ceux-ci est, en général, l'intensité inusitée de la sollicitation à l'infraction ; le désir de s'assurer les faveurs d'une maîtresse, par exemple ; les cas de ce genre sont assez complexes, et le sentiment sexuel y a fréquemment sa part.

C'est ordinairement par le moyen du faux, de l'abus de confiance, de l'escroquerie, plus rarement du vol, que se manifeste cette criminalité ; il faut faire exception des attentats commis en vue d'hériter. ceux-ci conduisent naturellement à des crimes plus graves.

3° L'Amour, la Jalousie, le Chantage.

Le besoin sexuel, dès que l'élaboration psychologique en fait cette redoutable passion qu'est l'amour, peut devenir une cause fréquente de criminalité occasionnelle ; l'amour ne recule devant aucun crime pour se satisfaire ; c'est le maître qui enseigne les pires choses comme les meilleures.

J'ai indiqué l'influence que la femme exerce sur la criminalité masculine; celle que l'homme exerce sur la criminalité féminine n'est pas moindre. L'attraction sexuelle peut occasionner toutes sortes d'infractions, les unes légères, comme l'adultère ; les autres graves, comme l'homicide. Il faut faire une distinction nécessaire entre le besoin sexuel proprement dit et l'amour; celui-là, ainsi que je l'ai fait remarquer plus haut (A, n° 3°), pousse le délinquant à la satisfaction immédiate d'un besoin physiologique, provoqué par l'occasion, la rencontre fortuite ; celui-ci est la concentration du désir sur une personne déterminée. Il a, dans la production de la criminalité, une action infiniment plus énergique, infiniment plus variée.

On peut, je crois, ramener les infractions dont l'amour est la cause à deux catégories générales : les unes ont pour objet de s'assurer la possession ou les faveurs de l'individu préféré, les autres tendent à écarter les concurrents.

La première catégorie peut à son tour se subdiviser en deux classes, qui correspondent à des types criminels très différents; les uns sont des débiles, des passifs, des dominés; les autres, des énergiques, des actifs, des dominateurs. Cette énergie et cette faiblesse ne sont pas d'ordre physique, mais moral; des individus doués d'une grande force physique peuvent être moralement classés parmi les débiles.

a) Les *dominés* sont faibles devant l'amant ou la maîtresse, et commettent des infractions à la loi pénale pour satisfaire aux exigences ou aux fantaisies de celui ou de celle qu'ils aiment; leur criminalité n'offense pas l'être aimé, mais les tiers; en général, elle se manifeste par l'appropriation frauduleuse du bien d'autrui, escroquerie, faux, abus de confiance, vol; cette appropriation frauduleuse a pour but de procurer à la personne aimée la satisfaction de ses besoins et de ses plaisirs. Quelquefois, l'amour entraîne à commettre des crimes plus sérieux; il est à remarquer alors que c'est généralement l'homme qui subit l'influence de la femme; tel est le cas pour le meurtre commis sur la personne du mari par l'amant, il est ordinairement accompli sur la suggestion de l'épouse.

Les *dominateurs* cherchent moins à plaire qu'à contraindre, et les procédés qu'ils emploient pour posséder tranquillement leur maîtresse ou leur amant, — car on rencontre des criminels de ce genre parmi les femmes aussi bien que parmi les hommes, quoique ces derniers soient les plus nombreux, — sont empruntés à la méthode forte; ce sont les menaces, les coups, les violences de toute sorte. On observe ce type criminel surtout dans certains milieux, notamment chez les malandrins des grandes villes.

b) Les infractions dont le but est d'écarter les rivalités gênantes, constituent les crimes ayant la jalousie pour mobile. La jalousie se manifeste sous deux aspects principaux, suivant qu'elle s'adresse à la personne aimée ou à ceux qui sont soupçonnés de lui plaire ou de chercher à lui plaire.

La criminalité qui a cette origine détermine des attentats contre les personnes plutôt que contre les biens. L'homicide n'y est pas rare. Les crimes de cette catégorie sont appelés les crimes passionnels, et ils ont longtemps rencontré une grande indulgence auprès des jurys; aussi se sont-ils multipliés. Rien n'est moins mérité que cette sorte de faveur faite à des crimes dont le mobile est aussi méprisable que la cupidité la plus vile. Ce mobile n'est autre que l'égoïsme, qui veut assujettir à ses volontés la liberté des autres. A l'analyser avec impartialité, la jalousie est encore plus dommageable que la cupidité, car elle entraîne pour ses victimes des maux plus grands que la simple perte d'argent. On s'accommode mieux d'un voleur que d'un jaloux, surtout d'un jaloux qui veut imposer son contact déplaisant; le premier dépouille sa proie d'une partie, généralement minime, de ses biens ; le second la prive de sa liberté, ne lui laisse aucun répit, la menace dans son existence même. Il est facile de s'imaginer le martyre d'une femme, par exemple, qu'un amant détesté contraint à subir d'odieuses caresses. Le destin d'un homme affligé d'une amante qui répugne et qui s'impose, n'est pas meilleur. Le jaloux fait litière de tous les sentiments de la personne à laquelle il cherche à dicter ses volontés, et substitue la satisfaction de son désir égoïste à la dignité et au bonheur de sa malheureuse victime. Il n'y a pas de différence, pour moi, entre le bandit qui demande la bourse ou la vie et le jaloux qui demande l'amour ou la vie.

Le crime passionnel, qui a la jalousie pour mobile, ne m'inspire aucune sympathie; il est facile à un habile avocat d'émouvoir des jurés en dépeignant le désespoir d'une femme abandonnée ou d'un homme délaissé; il lui serait aussi aisé d'apitoyer les mêmes jurés sur le sort de l'*autre ;* il lui suffirait de représenter les souffrances insupportables d'une vie commune, l'exaspération croissante des sentiments et de l'antipathie, le développement continu d'une sensibilité perpétuellement blessée. En réalité, c'est à son plaisir seul que le jaloux sacrifie la vie d'autrui.

Le conseiller Lasserre, dans son livre sur *les Délinquants passionnels et le criminaliste Impallomeni*, Paris, Alcan, 1908, cite, en l'approuvant, la théorie du savant italien sur les crimes dont l'amour est le mobile :

« L'homicide commis sur celui qui n'a d'autre tort que d'être un mari gênant, ne diffère pas de l'homicide commis sur un homme quelconque dont l'existence est gênante et dont il est utile de se débarrasser. L'homicide n'en est pas moins déterminé par des mobiles égoïstes, et il est hors de doute que l'agent est dépourvu de sentiments ordinaires de pitié. On se trouve en présence d'un égoïsme redoublé.

« On prend un mari ou une femme pour les avantages de la vie ; on prend un amant ou une maîtresse pour les autres besoins, et de l'ingratitude et de la duperie on passe à la suppression : la férocité couronne la tromperie. » (p. 170.)

Wylm, dans sa *Morale Sexuelle*, s'exprime dans le même sens : « Les actes de violence dont la jalousie est le mobile ne sauraient être excusés ; c'est en effet une passion mauvaise, aussi peu digne d'intérêt que la cupidité ou l'avarice dont elle n'est en somme qu'une expression équivalente, mais en termes sexuels. » (p. 147.)

Je ne saurais donc partager l'opinion de certains sociologues sur ce type de criminels. Contrairement à Ferri (*Soc. Crim.*, 573), je pense qu'ils doivent être punis : les progrès réalisés par cette criminalité spéciale, depuis quelques années, ont éveillé l'attention publique et le jury se montre moins systématiquement débonnaire qu'autrefois.

Les principaux crimes que la jalousie fait commettre sont les menaces, les violences, l'homicide ; quelquefois, chez les femmes, la castration. Ces crimes ont pour objet soit la personne que le criminel prétend aimer, c'est le cas ordinaire, soit celles dont il redoute la rivalité.

c) La sexualité est la cause assez ordinaire d'une certaine criminalité occasionnelle qu'il faut signaler : le chantage ou extorsion de fonds par menaces. Le criminel ne trouve pas dans ses propres besoins le stimulus au crime; il lui est fourni par ceux de sa victime. La forme que revêt en général ce genre de criminalité est double, ainsi que je l'ai fait remarquer au sujet de la criminalité congénitale des amoraux. Il faut distinguer les passions hétérosexuelles et homosexuelles.

L'hétérosexualité détermine soit le chantage à la correspondance, auquel les deux sexes sont exposés, soit le chantage au flagrant délit, redoutable pour le sexe masculin, particulièrement pour les hommes mûrs et les vieillards. Le rendez-vous donné par la femme est un piège organisé par elle d'accord avec son mari, plus rarement son amant. L'imprudent amoureux est surpris « en conversation criminelle » et rachète sa vie ou sa tranquillité par des sacrifices variables. Cette criminalité naïve est plus commune dans les districts ruraux que dans les villes, où le chantage s'exerce avec plus de perfection.

L'homosexualité est exceptionnellement la cause du chantage non habituel; je rappelle ce que j'en ai dit plus haut. J'ajouterai que le chantage d'occasion se distingue du chantage habituel par un caractère très net : le professionnel prémédite son extorsion ; il fait du chantage un de ses moyens d'existence. L'autre profite d'une occasion, sous l'influence de la misère, de la gêne, quelquefois de la simple cupidité. Les passions sexuelles n'apportent pas à ceux qui les satisfont des joies sans mélanges ; il y a des compensations désagréables aux plaisirs.

C. — Action des états émotifs.

Nous arrivons maintenant à des formes de criminalité qu'il est difficile de réduire étiologiquement à des besoins organiques ; ils dépendent de la persistance de certains états affectifs ou émotifs ; on retrouve ces états dans la série animale, car les animaux sont susceptibles d'aimer ou de haïr.

La colère constitue le point de contact entre ces états affectifs aigus et ceux qui sont chroniques, comme la haine et le désir de se venger.

1° La Colère.

On a beaucoup discuté sur le caractère des actes commis sous l'empire de la colère, et la loi en fait une véritable excuse lorsque le motif de l'irritation lui paraît justifié. Tel est le cas de l'homicide commis par le mari sur sa femme surprise en flagrant délit (art. 324 C. P.). Dans l'état de nos mœurs, cette excuse ne paraît plus admissible; l'adultère ne comporte plus la peine de mort et je ne vois pas pourquoi on accorderait au mari le droit de l'infliger lui-même pour le motif qu'il est légitimement en colère. Il y a un autre cas dans lequel la loi semble tenir compte de cette passion et en faire une excuse, plus juste d'ailleurs que la précédente, c'est en matière d'injure (loi du 29 juillet 1881, art. 33); la provocation fait disparaître la punissabilité de l'injure entre particuliers.

On peut ramener encore à cette origine une troisième excuse, celle de l'article 325 C. P., qui prévoit le cas où l'auteur d'un outrage violent à la pudeur est victime d'une blessure qui le prive de ses attributs masculins. Cette excuse peut être invoquée par toute personne, et non pas seulement par la victime de l'attentat, qui bénéficie d'une absolution, tandis que l'excuse de l'article 325 n'est qu'une atténuation. Son principe est bien la légitimité de la colère qui provoque la castration; c'est ce qu'indiquait le rapporteur de la loi en écrivant, avec le style de l'époque : « Comment ne pas excuser, en effet, la pudeur révoltée qui punit l'audacieux dans la source même de ses provocations? »

Exception faite de ces cas, la loi ne reconnaît à la colère aucun effet atténuatif; depuis la réforme de 1832, les juges peuvent y trouver le principe de circonstances atténuantes.

Il y a une grande variété entre les différents individus. au point de vue de la colère ; les personnes qui se mettent facilement en fureur, ou dont la colère atteint certains paroxymes, sont ordinairement, je ne dis pas toujours, des déséquilibrés, dégénérés supérieurs ou moyens. L'expérience de la vie, l'éducation, la réflexion donnent à tous ceux qui savent en profiter ou en user, l'habitude de se maîtriser ; la persistance de l'aptitude à la colère est l'indice d'un arrêt de l'évolution normale dans le caractère.

Quand cette aptitude atteint un haut degré de développement, elle peut révéler de véritables troubles de l'équilibre mental et revêtir une apparence pathologique ; elle fait ressembler l'homme irritable à l'impulsif ; c'est dans ce cas, assurément, que l'acte exécuté sous l'empire de la colère prend l'allure d'un réflexe ; on observe des actes de ce genre chez les épileptiques, les épileptoïdes, les hystériques. Chez les premiers, notamment, il y a une véritable hyperexcitabilité pathologique ; je la considère comme telle et j'irais volontiers plus loin que beaucoup de psychiâtres dans l'appréciation que je porterais sur l'irresponsabilité des épileptiques, en matière d'actes de violence commis sous l'empire de la colère ; cette irritabilité maladive des épileptiques les rend particulièrement dangereux.

Les criminels d'occasion, qui agissent sous l'influence de la colère, commettent des attentats contre les personnes, exceptionnellement contre les biens ; cela se comprend, puisque la colère implique une provocation réelle ou imaginaire ; ces attentats vont de l'injure à la menace, aux violences et à l'homicide.

2° La Haine et la Vengeance.

La colère est un état émotif aigu ; on l'a comparée à un ouragan psychologique, comme toute explosion de passion. Elle produit un mode temporaire du sentiment, parce que sa violence est incompatible avec la durée ; elle naît du sens du grief, de la conscience d'un tort immérité ; elle a pour objet l'auteur du grief ou celui qui est responsable du tort dont l'injurié est victime, ou se croit victime. Quand le sentiment dont la colère procède se cristallise, si l'on me permet cette image ; quand l'état émotif devient chronique, d'aigu qu'il était ; quand, en perdant de sa violence, il acquiert de la permanence, il détermine la haine et la vengeance.

Il existe une différence entre ces deux sentiments, au point de vue psychologique pur ; on peut haïr quelqu'un sans vouloir se venger ; on peut exécuter un acte de vengeance sur un individu déterminé ; sans avoir contre lui une haine véritable ; cette distinction n'a pas un grand intérêt, au point de vue sociologique, car l'aspect objectif de la criminalité occasionnelle par vengeance ou par haine est sensiblement le même. Il est quelquefois assez difficile de distinguer ces motifs l'un de l'autre.

Les infractions qui en proviennent sont nombreuses et peuvent être variées, car la haine est ingénieuse dans ses combinaisons ; en général, cependant, ces infractions consistent dans des attentats contre les personnes, injures, menaces, violences et homicide. Il n'est pas rare que le crime soit dirigé contre un parent, un ancien associé, un copartageant quelconque ; l'origine de la haine ou le motif de la vengeance est alors une question d'intérêt pécuniaire.

L'uxoricide se rattache à cette criminalité ; je parle de l'uxoricide ordinaire, non de l'empoisonnement conjugal dont certaines hystériques ont la spécialité.

On observe moins souvent les attentats contre les biens que ceux contre les personnes, dans ce genre de criminalité ; toutefois, il faut faire une exception pour l'incendie des propriétés d'autrui, qui reconnaît souvent la haine et la vengeance comme sa cause.

Les tribunaux sont assez souvent disposés à considérer comme une circonstance atténuante l'existence d'un motif légitime de vengeance ou de haine ; il est difficile de ne pas être indulgent pour un coupable qui demande à sa propre énergie le secours que la loi ne peut pas toujours lui donner; malgré l'apparence d'équité que semble avoir ce point de vue, je pense que l'on devrait se montrer relativement sévère pour cette classe de délinquants; il faut avoir le constant souci de l'ordre social, sans lequel aucune collectivité ne peut vivre ni prospérer; or, rien ne compromet cet ordre autant que la substitution de la vengeance privée à la protection de la loi; c'est là un phénomène de régression et une cause active de décadence.

D. — Action des sentiments psycho-sociaux.

L'analyse des sentiments, en tant que causes de la criminalité d'occasion, nous conduit enfin à des notions d'une grande complexité; elles procèdent de l'activité intellectuelle de l'individu qui élabore non plus des éléments purement personnels, mais bien des éléments empruntés à la vie en groupes. Les besoins auxquels correspondent ces sentiments *psycho-sociaux* n'ont aucun caractère de nécessité physiologique; quelques-uns d'entre eux sont des conceptions dont la réalité n'est pas démontrée; d'autres sont le résultat de conventions sociales ou de préjugés qui changent selon les groupes et selon leur degré d'évolution.

1° L'Honneur.

Le sentiment de l'honneur est le premier que

l'on rencontre ; il est très difficile de reconnaître son origine véritable, car il a subi d'innombrables transformations et n'offre aucun caractère uniforme; il est très différent à ce point de vue des sentiments psycho-physiologiques dont je viens de faire l'étude sommaire. Ceux-ci se rencontrent partout, car partout l'homme éprouve des affections et des haines; l'animal est capable de les ressentir également et on cite, dans la psychologie animale, des exemples de vengeances exercées par des chevaux et par des éléphants.

Il n'est pas impossible que les rudiments du sentiment de l'honneur soient observables chez les animaux; ils le sont certainement dans les groupes humains primitifs. L'universalité de ce sentiment se compense toutefois par sa diversité; Schultze (*Psychologie der Naturvölker*, Leipzig, Veit et C°, 1900, p. 175) donne des exemples indiquant que la notion de l'honneur va chez les sauvages jusqu'à la plus ridicule fierté; mais ils conçoivent l'honneur d'une manière particulière.

Dans nos civilisations actuelles d'origine européenne, l'honneur forme un code compliqué, dont les prescriptions chez les différentes nations sont assez semblables. Il ne convient pas d'examiner ici les modalités de ces notions; il suffit de signaler leur rôle dans la production de la criminalité occasionnelle.

L'outrage fait à l'honneur peut affecter des

degrés divers de gravité; un soufflet par exemple est plus grave qu'une injure verbale. Cependant, la notion de la gravité de l'outrage varie selon les milieux, et j'ai entendu dire que, dans les groupes de malfaiteurs professionnels, la plus sanglante insulte était l'accusation d'être un indicateur de la police; j'ai vu des exemples de meurtres commis à cette occasion.

La forme la plus fréquente sous laquelle on observe la criminalité ayant le sentiment de l'honneur pour cause, est l'attentat contre la personne; il peut être réglementé par la coutume et prendre la forme du combat singulier ou duel, se manifester sous l'aspect de la vendetta corse, *Garde-toi, je me garde*, ou se présenter sous la forme plus brutale du meurtre et de l'assassinat. En réalité, ces différentes modalités se ramènent toutes à la substitution de la vengeance privée à l'action des lois; elles sont également condamnables. Nous n'hésitons pas à poursuivre sévèrement un *Apache* qui aura tué dans un combat, régulier selon le code du duel entre apaches, son adversaire; pourquoi traiter autrement l'homme du monde qui aura tué son adversaire en duel? Si on veut faire disparaître cette coutume barbare, il ne faut pas accorder aux duellistes un régime de faveur; il faut les traiter comme des meurtriers et assimiler les témoins à des complices; dans le cas contraire, il faut donner aux duels d'apaches la considération qui est accordée aux autres car la loi ne doit pas faire de distinction; il est nécessaire de la faire respecter par tout le monde sans exception.

La séduction d'une épouse, d'une fille, d'une sœur est encore souvent la cause de ce genre de crimes occasionnels; quand ils n'affectent pas la forme du duel, ils prennent ordinairement celle de l'homicide; ils rappellent dans leur exécution les attentats dus à la jalousie; en réalité c'est une jalousie d'une espèce particulière, plus subtile, plus délicate, mais dont le fondement est encore l'égoïsme; l'individu outragé dans son honneur ou dans celui de sa famille, obéit à ce qu'il croit être son intérêt particulier, individuel et personnel, ou familial et collectif. Il est nécessaire de réprimer cette criminalité, dont le danger consiste encore dans la substitution de la vengeance privée à la répression légale.

Comme dans le cas de la jalousie, les attentats procédant du sentiment sexuel de l'honneur sont accomplis soit sur le séducteur, soit sur la jeune fille séduite; cette dernière modalité est spécialement illogique.

On peut encore observer d'autres cas dans lesquels l'honneur agit comme cause criminogène; ils sont plus rares que les précédents.

2° La Religion.

Le sentiment religieux est quelquefois une

cause de criminalité occasionnelle ; il ne détermine pas de graves infractions ; j'en ai indiqué des exemples en montrant la différence qui sépare la criminalité et la moralité.

Quand il atteint une énergie plus grande et pousse à l'exécution de véritables crimes de droit commun, comme l'homicide, il devient pathologique et se ramène au délire mystique.

3° La Superstition.

A côté du sentiment religieux, je placerai les idées superstitieuses ; la superstition n'est pas une cause criminogène à négliger ; son action est très variée ; elle peut être le point de départ de crimes divers.

L'assassinat et le meurtre peuvent être dus à la superstition ; j'ai eu à observer des cas de ce genre ; les populations du Médoc, par exemple, sont très crédules ; un paysan aisé, atteint de quelque maladie, consulta une somnambule qui lui déclara qu'il souffrait du *mal donné* ; elle lui fit une description de l'auteur de l'envoûtement, description dans laquelle le paysan reconnut une de ses voisines ; persuadé, comme les gens de son entourage, que la mort de la sorcière était le seul moyen de sauver sa propre vie, ce malheureux tua d'un coup de fusil la femme qu'il soupçonnait. Ce cas n'est pas isolé.

Certains viols et attentats à la pudeur sont dus

à la croyance que des rapports avec une vierge guérissent de la syphilis ; cette superstition existe en Allemagne comme en France.

Enfin, la crédulité du public est la cause occasionnelle d'une multitude d'escroqueries, dont les diseurs de bonne aventure, les mages, les somnambules, les cartomanciens se rendent coupables, aidés en cela par la superstitieuse complaisance de leurs victimes.

La superstition explique beaucoup d'usages incompréhensibles chez les criminels ; l'habitude qu'ils ont de satisfaire leurs besoins dans les maisons où ils ont commis leur crime semble dépendre de la croyance qu'ils échapperont par ce moyen aux recherches de la justice.

4° La Criminalité politique.

La vie sociale détermine enfin un dernier groupe d'infractions, d'une nature particulière, les *crimes et délits politiques*. Ils procèdent d'éléments psychologiques assez voisins de ceux qui forment le trait fondamental du sentiment religieux, mais s'en distinguent par une réalité objective plus certaine.

Ils peuvent s'observer sous les formes les plus variées et présentent tous les caractères imaginables, comme tous les degrés de gravité possibles. Il est quelquefois malaisé de distinguer le criminel politique d'occasion du criminel habituel, la récidive étant difficile à relever dans la statistique française, en raison des amnisties régulières dont bénéficient les infractions de ce genre; cependant, une distinction est possible.

Les délinquants politiques sont presque toujours des agités, ou plutôt des suractifs; il est rare qu'un équilibre mental parfait soit l'une de leurs vertus. Ils se font en général remarquer par leur intelligence, leur volonté, leur courage, quelquefois leur audace. Ils ont une grande valeur sociale, à certains points de vue, car ils sont ordinairement des agents de progrès. Ces caractères se rencontrent surtout chez les délinquants politiques habituels; ils sont moins fréquents chez les occasionnels, ceux-ci subissent une impulsion plutôt qu'ils ne la donnent.

Les premiers sont les artisans de la grande criminalité, attentats contre les personnes, complots, excitations à la révolte; les seconds se livrent isolément à des actes d'agression futiles, coups de canne, participation aux manifestations, cris séditieux, etc. Lorsque les délinquants occasionnels font partie d'une foule, ils peuvent commettre les crimes les plus graves; la criminalité des foules est, en effet, caractérisée par sa gravité; il semble que la foule criminelle ne se constitue pas uniquement par l'addition des éléments criminels qu'elle renferme, mais qu'elle les porte à une puissance supérieure; les foules accomplissent des actes de barbarie dont leurs composants seraient individuellement incapables; on en a de nombreux exemples historiques; plus récemment, l'assassinat de M. de Monéis, en 1870, à Hautefaye (Dordogne), brûlé vif par la foule qui le prenait pour un espion, et celui de l'ingénieur Watrin, montrent de quoi sont capables les groupements populaires.

Les individus qui commettent, lorsqu'ils sont réunis, de pareils crimes, sont ordinairement des criminels occasionnels ; aussi la responsabilité de ceux qui excitent les foules est-elle grande; on peut penser que le législateur, en ne punissant pas sévèrement les provocations aux attentats, fait preuve d'une médiocre connaissance de la psychologie collective.

Une forme, fréquente aujourd'hui, de la criminalité politique, est la grève destructive des instruments de travail et l'agression contre les non-grévistes. Ces faits devraient être sévèrement réprimés, en théorie ; en pratique, on les réprime avec douceur, car les délinquants sont en général excités par toutes sortes de meneurs intéressés. D'autre part, l'intervention de la force armée est souvent la cause de malheurs irréparables, et il vaut infiniment mieux que des machines soient brisées, ou même qu'il y ait quelques actes de brutalité isolés, plutôt que de voir couler le sang dans des répressions inattendues; en réalité, la plupart de ceux qui se rendent coupables de ces divers attentats, sont dans un état particulier : ils ont la mentalité des foules que le Dr Gustave Le Bon a très bien étudiée [1].

Le problème que soulève la criminalité collective est un des plus délicats de la sociologie criminelle et il mérite d'être complètement étudié; j'ai classé la criminalité gréviste au rang de la criminalité politique, parce que le mouvement dont le monde ouvrier nous offre actuellement le spectacle intéressant est un mouvement politique; il est nettement dirigé vers la conquête du pouvoir; il ne faut pas se faire illusion sur ce point. En France, la direction de la campagne appartient à des anarchistes avérés, qui ne font aucun mystère de leurs projets; ils mènent à l'assaut de la société contemporaine des troupes bien organisées; d'ailleurs, syndicalistes partisans du sabotage et de la grève générale, même en temps de guerre, réformistes, à tendances plus opportunistes, tous veulent la socialisation des instruments de production et la destruction du capital individuel.

La criminalité politique ouvrière se présente sous plusieurs formes; on peut en distinguer deux types principaux :

a) La criminalité collective, dont les modalités

1. *Psychologie des foules,* Paris, Alcan; — voyez : Sighele, *La Foule criminelle*, Paris, Alcan.

ordinaires sont les entraves à la liberté du travail, les violences contre les personnes et contre les choses. Ces violences vont exceptionnellement jusqu'à l'homicide; mais il faut savoir que l'excitation des foules est pleine de périls et qu'il est impossible d'en limiter les excès. Les attentats contre les biens consistent en destructions de machines et en incendies, crime familier aux foules. On observe aussi des émeutes, des séditions, des rébellions, des pillages, etc.

b) La criminalité individuelle se présente principalement sous la forme de malfaçons et de gaspillages; c'est le sabotage; il existait déjà sous l'ancien régime, et le préambule de l'édit de 1776 supprimant les jurandes y fait clairement allusion. Certains actes de ce genre peuvent constituer des abus de confiance ou des vols; la détérioration des machines est punie d'une peine d'un mois à cinq ans d'emprisonnement (art. 443, C. p.).

Les attentats contre les personnes sont plus rares. Ils sont ordinairement le fait des groupes ou des foules,

c) La criminalité politique se présente dans nos sociétés actuelles, particulièrement en France, sous une autre forme, celle de l'antipatriotisme et de l'antimilitarisme; on peut réunir les antipatriotes et les antimilitaristes dans la même classe de délinquants, car ces deux états d'esprit coexistent ordinairement chez les mêmes individus.

Il y a cependant une distinction à faire entre ces deux tendances anti-sociales.

1) L'*antimilitarisme* procède logiquement du mouvement ouvrier révolutionnaire; son protagoniste l'a déclaré avec la plus brutale franchise; la conquête du pouvoir ne pourra devenir possible que le jour où l'armée, représentant la force sociale, sera détruite; la condition préalable de la révolution est donc l'anéantissement de la discipline et la grève militaire, préface nécessaire de la grève expropriatrice.

2) L'*antipatriotisme* dérive de l'internationalisme qui lui-même est une forme de l'humanitarisme. Forme anarchique sans doute, et qui n'est pas actuellement réalisable, quoique l'avenir paraisse devoir faire droit dans une certaine mesure aux revendications internationalistes; il est en effet probable que les nations de l'Europe occidentale se rendront un jour compte de l'avantage qu'une sorte d'union politique leur donnera, en leur permettant de réduire leurs dépenses militaires, de supprimer les douanes, de faciliter leurs échanges et de rendre aux citoyens de la confédération la vie plus facile et moins chère. Ce n'est là qu'une espérance, encore loin de sa réalisation; dans l'état présent du monde, les doctrines que je viens d'indiquer constituent un grave péril social; elles sont professées par des hommes chez lesquels l'équilibre mental est imparfait. Il n'est pas sur-

prenant de les voir prêchées par les adversaires les plus irréductibles des formes sociales actuelles, par les anarchistes, qui constituent une classe intéressante de criminels politiques.

d) L'*anarchisme* remonte loin, comme l'anti-militarisme d'ailleurs, qui trouve un appui inattendu dans les pères de l'Église. M. le conseiller Proal[1] lui a consacré une étude très documentée dans un de ses ouvrages, bien qu'il semble s'être limité à l'examen des origines françaises de l'anarchie; en réalité, Diderot, Mably, J.-J. Rousseau ont été des précurseurs; le véritable philosophe de l'anarchisme est l'Allemand Stirner[2]. Chose curieuse, l'anarchisme est essentiellement aristocratique; Stirner est l'antécédent direct de Nietzsche; « il n'y a que nous-mêmes dont nous devions nous préoccuper », tel est le résumé de la théorie férocement égoïste de Stirner, qu'a développée Nietzsche dans sa conception de l'Uebermensch, le Surhomme.

En France, l'anarchisme a évolué; les premiers anarchistes étaient des isolés; Ravachol, Henry, Vaillant ont commis des attentats dont l'effet était socialement nul. La répression sévère qui suivit ces crimes fit disparaitre l'anarchisme primitif; aujourd'hui, mieux avisés, les gens qui adhèrent à cette doctrine ont adopté le syndicalisme; par

1. *La Criminalité politique*, Paris, Alcan.
2. *L'Unique et sa propriété*, Paris, Revue Blanche, 1900.

des procédés habiles, ils ont réussi à substituer l'action de minorités énergiques à celle des majorités; ils ont pris la direction du parti ouvrier français et sont les maîtres de la Confédération générale du travail; désignation euphémique, car la C. G. T. semble plus soucieuse d'organiser la cessation du travail que sa continuation et d'assurer sa non-exécution que son accomplissement. On trouve, parmi les fonctionnaires les plus importants de cette organisation, des anarchistes militants, qui ont pris part à des congrès anarchistes, en qualité de délégués.

Ils proclament que le syndicalisme est un moyen, l'anarchie est le but (Pierre Monatte, *C. R. du Congrès anarchiste d'Amsterdam*, 1907, Paris, Delesalle, 1908). L'étroite association du mouvement ouvrier et du mouvement révolutionnaire se manifeste à chaque instant, et justifie le rattachement de la criminalité ouvrière à la criminalité politique.

Les infractions anarchistes ont changé de nature avec la nouvelle conception des méthodes; l'attentat contre les personnes, du type de celui qui a été commis contre le roi Alphonse XIII et le président Loubet est rare en France; nous n'entendons plus parler de bombes, comme il y a vingt ans; les lois rigoureuses de 1894 ont arrêté ce genre de crimes dans notre pays, où la surveillance est plus facile qu'en Russie, là il est habituel encore, malgré l'extrême sévérité de la répression. Cependant, même en Russie, l'application de ces lois semble avoir fait diminuer les attentats. Il n'est pas possible d'affirmer, toutefois, que la législation de 1894, dite « les lois scélérates », ait réellement eu l'effet que j'indiquais; l'anarchisme a trouvé des méthodes plus efficaces en s'associant au syndicalisme, et ces lois ne sont plus appliquées depuis assez longtemps.

La criminalité anarchiste actuelle se présente en France sous des aspects très variés. La plus fréquente des infractions est la provocation à des actes punis par la loi, et celle qui est adressée à des militaires pour les détourner de leurs devoirs. (Loi du 29 juillet 1881, art. 23 à 25). L'injure et la diffamation contre le Président de la République, contre les membres du gouvernement, contre les armées de terre et de mer, contre les corps constitués, spécialement la magistrature, dont le Parlement a d'ailleurs donné l'exemple, en votant l'affichage de certains discours, telles sont les infractions coutumières des anarchistes; je ne parle pas de leurs menées révolutionnaires, sur lesquelles les avis sont partagés.

En droit théorique, ces menées peuvent être considérées comme un véritable complot, car elles présentent les caractères constitutifs de ce crime; résolution d'agir, résolution concertée entre deux ou plusieurs personnes, résolution ayant pour but l'un des attentats punis par l'article 87 C. P. L'attentat actuellement punissable de ce chef est celui dont l'objet est de détruire ou de changer le gouvernement ; telle paraît bien être l'intention des organisateurs du mouvement révolutionnaire anarchiste ouvrier en France, si l'on en croit ses principaux chefs. Comme ce phénomène social me semble avoir une grande importance, j'indiquerai sommairement les raisons sur lesquelles je me fonde pour l'apprécier ainsi ; je les emprunte à des publications émanant des chefs de la C. G. T.

M. Victor Griffuelhes, son ancien secrétaire général, définit l'action syndicaliste de la manière suivante : l'ouvrier est le producteur de la richesse sociale, mais il n'en profite pas ; le non producteur, c'est-à-dire le patron, est seul en mesure de « bien consommer », prérogative qu'il ne peut conserver qu'en asservissant l'ouvrier producteur. Le patron ne devant pas céder de bon gré, il convient de l'y contraindre. « Le monde social repose uniquement sur la force, il vit de la force, il porte la force en lui-même. Il faut par conséquent créer la force et obliger ceux qu'il assujettit à utiliser la force. L'autorité patronale est faite de violence et seule la force peut la supprimer. » (*L'Action Syndicaliste*, Paris, Rivière, 1908, p. 11 à 15.)

La lutte violente exige une organisation, à laquelle

l'anarchisme contemporain n'a pas consenti sans protestations, car sa doctrine est hostile à toute organisation, mais il veut « créer en face de l'État bourgeois une organisation appelée à lutter contre lui et contre les forces qu'il représente... (p. 18). Pour y arriver, il est nécessaire de désorganiser la puissance militaire du pays : cette nécessité nous amène en outre à faire de la propagande anti-militariste, qui s'impose, non seulement parce que nous sommes les négateurs de la patrie, mais parce que le soldat a pour mission de défendre le patron contre l'ouvrier. Rendre les jeunes gens anti-militaristes, c'est nous rendre sympathiques les baïonnettes de demain » (p. 21-22). « Il faut se préparer à la lutte, à la violence »; « toute réforme qui tend à diminuer l'esprit de lutte est combattue par nous » (p. 22).

Les moyens d'action les plus efficaces sont l'action directe et la grève générale. Il n'y a pas à se préoccuper de la loi. « Les syndicats... ont depuis longtemps brisé le cadre de la loi ; ils ont dépassé le but assigné par le pouvoir... ils n'ont à aucun moment voulu respecter la légalité... Ont-ils lutté sans tenir compte de la légalité, renversant les résistances légales pour ne s'incliner que devant la force? C'est certain... La justice, c'est-à-dire la légalité, c'est la raison du plus fort; c'est à devenir plus forts que les travailleurs doivent tendre. Ils n'y parviendront qu'en faisant litière de la légalité, s'emparant de ce qui peut les servir, combattant ce qui les frappe. » (p. 48.)

Un autre dignitaire de la C. G. T., M. Pouget, a expliqué le but de cette organisation. (*La Confédération Générale du Travail*, Paris, Rivière, 1908.)

« La C. G. T. n'est pas un organisme de direction mais de coordination et d'amplification de l'action révolutionnaire de la classe ouvrière (p. 23). Elle opère une cassure complète entre celle-ci et la société actuelle... l'idéal poursuivi est la disparition du salariat et du patronat... elle ne peut être totale que si totale est l'élimination des forces d'oppression concrétées par l'État... Ensuite, sur les ruines du monde bourgeois, sera possible l'épanouissement d'un fédéralisme économique, au sein duquel l'être humain aura toute liberté de développement et de satisfaction, et dont les syndicats, — groupes de production, de circulation et de répartition, — seront la cellule constitutive (p. 26).

« La Confédération est aparlementaire... areligieuse... apatriotique... son indifférence en matière parlementaire ne l'empêche pas de réagir contre le gouvernement et l'expérience a prouvé l'efficacité de son action, exercée contre les pouvoirs publics, par pression extérieure » (p. 28).

Les ouvriers, dans le langage des militants, se divisent en conscients et inconscients, c'est la distinction Nietzschéenne entre le troupeau et les

Dyonisiaques; entre la brute inconsciente et le surhomme; on reconnait la marque aristocratique originelle qui est le sceau indélébile de l'anarchie.

« Les méthodes d'action de l'organisation confédérale ne s'inspirent pas de l'idée démocratique vulgaire; elles ne sont pas l'expression d'une majorité dégagée par le suffrage universel. Il n'en pouvait d'ailleurs être ainsi... car il est rare que le syndicat englobe la totalité des travailleurs, trop souvent il ne groupe qu'une minorité. Or, si le mécanisme démocratique était pratiqué dans les organisations ouvrières, le non-vouloir de la majorité inconsciente et non syndiquée paralyserait toute action...; la minorité n'est pas disposée à abdiquer ses revendications... devant l'inertie d'une masse que l'esprit de révolte n'a pas animée et vivifiée encore...; il y a pour la minorité consciente obligation d'agir sans tenir compte de la masse réfractaire...; ainsi apparait l'énorme différence de méthode qui distingue le syndicalisme du démocratisme : celui-ci, par le mécanisme du suffrage universel, donne la direction aux inconscients, aux tardigrades (ou mieux à leurs représentants), et étouffe les minorités qui portent en elles l'avenir; la méthode syndicaliste, elle, donne un résultat diamétralement opposé; l'impulsion est imprimée par les conscients, les révoltés... » (p. 35-36).

« Les éléments réformistes en sont venus à

accepter les fins révolutionnaires d'expropriation capitaliste que poursuit la Confédération... (p. 37). L'orientation déviatrice et pacifiste est en voie d'extinction... La tendance révolutionnaire n'a pu être enrayée, et il apparaît de plus en plus à la classe ouvrière qu'il n'y a d'autre solution aux conflits économiques que celle résultant du choc des deux *forces* en présence (p. 38). »

« La grève devient sous l'action des « plus conscients » quelque chose de positif; la portée « économique « du conflit n'est pas limitée aux seules questions en litige; la grève apparait alors comme un épisode de la guerre sociale (p. 39). »

« ...Elle est l'heureux symptôme d'un accroissement de l'esprit de révolte et elle se manifeste comme un phénomène d'expropriation partielle du capital (p. 40). ...C'est de l'élan, de l'attitude révolutionnaire, de la VIGUEUR AGRESSIVE des grévistes qu'est espéré le succès (p. 41). »

« La lutte politique comporte le boycottage, ou mise à l'index d'un atelier, d'un magasin, et le sabotage. Le sabotage s'effectue « par un ralentissement dans la production, par la malfaçon, par l'attaque à l'instrument de production... par le gaspillage de l'objet vendu, dont le commis fait au besoin profiter l'acheteur, ou encore par la rebuffade envers ce dernier de manière à le pousser à s'approvisionner ailleurs... ; la crainte du sabotage est un calmant précieux et suffit souvent à ramener le patron à de meilleurs sentiments (p. 44). »

« Enfin la grève générale sera la révolte décisive; elle ne sera pas purement négative, mais sera concomitante à la prise de possession de l'outillage social et à une réorganisation sur le plan communiste, effectuée par les cellules sociales que sont les syndicats... ; les organismes corporatifs devenus les foyers de la vie nouvelle disloqueront et ruineront ces foyers de l'ancienne société que sont l'État et les municipalités... ; les centres de cohésion seront dans les fédérations corporatives, dans les unions syndicales et c'est à ces organismes que reviendront les quelques fonctions utiles aujourd'hui dévolues aux pouvoirs publics et aux communes... ; cette crise révolutionnaire est préparée par les grèves partielles ou générales, locales et corporatives, mouvements de masse qui viennent en vagues grandissantes déferler contre le capitalisme et l'État (p. 48). »

« Car le Syndicalisme a pour objet de ruiner l'État moderne, de le briser, de l'absorber... La lutte contre les pouvoirs publics n'est pas menée sur le terrain parlementaire... parce que le Syndicalisme ne vise pas à une simple modification du personnel gouvernemental, mais bien à la réduction de l'État à zéro, en transportant dans les organismes syndicaux les quelques fonctions utiles qui font illusion sur sa valeur et en supprimant les autres purement et simplement (p. 45); l'action ouvrière, outre les assauts qu'elle donne au pouvoir dans le but de le faire reculer, vise en même temps à amoindrir sa force oppressive, et ce jusqu'à *disparition complète* (p. 47). »

J'ai dû faire ces longs emprunts aux publications officielles en quelque sorte des conducteurs du mouvement anarchiste actuel, pour montrer les raisons qui m'ont déterminé à classer ce mouvement à la fois dans la criminalité ouvrière et dans la criminalité politique; les auteurs de ces manifestes sont évidemment des délinquants habituels, mais ils en viennent rarement à l'exécution et se bornent en général à exciter les autres, masse qu'ils ont raison de qualifier d'inconsciente; c'est parmi ces inconscients que se recrutent les émeutiers, ceux qui n'ont pas la prudence de limiter leur criminalité aux délits de la plume et de la parole, si difficiles à réprimer aujourd'hui. Ces délinquants sont essentiellement des occasionnels, quoique souvent ils aient l'habitude de profiter des occasions.

L'assimilation que je fais de l'anarchisme et du syndicalisme n'est pas admise par tous les syndicalistes; on trouvera dans la brochure *Syndicalisme et Socialisme* (Paris, Rivière, 1908), un chapitre écrit par M. Hubert Lagardelle, *Anarchisme et Syndicalisme*, dans lequel il s'efforce de démontrer la différence qui sépare ces deux concepts; son raisonnement est spécieux; en réalité, les anarchistes dominent et dirigent le syndicalisme, qui n'est qu'un instrument entre leurs mains; M. Lagardelle cite lui-même cette phrase, empruntée à M. Charles Benoit : « N'est-il pas évident que le syndicalisme ne peut pas être tout et que les anarchistes peuvent et doivent agir en dehors de lui, après avoir agi en lui? Si actuellement, en France, le communisme anarchiste semble stagnant, cela tient, je crois, à ce qu'un trop grand nombre de camarades confinent leur action dans le syndicalisme; soyons autre chose que des militants syndicalistes. »

Il me semble que rien ne justifie mieux ma thèse.

e) Une autre forme, socialement moins dangereuse, de la criminalité politique, nous est présentée par les excités de droite; ils ressemblent, par le choix de leurs procédés, aux délinquants des catégories précédentes: les délits de la parole et de la plume leur sont habituels, car nous trouvons, ici encore, des meneurs et des menés. Ils ne se livrent pas à des manifestations sur les champs de grève, et ne lapident pas des soldats patients; ils choisissent pour théâtre de leur activité Paris et les grandes villes, et luttent avec la police plutôt qu'avec l'armée; ils ne s'exposent pas aux balles des fusils, et leur martyre ne va pas au delà de l'emprisonnement pour outrages ou violences aux agents ou aux représentants de l'autorité. En général, les motifs de leur exaltation n'ont pas grand intérêt social; ils sont proportionnés à leur nombre et à leur influence sur la collectivité; le gros de leurs troupes se compose de tout jeunes gens, encore à l'école, et qui obtiennent le titre de camelots du roi, moyennant quelques jours de prison. Ce mouvement superficiel, auquel le pays est totalement indifférent, est la parodie du drame tragique qu'est l'autre.

On peut résumer la classification des criminels telle que j'ai essayé de l'établir dans le tableau de la page suivante.

On observe, dans la classification des criminels que je propose, une gradation dans l'urgence physiologique du besoin qui provoque l'infraction, chez le criminel d'occasion bien entendu. Des catégories 8 à 10 nous trouvons des besoins naturels, dont la satisfaction est nécessaire à la vie; dans les autres, nous rencontrons des besoins artificiels; leur satisfaction a plus ou moins le caractère d'un simple plaisir, d'un préjugé, d'un sentiment qui n'ont aucun rapport de nécessité avec le maintien de la vie.

La classification de Lombroso, type des classements modernes, se trouve réunie en tableaux dans les *Archives d'anthropologie criminelle*, 1886, p. 173 et suiv.

CLASSIFICATION DES CRIMINELS

A. — C. d'habitude.	I. Congénitale	1° Aliénés criminels.
		2° Criminels-nés (Lombroso).
		3° Amoraux.
		4° Vagabonds, mendiants.
	II. Acquise	5° Pervertis.
		6° Débiles.
		7° Excités.
B. — C. d'occasion.	III. Par besoin physiologique.	8° Faim.
		9° Misère.
		10° Sexualité.
	IV. Par besoin psychologique .	11° Alimentation, ivrognes.
		12° Abri, vêtement : Gêne, Propriété, Luxe.
		13° Sexualité, l'amour. Dominés, Dominateurs, Jalousie. Chantage.
	V. Par état affectif.	14° Colère.
		15° Haine.
		16° Vengeance.
		17° Individuels : L'honneur.
	VI. Par sentiments psycho-sociaux.	18° Collectifs : La religion, La politique, Les sectes, La superstition.

LIVRE TROISIEME

CHAPITRE PREMIER

La Réaction sociale contre le crime.

§ 1. — LA DÉTERMINATION DE LA PEINE.

Nous avons examiné les deux aspects de la criminalité, objectif, c'est-à-dire le fait et ses circonstances, subjectif, c'est-à-dire le criminel et ses variétés diverses. En étudiant les principes qui gouvernent nos lois pénales, nous avons remarqué le peu d'attention qu'elles prêtent au criminel; ces lois ne font aucune distinction entre les différentes catégories de délinquants, à l'exception des mineurs et des aliénés; elle les place sur le même rang; les circonstances atténuantes, établies en 1824 et 1832, ont été une première concession faite par notre droit moderne à des idées qui se sont

20.

constamment développées depuis un siècle, celles qui tendent à donner à l'appréciation du criminel, dans la mesure de la répression, une valeur au moins aussi grande que celle de l'appréciation du crime.

Nous avons également constaté que le législateur avait été guidé par une conception théorique; pour lui, le degré de gravité de l'acte criminel se mesure à la perversité de la volonté de son auteur; or, cette volonté se présume toujours, exception faite des cas où le trouble mental exclue l'action d'une volonté libre. Le développement logique de ce concept devait conduire le législateur à graduer la peine suivant la malignité du criminel, telle que les circonstances de l'infraction la révélaient. C'est ainsi que la préméditation, le guet-apens, les actes de barbarie, aggravent l'homicide, de même que l'escalade, l'effraction, la violence, aggravent le vol. Quelquefois, les rédacteurs du Code se sont laissé impressionner par des considérations plus indépendantes de l'acte incriminé, mais ces exceptions sont rares.

Le point de vue de la plupart des criminalistes n'est plus aujourd'hui celui du Code ; les principales critiques dont nos lois pénales sont l'objet ont été indiquées déjà et on peut les résumer ainsi :

La malignité d'un criminel ne peut pas être uniquement déterminée par les circonstances de son infraction; celles-ci dépendent de facteurs complexes et peuvent résulter de l'exagération d'un sentiment, inexcusable en droit, mais excusable peut-être en fait; d'autre part, le véritable critère de la malignité d'un criminel doit être cherché dans la gravité du danger que ce criminel constitue pour la société, danger qui dépend moins d'une infraction déterminée, que de l'aptitude de ce criminel à en commettre de nouvelles.

Il est donc nécessaire, pour apprécier la valeur relative des délits et des crimes, de tenir compte du criminel, de son tempérament, de sa corrigibilité, comme des circonstances qui assortissent l'infraction.

En second lieu, la volonté criminelle ne semble pas devoir former la seule base de l'appréciation de la gravité des actes punis par la loi; il est juste de mesurer le préjudice causé. Ce préjudice est d'une double nature : le tort social et le tort individuel; l'idée de justice, dont l'origine me semble devoir être cherchée dans l'idée de préjudice individuel et de réparation a lentement évolué; d'autre part l'esprit humain ne comprend pas la justice sans un équilibre entre l'infraction et ses conséquences pénales; ces conceptions tendent à faire considérer le préjudice comme un élément important de la mesure de la répression; la peine doit être proportionnée au préjudice causé.

Par conséquent, lorsque l'on examine les réactions

sociales que provoque l'infraction, on est amené à penser que ces réactions sont déterminées par trois éléments fondamentaux : le fait et ses circonstances, le préjudice individuel et collectif, la nature du délinquant.

Nous avons vu combien ces éléments étaient eux-mêmes compliqués; il en résulte une première constatation, dont l'importance doit être signalée, car elle échappe souvent aux meilleurs écrivains, c'est qu'à la complexité de l'action individuelle anti-sociale qu'est le crime, doit correspondre une réaction sociale non moins complexe.

Les criminalistes d'éducation juridique ont apporté dans l'étude de cette question trop de logique théorique; ils ont suivi le mouvement inauguré par les *naturalistes* et ils l'ont développé comme une thèse de droit. Partant du principe moderne que l'auteur de l'infraction est le facteur social le plus important dans le crime, ils en sont arrivés à conclure que ce facteur devait être, à peu près, seul pris en considération; le professeur Garraud a prêté l'autorité qui s'attache à ses opinions à des idées qu'un praticien ne saurait accepter sans hésitation. Il s'est exprimé dans les termes suivants au Congrès de Saint-Pétersbourg (*Bulletin de l'Union internationale de Droit Pénal*, XIe vol., Berlin, Guttentag, 1903, p. 111) :

« La distinction légale, au point de vue de la peine, entre le délit tenté, manqué et consommé parait contraire à cette conception essentielle de l'école nouvelle, d'après laquelle la peine ne doit pas être mesurée sur la violation du droit, mais sur le danger que fait courir à la société le délinquant, danger qu'il affirme par ses actes. » M. Garraud pousse la logique juridique de son argumentation jusqu'à faire une distinction entre l'impossibilité de fait et celle de droit pour déterminer si la tentative est ou n'est pas punissable; il considère que l'impossibilité de fait n'exclut pas la punissabilité, il veut dire sans doute que, par exemple, celui qui administre du bromure de sodium, croyant donner du bi-chlorure de mercure, à un individu qu'il veut empoisonner est coupable d'une tentative d'assassinat. Il enseigne que « la gravité du délit, considérée au point de vue social, n'est pas tant dans l'acte et ses conséquences que dans la *volonté criminelle* dont cet acte est la manifestation. » (*Ibid.*, p. 110.)

Je ne puis pas me ranger à l'avis de M. Garraud; son système n'est vrai qu'abstraitement; il a les vices que son défenseur reproche justement au classicisme. Son défaut le plus évident est d'exposer le délinquant à l'arbitraire du juge, qui peut, de la meilleure foi du monde, punir avec la dernière sévérité un individu qu'il jugera dangereux, à l'occasion d'un acte quelconque. Je sais bien que le savant professeur est trop avisé pour pousser jusqu'à ses limites extrêmes les conséquences de son système, mais ces conséquences y sont implicitement contenues.

Je suis d'accord avec lui pour penser que l'appréciation de la nocivité, de la « témibilité » d'un criminel est un élément important. mais je crois que le criminel ne peut et ne doit être atteint que dans les limites de la punissabilité légale de son acte. Et j'ajoute que cette punissabilité doit se proportionner à divers autres éléments, dont le préjudice réalisé et le préjudice possible font partie.

J'ai trop insisté sur le caractère contingent de la sociologie criminelle pour y revenir encore une fois, je me bornerai donc à rappeler que le sentiment de la proportionnalité de la peine est tellement général, que l'on fera difficilement accepter à des jurés et à des magistrats qu'il soit utile de punir un délinquant suivant sa nocivité, sans faire état du fait qui motive sa condamnation. Il ne faut pas oublier, en effet, que les lois sont appliquées par des hommes accessibles aux sentiments humains; c'est ce que les avocats n'omettent jamais de dire au jury, et ils ont bien raison. Pour qu'une loi soit effective, pour qu'elle reçoive son application, il est nécessaire qu'elle soit conforme aux conceptions dominantes de l'époque; or, on ne peut pas songer sérieusement à obtenir des condamnations proportionnées à la nocivité du criminel, abstraction faite de son crime. La plupart des acquittements que prononcent les cours d'assises sont dus à la disproportion existant entre le crime et la peine.

Ce fait est peu perceptible en matière de tentative, mais il est évident en ce qui concerne le préjudice. On pourrait en dire autant de la faute commune, cause fréquente de verdicts trop indulgents, mais dont l'explication doit être demandée à cet obscur sentiment du rôle que l'occasion joue dans la criminalité; celui qui a rendu l'infraction trop aisée, a tenté en quelque sorte le délinquant et fourni le moyen de se faire voler.

Nous rencontrons ici encore cette difficulté que j'ai signalée au sujet de la volonté criminelle et de la notion de sa liberté; les concepts modernes ne sont pas admis par la majorité, et pour être pratique, la sociologie criminelle doit demeurer conforme aux opinions moyennes, au moins dans ses conclusions; elle ne peut qu'essayer de montrer la vérité probable, elle ne saurait en faire exclusivement état.

Il faut d'ailleurs reconnaître que personne, parmi les représentants autorisés des écoles les plus modernes, n'a soutenu que le criminel devait être puni suivant sa nocivité, sans tenir compte d'aucune autre considération. Les différences qui s'observent dans les conceptions classiques et dans les théories modernes dépendent de l'introduction de facteurs nouveaux, auxquels les dernières attachent une importance que ne leur accordaient pas les premières.

§ 2. — L'ÉVOLUTION DE LA PÉNALITÉ.

Je me suis efforcé de montrer combien les idées contemporaines avaient profondément altéré le système ancien de la pénalité; le résultat de ce mouvement n'a pas toujours été heureux. Il a conduit à l'atténuation des peines prononcées contre les individus qui ne sont ni complètement fous, ni tout à fait sains d'esprit. D'un autre côté, il favorise la récidive, qui est la plaie de nos sociétés actuelles.

On ne peut donc pas accepter le système pénal qui est aujourd'hui en vigueur dans notre pays; il est insuffisant, et l'expérience l'a depuis longtemps condamné. Tous les criminalistes sont d'accord sur ce point.

Pour bien comprendre la justesse des critiques formulées par les autorités les plus compétentes, il faut se représenter les conditions auxquelles doit satisfaire la réaction sociale que provoque le crime afin d'être efficace. Nous avons sommairement examiné les éléments divers dont se compose le phénomène social de la criminalité; nous avons vu qu'ils pouvaient se grouper dans trois catégories générales, répondant au fait, au préjudice, au criminel; chacun de ces éléments détermine en partie la réaction sociale définitive. Leur évolution historique est différente; primitivement, la personnalité du criminel parait avoir été sans influence sur l'appréciation de l'acte; le crime était considéré en lui-même et puni suivant la gravité qu'il présentait conformément aux notions de l'époque; le mobile, l'intention de son auteur étaient ordinairement négligés. La fatalité de l'infraction n'excluait pas son caractère d'acte punissable; ainsi, Œdipe, incestueux sans le savoir, attire sur son peuple la colère divine et doit se sacrifier pour l'apaiser. Son ignorance, nous dirions sa bonne foi, n'est pas une excuse. Les Dieux, images des hommes, frappent l'auteur de l'acte criminel, sans juger s'il est responsable ou irresponsable de cet acte.

Le châtiment apparait primitivement comme une expiation nécessaire, comme une compensation. L'acte criminel n'entraine pas seulement la punition du coupable, mais celle de sa famille entière; l'antiquité nous montre de nombreux exemples de cette responsabilité familiale, descendant du père aux enfants; les livres hébraïques, notamment, nous parlent de châtiments frappant les enfants jusqu'à la quatrième génération. Cela s'explique, car les anciens envisageaient l'acte, et la réaction sociale antique correspondait à l'acte. Beaucoup de raisons permettent de comprendre l'idée des sociétés primitives; la solidarité familiale fait comprendre la responsabilité collective.

Les époques sur lesquelles nous avons quelques renseignements, époques relativement avancées, nous montrent le crime comme un fait anti-social, mais anti-social au point de vue religieux. Il offense la divinité et expose la collectivité à la vengeance du Dieu. Il y a dans cette conception une idée qui mérite de retenir l'attention, car j'y trouve le germe de notre idée moderne de la prévention du crime. Le meilleur moyen de prévenir la criminalité, dans les sociétés profondément religieuses de l'antiquité, n'était-il pas de faire du crime un acte irréligieux? Peut-être devons-nous demander à cette notion l'explication des rites qui accompagnaient les actes juridiques les plus importants, tels que le mariage, la naissance, la transmission de la propriété[1], l'acquisition des droits civils. Les personnes et les biens étaient protégés par la Divinité. Un phénomène du même ordre s'observe chez les Polynésiens; leur « tabou » est une garantie religieuse, appliquée à la propriété ou aux personnes.

Une autre idée fort ancienne est celle de la compensation du préjudice; c'est probablement de cette notion que dérive le concept de la proportionnalité de la peine, idée qui ne paraît pas avoir été présente à la conscience des sociétés

1. Le Code d'Hammourabi assimile au voleur celui qui acquiert irrégulièrement un objet. Il est puni de mort (§ 7).

primitives; celles-ci punissaient de mort la plupart des infractions, se préoccupant sans doute moins de la justice du châtiment que de son utilité[1]; avec le développement de l'idée de compensation, le sentiment de l'équilibre entre la répression et le crime a pénétre dans les mœurs.

L'idée de proportionnalité a évolué de deux manières, elle a donné naissance, d'un côté à la peine du talion, que l'on rencontre dans beaucoup de législations primitives, de l'autre à des peines pécuniaires, principe de notre responsabilité civile contemporaine. On trouve ces peines pécuniaires dans les législations germaniques de l'époque barbare; c'est le Wergeld, le châtiment compensateur.

L'idée de proportionner la peine à la *responsabilité* du délinquant est beaucoup plus récente que les autres; peut-être pourrait-on en trouver le germe dans l'idée romaine de l'abandon noxal

1. Je ne partage pas l'opinion de M. Saleilles (*L'Individualisation de la Peine*, Paris, Alcan, p. 6) relativement à l'existence d'un sens inné du juste, qui persisterait dans les associations de malfaiteurs et se manifesterait par le châtiment des traîtres; ces sociétés ressemblent à cet égard aux primitifs, car elles ne connaissent guère que la peine de mort. Il y a là, pour les individus comme pour le groupe, un retour à des formes ancestrales; c'est une constatation qui n'est pas sans intérêt, et qui démontre le caractère rétrograde de leur criminalité. Leur sentiment de la justice a subi un arrêt de développement, individuel et collectif. L'habitude qu'ont les membres de ces bandes de se tatouer rappelle aussi les mœurs des sauvages.

ou dans les idées analogues, consistant à abandonner à la victime d'un dommage l'homme ou l'objet qui l'avait causé. Peu à peu, le sentiment social est arrivé à la notion que la peine, c'est-à-dire la réaction de la volonté collective contre l'agression de l'individu, ne devait atteindre que l'auteur de l'agression; c'est un concept relativement moderne, car l'idée de la responsabilité collective se trouve encore dans le Christianisme, sous la forme de la théorie du péché originel.

Plus tard encore, le sentiment de la nécessité d'une faute volontaire chez l'agent, pour en faire un criminel, a pris corps dans la conscience sociale; l'influence de la religion chrétienne et de la procédure ecclésiastique, continuant l'évolution purement philosophique du Droit Romain, peut avoir contribué à la fixation de ce sentiment. On en vint à punir la volonté criminelle; c'est actuellement l'état où se trouve notre législation, comme celle de la plupart des nations civilisées.

L'analyse contemporaine a fait de nouveaux progrès, et nous savons maintenant qu'il n'y a pas en réalité de différences fondamentales entre les degrés de la volonté; qu'il n'en existe probablement qu'entre les individus et les milieux, la volonté pouvant n'être que le produit de l'action réciproque de l'organisme et du milieu.

L'appréciation du rôle de la peine s'est également modifiée sous l'action des idées modernes;

on n'a plus cherché seulement à punir, on a voulu corriger le délinquant, en faire un membre utile du corps social, le ramener dans la moyenne normale. On a voulu que la peine fût moralisatrice; c'est une conception à laquelle le droit pénal ecclésiastique ne semble pas avoir été étranger, certaines des pénitences qu'il ordonnait ayant pour but d'amener le repentir et la conversion du délinquant — nous dirions son amendement; les efforts faits dans ce but par les législations modernes ont été surtout inspirés par la science pénitentiaire, dont l'influence n'a pas toujours été heureuse. On lui doit cependant quelques progrès remarquables.

Il semble donc que la société doive, en réagissant contre l'infraction, diriger son effort vers une réaction juste, c'est-à-dire en équilibre avec le fait, en proportion avec le préjudice, en harmonie avec la nature du criminel.

L'étude de ces conditions générales nous montrera, en même temps, ce qu'est notre réaction légale contre l'infraction et ce qu'elle devrait être.

CHAPITRE II

Le problème de la criminalité.

§ 1. — LA DÉFENSE SOCIALE ET SES MODALITÉS.

Les sociétés peuvent-elles espérer que toute criminalité disparaîtra un jour? Je ne le pense pas, car c'est un phénomène social nécessaire; si l'on admet, ce qui est aujourd'hui l'opinion la mieux établie, que les sociétés sont dans une évolution perpétuelle, il est inévitable, ainsi que je me suis efforcé de le montrer, que la majorité des membres d'une collectivité sera arrivée à un certain degré de cette évolution, tandis que d'autres seront encore à des degrés inférieurs ou auront atteint un état supérieur; pour la moyenne, les premiers comme les seconds seront en dehors de la norme; antérogrades et rétrogrades pourront, et devront, se conduire conformément à leurs notions progressives ou régressives; leurs actes ne seront pas en harmonie avec les sentiments de la majorité, et pourront être considérés comme criminels, si leur opposition avec ces sentiments est suffisamment accentuée.

Il n'y a donc pas à se demander si la criminalité est un phénomène pathologique; elle apparait comme une fonction de la vie sociale et comme un phénomène normal; mais cette fonction peut s'altérer et présenter un caractère morbide; il en serait ainsi, par exemple, si la proportion des criminels augmentait dans la société; encore faudrait-il savoir si ces criminels ne représentent pas la moyenne future de l'opinion. C'est une chose que nous ne pouvons pas deviner, car les changements ne sont pas toujours un progrès.

Il y a cependant des actes qui peuvent être considérés comme appartenant certainement à la criminalité rétrograde; les attentats contre les personnes et les biens, lorsqu'ils sont inspirés par un sentiment égoïste, ont un caractère incontestablement régressif. L'augmentation d'une pareille criminalité est évidemment un symptôme de malaise social. Mais il ne faut pas attacher une importance excessive à des variations limitées; le développement naturel de la conscience collective peut avoir pour résultat de provoquer ce phénomène; en effet, le nombre des criminels *actuels* est assurément inférieur à celui des criminels *potentiels*, et il suffit de légères oscillations dans la répression, par exemple, pour modifier leur rapport. Nous avons vu que la crainte des conséquences pénales de l'infraction était un agent énergique d'inhibition; à plus de douceur et d'humanité dans la réaction sociale, correspond fatalement un accroissement du nombre des criminels actuels, puisque l'énergie des causes d'inhibition diminuera. Cette augmentation peut être temporaire et masquer en réalité un progrès social; elle peut au contraire devenir permanente et révéler une régression. Il est par conséquent nécessaire d'examiner des périodes suffisamment longues pour se former une opinion équitable.

Ce que je viens de dire de la peine peut se répéter à l'occasion de tous les autres motifs d'inhibition; on voit combien la question est compliquée et combien d'éléments divers doivent être envisagés pour la résoudre.

La sociologie criminelle est encore dans l'incertitude sur les causes véritables de la criminalité, bien que des travaux de grande valeur aient été consacrés à son étude[1]; il ne peut en être autrement, puisque les recherches méthodiques sont récentes et les données du problème très complexes. J'ai essayé de montrer que la criminalité avait une origine double, l'une dans l'individu, l'autre dans le milieu, qui est la société elle-même. L'activité d'un individu qui vivrait dans l'isolement ne saurait être limitée par celle d'autrui et ne

1. Voy. notamment : Lombroso, *Le Crime, Causes et Remèdes*, Paris, Alcan; Proal, *Le Crime et la Peine*, *ibid.*, etc.

pourrait à aucun moment présenter les caractères de la criminalité tels que je les ai définis.

Pour qu'un acte quelconque devienne une infraction, il faut nécessairement qu'il soit la violation d'une règle assortie d'une sanction pénale, et que l'application de cette sanction soit assurée par une force supérieure à celle de l'auteur de l'infraction. En toute autre hypothèse, l'acte considéré pourra être contraire à ce que nous appelons la morale, il ne sera pas criminel. Il est probable que, dans les sociétés primitives, l'acte du chef n'était pas criminel, quelque contraire qu'il fût aux coutumes ou même à la loi ; il était légitime, étant accompli par celui qui détenait la force collective. Il nous reste un vestige de cette opinion ancienne dans la théorie juridique du fait du prince[1].

Les éléments les plus voisins de l'état sauvage ont encore cette opinion, même dans nos sociétés civilisées ; les personnes qui ne voient dans la justice que la force collective, sans apercevoir le droit individuel qu'elle protège, ressemblent à ces barbares pour qui le droit n'existe que selon le bon plaisir du maître. Il y aurait bien des réflexions à faire là-dessus.

1. Voy. Lubbock, *Origin of Civilisation*, p. 302; Bastian, *passim*. Dans les villages nègres du Niger, par exemple, la mort du chef est le signal de l'anarchie la plus complète ; les forts dépouillent et tuent les faibles, jusqu'à ce qu'un plus fort prenne le pouvoir et retablisse l'ordre, en ce sens que seul il se permette toute fantaisie.

Cette conception simpliste n'est pas celle des éléments éclairés de nos sociétés ; ils sont arrivés à un degré d'évolution qui leur permet de comprendre que la vie sociale est faite de transactions perpétuelles, et que l'intérêt collectif peut et doit être souvent en contradiction avec les intérêts, soit des individus, soit de certaines catégories d'entre eux. Ils savent que l'intérêt social prime tous les autres, parce qu'en réalité il les conditionne. Ils savent aussi que cet intérêt doit être défendu contre les oppositions individuelles ou groupées, mais que la défense sociale ne doit pas aller au delà du nécessaire. Ils se rendent compte enfin que la défense contre l'individu, ou le groupe, anti-social ne doit pas se limiter à l'application d'une peine aux criminels, mais doit s'étendre à l'amélioration des conditions du milieu, si cette amélioration est réalisable. Car l'individu et le milieu sont, comme je l'ai dit souvent déjà, les deux facteurs étiologiques de la criminalité. En un mot, il ne suffit pas de réprimer la criminalité, il faut la prévenir.

La réaction de défense sociale comporte donc une première division ; elle sera répressive et préventive. La répression se fera suivant des modalités variées, qui seront appropriées aux infractions et aux auteurs de ces infractions. La société ne réprimera pas de la même manière un vol de peu d'importance et un assassinat ; de même, elle ne traitera pas un criminel d'habitude comme un criminel d'occasion, pas plus qu'elle ne soumettra au même régime pénal un enfant de quinze ans et un homme de trente. Il faut individualiser la peine, comme l'a très bien dit M. Saleilles.

La prévention sera plus complexe encore, car elle devra s'appliquer à l'individu et au milieu ; elle devra prendre en considération le criminel, amender celui qui peut être corrigé — c'est l'exception — et mettre l'incorrigible hors d'état de nuire. La société ne devrait pas s'arrêter là ; connaissant l'action de l'hérédité et de l'éducation sur la formation du criminel, elle devrait veiller à la procréation et à la préparation des futurs citoyens et tendre à modifier le milieu, soit par des lois appropriées, soit par un gouvernement éclairé, car les lois valent ce que valent les hommes qui les appliquent. Enfin, elle devrait assurer la réparation du dommage causé par l'infraction, car rien n'est pire que la possibilité de laisser un délinquant s'enrichir au prix d'une peine trop vite subie.

§ 2. — L'ACTE ET L'EXPRESSION DE LA PENSÉE.

Tels sont les principes généraux qui régissent la réaction sociale contre la criminalité ; mais, dès que l'on examine les faits contre lesquels la société doit réagir, on s'aperçoit que ces faits se présentent sous deux formes générales : l'acte matériel et l'expression de la pensée. Ces deux manifestations de l'activité humaine doivent-elles être assimilées ? L'antiquité n'a pas fait de distinction entre elles. Il faut descendre dans l'histoire jusqu'à l'époque contemporaine pour trouver le respect de la pensée; l'intolérance antique, imprégnée de l'esprit religieux, a considéré comme un crime toute expression d'une opinion condamnée par le sentiment de la majorité. Cette conception a régné sans opposition sérieuse jusqu'à la veille de la Révolution. C'est une idole à laquelle on a sacrifié des vies précieuses.

La liberté de penser est aujourd'hui accordée aux citoyens, par la loi tout au moins, car les mœurs ne la tolèrent pas encore; cependant, l'expression de la pensée peut constituer une infraction dans certains cas déterminés. L'apologie des crimes de meurtre, de pillage, d'incendie, de vol, de destruction par explosion, est punie de l'emprisonnement, mais la loi est appliquée avec une réserve extrême. A lire certaines publications, on se demande même si elle est encore en vigueur.

La provocation à toute espèce d'infractions est également punissable théoriquement, mais elle bénéficie dans la pratique d'une assez grande indulgence.

Les raisons qui rendent les magistrats si tolérants sont nombreuses ; l'incertitude de la répression de ces délits ou de ces crimes, qui sont déférés au jury, explique en partie l'inaction coutumière du ministère public. Ce n'est pourtant pas son unique motif. Les tendances contemporaines sont défavorables à la poursuite de tout ce qui semble être un délit d'opinion. Il y aurait bien des réserves à faire sur la valeur de pareilles tendances, car il est parfois plus criminel d'exciter des naïfs à commettre un crime que de l'accomplir soi-même ; Tarde a mis en relief le rôle social de l'imitation, et la provocation à un crime, comme son apologie, peuvent être la cause d'une véritable imitation. Je reconnais cependant que la liberté est la meilleure solution que l'on puisse apporter aux cas douteux. Je préfère les périls qu'elle crée à la sécurité trompeuse que donne l'oppression de la pensée.

Tout au plus devrait-on faire une distinction entre la provocation proprement dite et l'apologie. Je comprends que l'on réprime la première, mais je concevrai que l'on soit indulgent pour la seconde. Cette indulgence serait particulièrement justifiée toutes les fois que l'œuvre suspecte serait sérieuse et sincère ; mais cela exclurait du bénéfice de l'indulgence beaucoup d'articles de journaux ou de revues. C'est en tout cas un problème difficile à résoudre, car la parole écrite ou parlée a une singulière influence : elle peut faire beaucoup de mal comme beaucoup de bien. D'ailleurs, c'est moins la liberté que l'on doit redouter que l'irresponsabilité, et il faut reconnaître que la responsabilité des auteurs d'infractions aux lois sur la parole ou l'écriture est insuffisamment assurée.

Cela est manifeste en matière de diffamations et d'injures ; les particuliers sont protégés par les magistrats, mais tous ceux qui détiennent une parcelle de l'autorité publique sont moins bien défendus. Les outrages qui leur sont adressés sont déférés à la cour d'assises, ce qui soulève de graves difficultés, alors surtout que les verdicts des jurys ne sont pas motivés, que les questions posées aux jurés ne portent que sur la culpabilité du prévenu et laissent forcément de côté la vérité de l'accusation portée par lui. C'est là une des plus graves imperfections de notre législation ; je trouve juste que les diffamations commises contre les fonctionnaires et contre les personnes qui font appel au crédit public soient jugées par des citoyens étrangers à l'administration ; la société a intérêt à ce que les fautes de ceux qui occupent des fonctions quelconques soient aisément dénoncées. Le tort de la législation actuelle est de rendre ces dénonciations trop faciles et de permettre qu'elles demeurent impunies dans la plupart des cas. Les poursuites pour diffamation devant les cours d'assises sont exceptionnelles; on ne peut cependant pas dire que cela tienne à la rareté du délit et à la modération de la presse.

Telle est la mesure dans laquelle la loi française réprime les écarts commis dans l'expression de la pensée; celle-ci est libre en principe et n'est punie que dans des cas déterminés.

On ne saurait assimiler les outrages aux bonnes mœurs à des délits d'opinion; la pornographie n'est pas une opinion, c'est ordinairement une industrie; il faut remarquer, d'ailleurs, que l'outrage aux bonnes mœurs par la parole, l'écriture ou le dessin, a le caractère d'un acte, plutôt que celui de l'expression d'une pensée. Ici encore, il convient d'être réservé, car la notion que l'on a des bonnes mœurs est très variable; on peut citer l'exemple de Flaubert, poursuivi pour son roman *Madame Bovary*; ce livre paraît aujourd'hui, relativement, écrit pour des jeunes filles. La possibilité de condamner comme un outrage à la morale une œuvre qui est peut-être inspirée par un sentiment exclusivement artistique est le danger auquel expose la législation actuelle sur les outrages aux bonnes mœurs; c'est, dans les conditions où se développe notre littérature contemporaine, un danger peu redoutable; les œuvres de nos meilleurs pornographes sont encore loin de l'*Ode à Priape* et de *Candide*. Rien n'est plus plat que leurs élucubrations.

Ces réserves faites, la liberté de la pensée et de

ses divers modes d'expression est entière dans notre pays ; il n'en est pas de même partout, et les législations varient beaucoup d'un peuple à l'autre.

Les tendances modernes, même dans les contrées les moins favorisées, semblent exiger partout plus de liberté et plus d'indépendance pour la pensée ; elles paraissent incliner vers un état dans lequel la criminalité, sauf des exceptions bien définies, sera limitée aux actes.

Les sociétés se sont toujours défendues contre les actes qu'elles jugeaient nuisibles ; on a longuement disserté sur l'origine et la nature du droit que s'arrogent ainsi les collectivités ; ce sont des dissertations qui présentent un grand intérêt académique ; je ne leur en trouve pas d'autre. L'observation montre que toute vie sociale est accompagnée de cette réaction de défense, et il est évident qu'il ne peut en être autrement ; on ne conçoit pas une société dans laquelle chacun aurait la liberté de faire ce qui lui plaît, sans s'inquiéter de son voisin ; une pareille société reviendrait aux états collectifs les plus rudimentaires, dans lesquels « la raison du plus fort est toujours la meilleure ». Ce serait un retour aux guerres, aux vengeances privées, comme les cités sauvages nous en donnent l'exemple ; aucune vie sociale supérieure ne serait possible dans de semblables conditions qui sont incompatibles avec le développement de l'intelligence, de l'art, de la civilisation.

Ce qu'on appelle, improprement peut-être, le droit de punir, est un fait naturel, dépendant de l'organisation nécessaire à l'existence de tout groupement. Il est possible que, primitivement, il se soit substitué à la vengeance privée et qu'il ait conservé longtemps le caractère d'une vindicte publique. Il est également possible qu'il provienne d'un sentiment de crainte religieuse, et les sociétés antiques ont pu prendre sur elles le soin de punir ces offenses à la divinité que constituaient les infractions aux coutumes; il est encore possible d'imaginer d'autres origines; cela ne m'intéresse pas au point de vue pratique. Il me suffit de constater que le phénomène social, que nous avons défini comme la criminalité, provoque dans toute société une réaction hostile ; réaction dont le caractère de nécessité apparaît, dès que l'on examine les conditions de la vie collective.

J'ai déjà indiqué la manière dont les criminalistes contemporains envisageaient cette réaction; ils ne lui attribuent aucun caractère de vengeance publique ou privée; ils y voient quelque chose d'analogue aux réactions de défense d'un organisme vivant contre tout ce qui peut compromettre sa santé ; la société élimine des éléments inassimilables ou nocifs. Les organes de défense sociale sont les voies d'élimination par lesquelles le corps social se débarrasse de ces éléments; la police et les tribunaux sont comme les égouts d'une grande ville : ils enlèvent les déchets insalubres.

Les diverses formes de la répression peuvent donc se comparer à la fonction organique de l'élimination ; on a le droit de pousser plus loin encore la comparaison entre les organismes sociaux et les organismes individuels, tant il y a d'analogie dans leurs fonctions; ce que nous avons vu de la répression peut se répéter pour la prévention de la criminalité, qui n'est qu'une des formes de l'hygiène sociale. La réparation du préjudice rappelle aussi la réparation des tissus et des cellules altérés par la maladie.

Toutes ces fonctions sont comparables, elles font ressembler les collectivités aux individus qui les constituent; leur but est le même chez les unes comme chez les autres : c'est la préservation de la vie, le maintien des conditions favorables à l'existence. L'examen de la manière dont ces grandes fonctions collectives est assurée, nous montrera mieux encore la vérité de la comparaison que j'ai faite.

Comment assurons-nous l'hygiène sociale, ou prévention de la criminalité, la répression du crime, ou élimination des criminels incorrigibles, la réparation du préjudice ? Nous aurons à constater qu'il y a beaucoup de progrès à faire en France pour mettre nos lois en harmonie avec les données positives de la science moderne.

CHAPITRE III

La Prophylaxie sociale.

§ 1. — LES RESSOURCES SOCIALES.

Les moyens que les sociétés peuvent employer pour prévenir les crimes doivent être appropriés aux différentes catégories de criminels dont j'ai énuméré les principales; il est évident, en effet, que les mesures à prendre contre un aliéné criminel ou contre un criminel-né, doivent être autres que celles qui seront appliquées à des criminels d'occasion.

D'un autre côté, l'examen des moyens que la société peut employer pour prévenir la criminalité, conduit à reconnaître trois espèces de mesures générales : la première est la mise hors d'état de nuire du criminel éventuel, son exclusion permanente ou temporaire du milieu social. La seconde est l'éducation, c'est-à-dire la formation du caractère de l'enfant ou la réformation de celui de l'adulte; la troisième comprend les mesures sociales destinées soit à empêcher la production d'individus susceptibles de faire des criminels, soit à prévenir les occasions qui font éclore la criminalité latente.

La peine rentre à ce point de vue dans les moyens préventifs, puisqu'elle agit comme motif d'inhibition; mais son caractère est mixte, et nous l'étudierons dans un paragraphe spécial, à cause de son importance particulière.

En étudiant les criminels, nous avons vu que l'hérédité les marquait presque toujours de son sceau fatal; aliénés, criminels-nés, dégénérés, ont tous une hérédité chargée. On peut affirmer, sans crainte de se tromper, que le facteur héréditaire est peut-être le plus important dans l'étiologie du crime. Il se rencontre dans la criminalité d'habitude, comme dans la criminalité occasionnelle.

Certaines tares peuvent être acquises; la mauvaise santé, au moral comme au physique, peut résulter d'une lésion accidentelle évitable, ou d'une contagion. Le moyen de prévenir ces tares est de veiller aux conditions dans lesquelles évolue l'individu. L'hygiène de l'enfance doit être spécialement l'objet de l'attention constante de la société. L'adulte lui-même doit être placé dans de bonnes conditions hygiéniques. Nous savons que les causes principales de la dégénérescence acquise sont en premier lieu l'alcoolisme, en second lieu la vie dans les locaux malsains, en troisième lieu le surmenage. De ces constatations résulte la possibilité pour le corps social de lutter efficacement contre la criminalité, en veillant à la consommation des boissons alcooliques, à la salubrité des logements et des ateliers, à la réglementation du travail.

Il faudrait enfin faire disparaître la misère, mais cette espérance semble chimérique.

La préservation morale est assurée par l'éducation et l'instruction, par l'exemple, par le travail. Reprenons en détail l'étude de ces divers moyens.

§ 2. — L'HÉRÉDITÉ CRIMINELLE.

La lutte contre l'hérédité criminelle n'existe pas dans nos contrées ; cet acte si important pour l'individu procréé qu'est la Reproduction, ce fait si grave pour la collectivité dont la composition dépend des unions fécondes, est complètement négligé par nos sociétés actuelles, en Occident spécialement. Je ne conçois pas l'indifférence avec laquelle nous laissons s'accomplir cette fonction, qui intéresse la collectivité et l'enfant à naître plus encore peut-être que les parents qui l'engendrent.

J'emprunte à la *Morale Sexuelle* de Wylm le jugement suivant :

« La science sera un jour de mon avis, la science impartiale et sereine, la science qui est comme la nature, ignorante de toute fausse pitié, esclave de la justice et de la vérité. Elle dira, elle dit déjà que la liberté humaine a des limites, qu'elle doit être respectée dans la mesure où elle n'est pas nuisible et qu'il n'est pas plus injuste de priver les reproducteurs malsains des moyens de nuire, qu'il n'est injuste d'arracher aux vipères leurs crocs venimeux; encore, est-ce moins la fonction que son résultat qui importe : qu'on leur laisse celle-là si l'on peut éviter celui-ci... La collectivité a le devoir d'écarter la possibilité des unions malsaines » (p. 168).

Je pense comme cet écrivain, qu'il est effrayant de constater l'erreur sociale que nous commettons, avec la pleine conscience d'ailleurs de notre coupable insouciance.

Il est nécessaire que le sentiment public s'éveille enfin à la lumière des sciences biologiques. S'il est un fait démontré de la plus irréfutable manière, s'il est une vérité que personne ne conteste aujourd'hui, c'est l'action des fatalités héréditaires.

La descendance du dégénéré, de l'alcoolique, de celui qui est affligé de toute tare transmissible, est vouée, par un juste destin, à la misère physique et morale. Les forces mystérieuses qui concourent à la perpétuation de la vie broient sans pitié cette descendance condamnée. La folie, l'épilepsie, l'hystérie, toutes les psychoses et toutes les névroses en font leur proie, de même que les infirmités psychiques les guettent dès la conception, idiotie, imbécillité, inadaptibilité sociale. Et ce n'est pas tout. la Nature, ce code de lois inéluctables, antérieures et supérieures à nous, punit les pères dans leurs enfants et les condamne à mort. La tuberculose, l'aptitude à contracter les maladies contagieuses, la faiblesse des résistances organiques aux causes de destruction qui pullulent autour de nous, sont les bourreaux chargés de l'exécution des progénitures impures. Elles se détruisent d'ailleurs souvent elles-mêmes, car rien n'est plus fréquent chez elles que le suicide.

Quel souci avons nous de ces enfants? Nous les soignons dans nos asiles, quand nous ne les envoyons pas en prison ou au bagne, mais nous ne cherchons pas à parer au malheur de leur naissance coupable. Nous donnons des primes à la sélection des reproducteurs animaux, nous encourageons la pureté du sang de nos chevaux, de nos bœufs, de nos moutons, nous sommes indifférents à la qualité des hommes et des femmes qui formeront notre société future.

Je ne comprends pas notre folie, notre aveuglement! Car, ce n'est pas seulement l'enfant menacé que l'on devrait écarter de la vie comme on écarte les passants d'une mine qui va faire explosion, c'est notre corps social que l'on devrait protéger contre l'introduction de germes malsains, comme on le défend contre les pestiférés ou les cholériques.

Il semble que la dégénérescence physique soit la condition ordinaire des régressions morales, et que l'être incapable de vivre une vie saine, soit en même temps incapable de vivre une vie sociale. Je ne puis qu'indiquer ces considérations; un livre spécial pourrait seul les développer; je renvoie le lecteur au résumé d'une étude parue dans *Medical News*, 31 mai 1902 (*Archives d'Anthropologie criminelle*, 1902, p. 700). La descendance d'une proxénète alcoolique, aux États-Unis, a compté 800 personnes; 700 ont été condamnées au moins une fois, 37 l'ont été à la peine capitale, 127 femmes étaient des prostituées; près de la moitié de ces descendants, soit 342, étaient alcooliques. Les frais de procédure concernant les membres de cette famille ont coûté seuls 15 millions de francs. On pourrait, sans beaucoup de difficultés, multiplier ces exemples; ils sont instructifs et montrent tous les maux que peuvent accumuler sur eux-mêmes et sur ceux qui les entourent, les descendants de reproducteurs tarés.

Je reconnais qu'il est difficile de trouver des moyens pratiques d'empêcher les procréations malsaines; il y en a un, qui a été proposé, c'est la castration des criminels; scientifiquement, je n'y verrais aucun inconvénient; qu'importent le plaisir et la fantaisie des parents en face de l'intérêt social supérieur et de l'enfant futur?

C'est une idée que plusieurs savants ont soutenue ; Næcke l'a proposée depuis longtemps dans un article paru dans *Archiv für Kriminal-anthropologie und Kriminalistik*, la savante revue de Hans Gross, vol. III, p. 58. Wylm, comme je l'ai dit, soutient la même théorie.

Lohmer s'y rallie (*Umschau*, 1908, p. 58); Daniels (*Literary Digest*, 23 juin 1895, *Archives d'Anthropologie criminelle*, 1895, p. 266) voudrait que la castration fût employée soit comme peine légale, soit comme moyen thérapeutique social.

Ce système a été proposé par Rentoul au Congrès de la British Medical Association, Toronto, 1906. Sa proposition a été développée dans l'*American Journal of Sociology*, 1906-1907, p. 319, sous le titre : *The sterilization of mental degenerates* ; déjà Reid Rentoul avait publié un livre sur le même sujet : *Proposed sterilization of certain mental and physical degenerates*, Londres, 1903, résumé dans l'*Archivio di Psichiatria*, l'excellent périodique dirigé par Lombroso (p. 351, 1905, Torino, Fratelli Bocca). Rentoul va trop loin, car il veut castrer beaucoup de monde, lépreux, fous, idiots, épileptiques, cancéreux, cardiaques, néphrétiques, syphilitiques, tuberculeux, prostituées, criminels, vagabonds, et jusqu'aux porteurs du gonocoque, fléau de la jeunesse imprudente.

Il ne faut pas croire que ce système radical soit demeuré exclusivement théorique. L'État d'Indiana (États-Unis de l'Amérique du Nord) l'a réalisé législativement. La loi du 9 mars 1907, chapitre 215, est ainsi conçue :

« Considérant que l'hérédité joue un rôle très important dans la transmission de la criminalité, de l'idiotie et de l'imbécillité..., le Congrès de l'État d'Indiana a décidé qu'à partir de la promulgation de la présente loi il sera obligatoirement enjoint aux établissements de l'État chargés de la garde des criminels incorrigibles, des imbéciles, des aliénés, d'adjoindre à leur administration, outre le médecin de l'établissement, deux chirurgiens expérimentés, d'habileté reconnue, dont la mission sera d'examiner, conjointement avec le médecin en chef, l'état mental et physique des pensionnaires qui leur seront désignés par le médecin de l'établissement et le Conseil de direction. Au cas où les experts et le Conseil jugeraient qu'il ne convient pas de permettre aux individus examinés de procréer, et s'il n'existe aucune probabilité en faveur de l'amélioration mentale de ces individus, les chirurgiens seront autorisés à pratiquer, pour rendre inféconds ces dits individus, telle opération qu'ils estimeront la plus sûre et la plus effective. Cette opération ne sera faite que dans les cas déclarés non améliorables. »

L'*Archiv für Kriminalanthropologie*, auquel j'emprunte ces renseignements (1908, tome 32, p. 175, Naecke), ajoute qu'en septembre 1908, 300 castrations avaient été exécutées sans hésitation.

Ce n'est pas l'Amérique seule qui nous donne cet exemple de prévoyance hardie ; la Suisse a précédé l'État d'Indiana, sinon dans la promulgation, au moins dans la discussion d'une loi semblable. C'est au canton de Saint-Gall que revient cet honneur. L'assemblée législative de ce canton a été saisie d'un projet de loi ordonnant la castration de certains dégénérés ; ce projet ne semble pas avoir été adopté.

Cependant la loi a été appliquée indirectement ; quatre pensionnaires de l'asile cantonal (*16e Rapport de l'asile cantonal de Wil, pour 1907*, Saint-Gall, 1908, cité dans *Archiv für Kriminalanthropologie*, tome 32, p. 343), ont été castrés, avec leur consentement et l'assentiment de leurs parents et des autorités compétentes. Les opérés sont : 1° une fille de 25 ans, nymphomane épileptique ; 2° une femme de 36 ans, faible d'esprit, sujette à des accès d'agitation et d'excitation sexuelle ; 3° un homme de 31 ans, dégénéré alcoolique, ayant des tendances à torturer les animaux, à mentir, etc. ; 4° un homme de 32 ans, homosexuel récidiviste et fou moral. L'opération pratiquée sur les femmes a été l'ablation des ovaires ; chez les hommes il semble que l'on ait sectionné les canaux déférents.

Les consentements ont été facilement donnés ; l'homme de 32 ans menaçait de s'opérer lui-même s'il ne l'était pas régulièrement. Les résultats semblent bons ; aucune récidive n'a été constatée dans les six mois qui ont suivi l'opération.

Il est évident que la castration est une mesure dont l'efficacité est certaine ; les reproducteurs malsains sont exclus de la participation à la constitution des éléments de la société future.

D'autres États ont adopté des mesures moins énergiques ; les uns, comme le Danemark, ont réglementé le traitement des maladies vénériennes, les autres, et ils sont plus nombreux, ont interdit le mariage à certaines catégories de dégénérés.

La loi danoise du 30 mars 1906, « destinée à combattre l'immoralité publique et la contagion vénérienne », contient certaines dispositions intéressantes. Elle étend aux relations conjugales l'article 181 du Code pénal danois, qui punit d'emprisonnement ou de correction le fait d'avoir sciemment ou par imprudence communiqué à autrui, par un acte sexuel, une maladie vénérienne.

Toute personne, indigente ou non, atteinte d'un mal de cette nature, a le droit de se faire traiter aux frais de l'État ; les préfets peuvent, si c'est nécessaire, ordonner l'internement du malade dans un hôpital. Les médecins *sont obligés de signaler aux autorités médicales* de la ville ou du district les cas qu'ils sont appelés à soigner ; toute fausse déclaration est punie d'amende ou d'emprisonnement.

Les personnes soupçonnées de prostitution, d'immoralité notoire et scandaleuse, de provocation à la débauche, de contamination vénérienne, etc., peuvent être soumises d'office par la police ou par la justice à un examen médical.

Une pareille législation n'atteint qu'une des causes du mal, la syphilis ; elle néglige les autres qui sont plus graves au point de vue de l'hérédité.

Les préoccupations sociales relatives à l'hérédité se sont manifestées de diverses manières ; dans les écrits des philosophes ou des médecins d'abord, dans les législations ensuite.

L'idée d'interdire le mariage à certaines catégories d'individus n'est pas nouvelle. L'antiquité et le moyen âge ont multiplié les prohibitions, soit de race, soit de caste. Celles-ci existent encore dans l'Inde ; celles-là aux États-Unis. Les motifs qui inspirent ces mesures législatives ne sont pas d'ordre hygiénique.

Le souci de la santé publique a provoqué d'abord un mouvement d'opinion ; le théâtre et le roman ont développé le thème de l'hérédité et du mariage ; André Couvreur, romancier et médecin, a traité avec compétence ce grave sujet. (*La Graine*, par exemple ; voy. Chronique médicale 1903, *Le mariage doit-il être réglementé ?*) Les savants avaient déjà donné l'alarme ; Trélart, notamment, dont Grasset (*Demi-fous et demi-responsables*, 209) cite l'opinion, voulait la réglementation législative du mariage; Gresset ne veut pas de ce moyen légal ; il y substitue une sorte de conseil de famille médical dont les décisions n'auraient aucune valeur réelle.

D'autres écrivains ne s'opposent pas au mariage mais voudraient que la procréation fût interdite; c'est le système de Malthus appliqué à la limitation des tares héréditaires. Il semble que cette mesure, dont l'application est incertaine, soit inefficace sans la castration préalable.

Un Anglais, le révérend Mac Laren, a proposé un système intermédiaire entre l'examen médical obligatoire des futurs époux et le régime du « conseil médical » préconisé par Gresset et par le Dr Mignon. Il voudrait que les candidats au mariage fussent obligés à contracter une assurance sur la vie au moment de leur union. (Cité dans *Archives d'Anthropologie criminelle*, 1905, p. 338).

Schallmeyer, dans un article publié par la *Zeitschrift für die Bekaempfung der Geschlets Krankhreiten*, 1903-1904, n° 10, tome II, résumé dans *Arch. f. Kriminalanthropologie*, XVII, 193), *Infektion als Morgengabe*, réclame avec énergie l'interdiction du mariage des gens atteints de maladies vénériennes Les syphilitiques, par exemple, ne pourraient se marier qu'après guérison confirmée par une observation d'une année.

Wylm (*Morale Sex.* 236) se prononce dans le même sens ; il voudrait que les futurs époux fussent examinés par un médecin qui leur délivrerait un certificat d'exemption de maladies transmissibles.

En Italie, Zuccarelli demande la stérilisation des criminels ; Lombroso appuie cette opinion de sa haute autorité.

Ces vœux, exprimés par des sociologues, ont été réalisés dans certains pays ; la Roumanie est sur le point d'interdire le mariage aux épileptiques, aux tuberculeux, aux syphilitiques en période virulente (*Arch. d'Antr. crim.* 1908, 96).

De semblables lois existent aux États-Unis ; les États de Minnesota, de Wisconsin, d'Alabama, de Tenessee, de Géorgie, de Colorado, de Michigan, prohibent d'une manière plus ou moins complète le mariage des épileptiques, des idiots et imbéciles, des fous, des vénériens non guéris. Je citerai comme exemple l'État de Dakota qui a promulgué une loi obligeant les personnes voulant contracter mariage à se soumettre à l'examen d'un jury médical. (*Archives d'Anthr. crim.* ; inexactement cité dans *Arch. für Krim. Anthr. der* 266.)

L'idée de ne pas laisser une liberté dangereuse aux époux pénètre dans l'esprit des hommes d'État. Le ministre de la Justice d'Espagne aurait dit, à l'audience de rentrée des cours et tribunaux de Madrid, dans un discours où il traitait de la réforme du droit, « qu'il serait désirable d'exiger des futurs un certificat de santé ». (*Dresdener*

Nachrichten, 19 oct. 1902, cité dans *Arch. für Kr. Anthr.*, x, 282).

Les mesures qui n'ont pour objet que la réglementation du mariage sont insuffisantes, car elles ne protègent pas les enfants nés d'unions libres; celles-ci se multiplieraient en même temps que les prohibitions de mariage.

Il ne faut pas songer à proposer en France les mesures édictées aux États-Unis, soit pour la castration, soit pour les interdictions de mariage. Il serait cependant possible de lutter contre le mal dont je signale la gravité. Les maladies vénériennes pourraient être assimilées aux maladies déjà nombreuses dont la déclaration est obligatoire pour le médecin traitant; la communication sciemment faite d'une pareille infection devrait être considérée comme un délit.

Il me semble que les idées actuelles ont suffisamment évolué pour que des mesures de ce genre soient bien accueillies par l'opinion.

§ 3. — L'ÉLIMINATION DES INCORRIGIBLES.

Les aliénés criminels et les criminels-nés ne sont pas corrigibles; on ne peut espérer les amender ou les guérir; ils doivent être mis hors d'état de nuire. Nous ne sommes pas prêts à assimiler complètement l'aliéné criminel au criminel-né; nous admettons la peine de mort pour ce dernier, mais nous ne l'admettrions pas pour le premier; nous persistons à croire que la volonté est libre et qu'il faut faire une distinction entre le fou et l'homme sain; j'ai essayé de montrer que cette croyance pouvait être erronée, mais l'opinion moyenne n'est pas préparée à l'abandonner. Il n'est donc pas possible de recommander le même traitement pour les uns et pour les autres.

Les aliénés à tendances criminelles doivent être internés a perpétuité; cela ne fait aucun doute pour les médecins qui connaissent les maladies mentales, et le Congrès des aliénés de Pau, en 1904, a émis les vœux suivants : Les aliénés criminels doivent être sous la surveillance de la magistrature et ne pourront être mis en liberté que par l'autorité judiciaire; ils doivent être internés dans des asiles spéciaux, et non pas confondus avec les autres aliénés; l'établissement de Gaillon devrait leur être affecté à titre d'essai.

Ces vœux, qui résumaient et précisaient les réclamations persistantes et anciennes du corps médical, sont demeurés sans effet. M. Cruppi a déposé, pour en réaliser une partie, un projet de loi, distrait de la réforme générale du régime des aliénés, qui est en préparation depuis près de trente ans, mais les efforts de cet homme d'État n'ont pas encore abouti.

J'ai indiqué combien la société se protégeait mal, en France, contre les fous dangereux ou criminels. Notre incurie coûte la vie à de nombreux innocents chaque année.

Le criminel-né me paraît devoir être interné perpétuellement comme l'aliéné; il y a des distinction à faire assurément, car on ne saurait, dans l'état actuel de l'opinion, mettre sur le même rang ces deux catégories de criminels. Il ne faut pas cependant s'y tromper; le criminel du type Lombrosien n'est pas plus responsable de sa férocité que l'aliéné de sa folie. Il n'y a pas de bonne raison pour exécuter l'un et soigner l'autre.

Il faut reconnaître, toutefois, que le diagnostic de l'aliénation mentale à tendances criminelles est plus facile à faire, dans l'état de nos connaissances scientifiques, que celui de la criminalité congénitale. Nous n'avons aucune répugnance à admettre qu'un certificat médical, déclarant la folie d'un criminel, nous autorisera à faire interner à perpétuité ce malheureux : nous n'admettrions pas qu'un individu qui n'a donné aucun signe de folie soit l'objet d'une mesure semblable, parce qu'il présente des stigmates ordinairement associés à la criminalité innée. Nous aurions d'ailleurs raison, car cette criminalité, comme toute criminalité, ne dépend pas uniquement de facteurs personnels, endogènes, mais se révèle lorsque les circonstances extérieures favorisent son éclosion. Il faut donc renoncer à prendre contre le criminel-né les mesures préventives qu'il serait si facile de prendre contre le véritable aliéné.

Les criminels de ma troisième et de ma quatrième classe. les amoraux et les vagabonds ou mendiants d'habitude, sont en général incorrigibles; les premiers, intelligents et habiles, sont particulièrement accessibles à l'action intimidante de la peine: la crainte du gendarme supplée aux vertus congénitalement absentes chez eux. Les autres ne sauraient perdre leurs habitudes de paresse et de vagabondage; ils forment le plus gros effectif des récidivistes. Il n'est pas rare de rencontrer des délinquants de cette catégorie ayant cinquante ou soixante condamnations. Je ne vois pas ce que l'on pourrait faire pour prévenir leur criminalité spéciale. Les maisons de travail et les dépôts de mendicité ne sauraient les corriger, ni les retenir.

En réalité, on est conduit à reconnaître que le seul moyen efficace de prévenir la criminalité congénitale serait de prendre des mesures sanitaires propres à défendre contre toute cause de contamination le fait de la reproduction de la race; personne, je le pense, ne met en doute le péril social que je dénonce, mais personne n'a le courage de dire que la liberté absolue de la reproduction est une erreur. Nous respectons cette liberté malfaisante, alors que, dans un intérêt collectif moins évident, nous n'hésitons pas à en restreindre d'autres plus inoffensives. C'est un préjugé qu'il faut énergiquement combattre. On ne peut avoir le droit de faire des enfants, quand on n'est pas apte à faire des enfants sains de corps et d'esprit.

§ 4. — LA CRIMINALITÉ JUVÉNILE ET L'ÉDUCATION.

La criminalité d'habitude acquise, est le résultat de la mauvaise éducation et des mauvais exemples. On peut espérer la combattre avec succès en surveillant l'éducation des enfants. Les chances de réussir à corriger les adultes sont moins assurées.

J'ai divisé les criminels d'habitude acquise en trois catégories principales : les *pervertis*, les *débiles* et les *excités*; le traitement préventif applicable à ces diverses catégories n'est pas le même.

La perversion s'acquiert dans l'enfance et dans la jeunesse; elle est moins à redouter quand le caractère s'est formé; pour être utile, l'éducation doit prendre l'enfant dès le jeune âge. Il ne m'appartient pas de dire ce qu'elle doit être, c'est à la Pédagogie de déterminer les meilleures conditions de l'éducation. Je signalerai cependant un des inconvénients de notre système, qui est la promiscuité. Le maitre doit connaitre ses élèves, il doit savoir distinguer ceux qui ont une nature congénitalement mauvaise, ceux dont les exemples peuvent corrompre les autres. De pareils enfants ne devraient pas être confondus avec leurs camarades bons ou moralement indifférents; une discipline spéciale devrait leur être appliquée. Cette mesure serait générale, et s'étendrait aux écoles primaires comme aux établissements secondaires ou supérieurs. Le devoir de surveillance de l'État ne me semble pas contestable; il en a l'obligation, non seulement vis-à-vis des parents qui lui confient leurs enfants et de ces enfants eux-mêmes, mais encore au point de vue de son propre intérêt.

Actuellement, les enfants réellement mauvais peuvent être envoyés en correction par décision judiciaire ou par ordonnance du président du tribunal, sur requête du père de famille; je voudrais que l'on instituât des établissements d'éducation intermédiaires, dans lesquels on pourrait placer les enfants par mesure disciplinaire; ces établissements seraient distincts des colonies pénitentiaires ou des maisons de correction; ce seraient de véritables écoles où les enfants seraient plus sévèrement tenus et plus étroitement surveillés; aucune catégorie de jeunes délinquants ne pourrait y être admise.

La perversion de l'enfant ne se fait pas seulement à l'école ou au collège; on peut même considérer comme exceptionnel un pareil mode de contamination; le danger est plus grand au sortir de l'école, surtout pour les enfants pauvres, qui ne peuvent être surveillés par leurs parents. Il serait désirable que ces enfants ne fussent pas livrés à eux-mêmes et abandonnés à l'oisiveté. Malheureusement, la législation actuelle sur le travail des enfants contient, en germe, une cause susceptible de favoriser la criminalité juvénile.

Il est fort difficile, dans un livre sommaire, d'analyser les effets de cette législation ; ils ne sont pas comparables, suivant que l'on considère l'enfance dans les villes et dans les régions industrielles ou qu'on l'observe dans les contrées agricoles. Les travaux des champs, la surveillance des troupeaux, les labeurs de la vie du cultivateur ne sont pas interdits à l'enfant, car ils ne sauraient compromettre sa santé ; il en est autrement dans les usines et manufactures ; la réglementation qui en a été faite s'inspire d'idées justes et de sentiments socialement utiles et bons, mais elle a des inconvénients auxquels il est urgent de remédier. J'ai pu constater trop souvent que les enfants devenaient criminels au sortir de l'école, à cet âge intermédiaire entre l'enfance et la jeunesse, alors qu'ils trouvent difficilement du travail. La législation sur l'apprentissage, par exemple, pourrait être améliorée à ce point de vue. En tout cas, le problème à résoudre est le suivant : trouver à l'enfant une occupation régulière et des récréations qui ne consistent pas à vagabonder dans les rues.

M. Monis, vice-président du Sénat, dont l'opinion en matière de législation et de criminologie fait autorité, voudrait que l'enfant ne fût pas abandonné à lui-même dès sa sortie de l'école primaire. Il pense que des établissements d'enseignement professionnel devraient être organisés; l'enfant suivrait les cours de ces établissements après avoir obtenu son certificat d'études primaires. On éviterait ainsi de rejeter dans la rue des enfants de douze à quinze ans que leurs parents ne peuvent pas toujours surveiller; l'école technique permettrait de continuer la discipline de l'école primaire et d'achever la formation du caractère de l'enfant. On préviendrait, par le moyen préconisé par M. Monis, les dangers qui résultent de la disparition presque complète de l'apprentissage, et de l'oisiveté qui en est la conséquence.

En ce qui concerne les jeunes délinquants envoyés dans des établissements d'éducation correctionnelle, une recommandation importante est à faire : l'envoi en correction doit être prononcé pour de longues périodes; quelques tribunaux, pensant faire preuve d'humanité, n'ordonnent l'envoi en correction que jusqu'à la dix-huitième année; c'est une grave erreur; l'action de la mesure de correction prise contre les jeunes délinquants ne peut être utile qu'à la condition d'être prolongée. En pratique, on conserve ces enfants jusqu'au moment où ils doivent aller sous les drapeaux. La discipline militaire succédant à celle de l'établissement d'éducation, de correction, ou de patronage, complète la cure morale de ces jeunes gens; les résultats obtenus par certains établissements privés sont encourageants.

§ 5. — L'HYGIÈNE SOCIALE.

A.— Les Dégénérés.

On ne saurait appliquer la même méthode à la prévention de la criminalité des débiles et des excités, formant mes classes 6 et 7. Les premiers, s'ils sont foncièrement vicieux, constituent une sorte de point de contact entre les débiles proprement dits et les criminels congénitaux; la certitude et la sévérité de la répression me semblent le meilleur moyen de les maintenir dans l'ordre. On peut en dire autant, à plus forte raison, de ceux qui sont moralement indifférents ou bons; sur eux aussi, l'action inhibitrice de la peine est efficace.

Il n'existe pas de mesures pratiques pour prévenir leur criminalité. Comme pour les aliénés et les congénitaux, le plus sûr moyen de faire diminuer leur nombre est d'étendre au fait de la procréation les règles d'hygiène sociale que nous avons multipliées dans ces dernières années.

Il faut en dire autant des excités; ceux-ci sont cependant plus curables que les premiers. Il y a plus de ressort chez l'excité que chez le débile ; on doit chercher à diminuer les occasions d'excitation anormale, telles que la facilité d'absorber des boissons alcooliques : s'il était possible d'éloigner des grandes villes les établissements industriels, leur fixation dans des agglomérations rurales serait une excellente condition d'hygiène physique et morale ; mais cela n'est guère réalisable.

De même qu'il faudrait rendre plus difficile la consommation des boissons empoisonnées, cause physiologique d'une excitation toxique, de même il faudrait rendre plus difficile la consommation des denrées intellectuelles frelatées ; les fausses nouvelles, les comptes rendus faits de mauvaise foi par les journaux, les diffamations, devraient être plus effectivement réprimés ; il y a des poisons psychologiques dont le commerce ne devrait pas être libre et impuni, dès qu'il est frauduleux. Il y a là une cause d'excitation perpétuelle, dont nous verrons un jour les dangereuses conséquences.

Ces différentes mesures seraient conformes aux règles de l'hygiène sociale, qui ne consiste pas uniquement dans des prescriptions matérielles ; les causes morales se trouvent dans l'étiologie des maladies individuelles comme dans celles des maladies collectives, et leur action sur les sociétés est peut-être plus énergique, car l'entité sociale est formée par des liens d'association d'ordre intellectuel et moral, encore plus que par des connexions purement physiques. La société est un organisme d'une nature spéciale, dont l'unité est formée par une systématisation moins fatale et moins étroite que celle des organismes vivants ; les forces psychologiques bonnes ou malfaisantes y agissent avec plus de violence.

La criminalité occasionnelle est plus accessible encore que la criminalité habituelle acquise aux remèdes préventifs. Certaines de ses formes s'atténueraient immédiatement, si les sociétés pouvaient assurer à tous leurs membres un minimum de nourriture, d'abri, de vêtement, ainsi que le demandait Montesquieu au XVIIIe siècle.

B. — L'Alcoolisme.

L'alcoolisme, dont l'action génératrice est aussi funeste dans la criminalité héréditaire que dans la criminalité occasionnelle, pourrait être plus efficacement combattu qu'il ne l'est aujourd'hui. Il est grand temps de prendre des mesures sévères contre la vente des alcools toxiques ; la législation sur les débits de boissons est néfaste ; elle favorise de la manière la plus dangereuse le développement de l'alcoolisme et de la paresse ; le cabaret, souvent placé à proximité de l'atelier, absorbe une bonne partie des salaires des chefs de famille. Il me semble que la loi du 17 juillet 1880 devrait être modifiée sans retard ; le nombre des débits devrait être limité, la qualité des alcools livrés à la consommation surveillée; l'ivresse habituelle et publique plus sévèrement punie.

L'alcoolique chronique doit être considéré comme un aliéné dangereux et interné jusqu'à sa guérison ; il semble que l'intoxication éthylique, comme beaucoup d'exo-intoxications d'ailleurs, rende celui qui en est atteint accessible à la suggestion, c'est une remarque faite par des psychiâtres compétents ; Régis signale la possibilité d'appliquer les méthodes de suggestion, même hypnotique, au traitement des psychoses alcooliques; je partage sa manière de voir et je pense que non seulement les psychoses de ce genre, mais l'habitude de boire elle-même, peuvent être traitées avec succès par la suggestion, quel qu'en soit le mode. La condition essentielle, pour obtenir le résultat désiré par le médecin, est l'isolement du buveur; afin que la suggestion soit efficace, ce dernier doit être mis à l'abri des tentations et des récidives dans les premiers temps du traitement.

L'alcoolisme, on ne saurait le répéter avec trop d'insistance, est un élément actif du développement de la criminalité, soit habituelle, par ses conséquences héréditaires, soit occasionnelle par ses effets toxiques. Il devient urgent de prendre des mesures énergiques pour en combattre les effets.

C. — La Misère.

La lutte contre l'alcoolisme n'est pas la seule mesure d'hygiène sociale à recommander; en examinant les principales formes de la criminalité occasionnelle, nous avons constaté que les besoins organiques pouvaient avoir une action sur leur genèse. On devrait donc faire disparaitre certaines formes de cette criminalité, en supprimant les stimulants physiologiques dont elles procèdent.

Il faudrait pour cela supprimer la misère; je ne crois pas que nous puissions encore espérer qu'elle soit curable. On peut entrevoir des palliatifs à tous les maux qu'elle détermine, mais ils sont bien difficiles à proposer dans nos sociétés individualistes. L'excès de civilisation a pour effet de développer le luxe et de concentrer la richesse; à mesure que les besoins artificiels deviennent plus nombreux, ils sont plus coûteux à satisfaire; la richesse d'une société n'est pas inépuisable, et à l'augmentation de la part des uns correspond inévitablement la diminution de celle des autres. Les lois n'y peuvent rien; l'inutilité des législations somptuaires a été démontrée historiquement. Ce sont les mœurs qu'il faut changer; mais les normes qui régissent leurs modifications échappent encore à notre action collective. Les lois procèdent des mœurs, mais ne les font pas.

Les seules possibilités que l'on semble pouvoir pressentir dans un avenir éloigné sont celles-ci : l'adulte valide pourra trouver du travail, les malades et les infirmes pourront trouver les soins nécessaires à leur état, les vieillards ne seront pas abandonnés à la charité publique ou privée. Il me semble probable que ces nécessités seront bientôt clairement perceptibles à la conscience sociale et que l'on essayera d'y pourvoir ; il ne faudrait pas le faire en restreignant les forces productives de la collectivité, en affaiblissant sa puissance d'enrichissement. C'est une condition dont la majorité actuelle en France n'aperçoit pas l'inéluctabilité.

La lutte contre la misère a donc d'utiles conséquences au point de vue de la diminution de la criminalité; on doit encourager toutes les tentatives faites pour développer le goût de l'économie, l'abstention des plaisirs inutiles ou dangereux; les sociétés mutuelles ont peut-être un rôle considérable à jouer, mais beaucoup d'entre elles devraient être surveillées, car elles constituent des sortes d'associations dont les plus clairs bénéfices passent aux mains des organisateurs, qui ne sont pas toujours de bonne foi. J'aurais plus de confiance dans des organisations officielles.

L'étude détaillée des moyens économiques à

employer pour lutter contre les causes de la criminalité, dépasse les limites de la sociologie criminelle proprement dite. elle ne peut qu'être indiquée. Ces moyens, en dehors de ceux que je viens de mentionner, comprennent la protection de l'enfance, la police des logements et des ateliers insalubres, l'assurance contre la maladie, les accidents et le chômage, les retraites, non seulement ouvrières, mais de toutes catégories, car il ne faut pas faire de distinction entre les diverses formes de travail, et privilégier les unes aux dépens des autres. La réglementation pratique du travail, la répression des abus qu'il est possible de réprimer, l'interdiction du surmenage, principalement celui des femmes et des enfants, font également partie de l'ensemble des mesures sociales dont l'action sur la criminalité serait heureuse. L'éducation de l'enfant est encore une ressource, à la condition que l'on apprît à tous les enfants l'existence de leurs futurs devoirs, aussi bien que celle de leurs droits. L'instruction devrait être répandue, non seulement l'instruction primaire, dont nous avons fait une obligation, mais encore l'instruction technique, économique, historique surtout; il ne faudrait pas que l'enseignement de l'histoire fût fait à la manière du père Loriquet, *mutatis mutandis*. Les universités populaires pourraient rendre d'utiles services. L'hygiène sociale, l'instruction facilement accessible, toutes les mesures qui auraient pour effet d'assurer la santé du corps et fortifier l'énergie et le jugement dans l'esprit, sont à recommander; elles ont une action bienfaisante sur la criminalité juvénile. En terminant, j'indiquerais volontiers un souhait, celui de l obligation du travail; je voudrais que l'oisiveté fût une sorte de contravention, ou d'exemption chèrement payée. Mais il y a de la chimère dans ce souhait.

En résumé, les moyens préventifs contre l'extension de la criminalité peuvent se ramener à trois types généraux; le plus efficace serait, sans aucun doute, la restriction de l'hérédité malsaine; l'éducation et les mesures de solidarité sociale viennent ensuite; j'entends, par ces dernières, les dispositions législatives ou les œuvres individuelles tendant à diminuer la misère et développer l'hygiène physique et morale.

CHAPITRE IV

La Défense sociale et la Peine.

§ 1.— LE DROIT DE PUNIR.

Je ne rechercherai pas, je le répète, si la société a ou n'a pas le droit de punir ; je trouve qu'il est bien inutile de discuter une pareille question, car on ne peut trouver que des arguments *a priori*, que des raisons de sentiment, que des preuves métaphysiques pour justifier ou pour combattre ce prétendu droit. En réalité, toutes les sociétés ont employé le châtiment pour assurer le respect de leurs lois ; c'est un fait d'observation historique et ethnographique. Les sociétés obéissent à une nécessité inévitable, en infligeant des « peines » à ceux qui troublent l'ordre établi ; l'expérience humaine enseigne que la crainte est le commencement de la sagesse. La généralité, je dirais même l'universalité de l'existence d'un système pénal dans toutes les sociétés, est un phénomène naturel, dont la philosophie peut essayer de trouver la cause et de justifier la raison d'être, mais que la sociologie accepte et comprend.

Elle l'accepte comme un fait, comme le résultat d'une expérience séculaire, comme une condition de la vie sociale. La science a le sentiment de la continuité de l'évolution et elle sait que le présent est la conséquence nécessaire du passé, qu'il est conditionné par lui. Elle sait aussi que la modification téméraire des conditions dans lesquelles se fait l'évolution individuelle ou collective est un danger; en sociologie, plus que partout ailleurs, le mieux est l'ennemi du bien. Notre vie sociale est adaptée à l'application de sanctions pénales toutes les fois que certaines règles sont violées; il ne dépend pas de nous qu'il en puisse être autrement. Il est même assez curieux de remarquer combien cette notion de l'emploi de la force comme moyen de coercition, de l'application d'une peine comme mesure de défense collective est répandue, combien elle est universelle. L'Anarchisme n'y échappe même pas; on trouvera dans un opuscule écrit par un des meilleurs propagateurs des doctrines anarchistes, je veux parler de Kropotkine (*La Morale anarchiste*, Paris, bureau des « Temps nouveaux », 1907), un essai de justification de l'emploi de la force :

« De quel droit, dit cet écrivain, déposséder un exploiteur? De quel droit tuer un tyran, une simple vipère?... De quel droit? Qu'entendez-vous par ce mot baroque emprunté à la loi? Voulez-vous savoir si j'aurai conscience de bien agir en faisant cela? Si ceux que j'estime trouveront que j'ai bien fait?... En ce cas notre réponse est simple... Certainement oui. Parce que nous demandons qu'on nous dépossède, nous, si un jour mentant à nos principes, nous nous emparons d'un héritage — serait-il tombé du ciel — pour l'employer à l'exploitation des autres. Certainement oui. Parce que tout homme de cœur demande à l'avance qu'on le tue, si jamais il devient vipère (*sic*), qu'on lui plonge un poignard dans le cœur si jamais il prend la place d'un tyran détrôné... Pérovskaya et ses amis ont tué le tsar russe. Et l'humanité entière, malgré la répugnance du sang versé, malgré ses sympathies pour un qui avait laissé libérer les serfs, leur a reconnu ce droit... Pourquoi?... Parce qu'elle a senti que pour tout l'or du monde, Pérovskaya et ses amis n'auraient pas consenti à devenir tyrans à leur tour... Ceux-là, s'est-on dit, avaient conquis le droit de tuer comme on s'est dit de Louise Michel : « elle avait le droit de piller », ou encore : « eux, ils avaient le droit de voler », en parlant de ces terroristes qui vivaient de pain sec et qui enlevaient un million ou deux au trésor de Kichineff en prenant, au risque de périr eux-mêmes, toutes les précautions possibles pour dégager la responsabilité de la sentinelle qui gardait la caisse. Ce droit d'user de la force, l'humanité ne le refuse jamais à ceux qui l'ont conquis, — que ce droit soit usé sur les barricades ou dans l'ombre d'un carrefour. Mais, pour qu'un tel acte produise une impression profonde sur les esprits, il faut conquérir ce droit. Sans cela, l'acte, utile ou non, resterait un simple fait brutal, sans importance pour le progrès des idées. On n'y verrait qu'un déplacement de force, une simple substitution d'exploiteur à un autre exploiteur » (p. 18-20).

Il est facile de voir combien l'école la plus opposée au droit de punir, l'accepte indirectement comme acte de force, comme « droit de tuer, de voler, de piller », pourvu que l'on soit approuvé par ceux que l'on estime, pourvu que « pour tout l'or du monde » on soit résolu à ne pas être celui qu'on tue; dans ce sens, les jurés qui condamnent un assassin ont le droit de le condamner à mort. Il était peut-être inutile de faire connaître les idées, éminemment contradictoires, de l'école la plus avancée, de celle qui nie le plus résolument le droit social de punir; je n'ai pas résisté au désir de montrer l'effet de l'adaptation mentale séculaire que je signalais; le moyen demeure, le mode d'emploi seul est modifié : il consiste à substituer le sentiment individuel au sentiment de la majorité, l'arbitraire particulier au jugement collectif, l'accusation secrète, sans défense possible, à la poursuite publique et à la défense au grand jour. C'est une forme de justice au plus haut degré régressive.

Le préjugé domine l'inconscience de ces novateurs, dont l'invention consiste à revenir à des formes de vie sociale condamnées par l'évolution, dont la logique impersonnelle est immuable, comme les lois biologiques qu'elle exprime.

La science expérimentale ne peut s'arrêter à de pareilles chimères ; elle accepte le fait naturel, qu'elle n'a pas la prétention de changer ; elle l'accepte, et, comme je le disais, elle le comprend. J'ai montré, en effet, que la peine était un moyen d'inhibition ; elle joue un rôle capital dans le dressage des animaux, comme dans l'éducation des enfants, car elle est un motif puissant d'action ou d'abstention. Mais il faut, pour cela, qu'elle remplisse certaines conditions nécessaires et suffisantes.

§ 2.— LA PEINE EN THÉORIE.

On doit demander à la peine d'intimider, c'est-à-dire d'agir comme inhibition ; il faut qu'elle se présente à la conscience, soit personnelle, soit générale (subliminale), comme un facteur psychologique énergique, constituant un élément de la délibération prévolitive ; son action peut se résumer schématiquement de la manière suivante : j'ai envie de prendre le porte-monnaie de mon voisin, mais si le vol est découvert, j'aurai à subir un traitement désagréable, dont les inconvénients seront plus grands que les avantages que me procurera le vol; je cours un risque périlleux : j'ai intérêt à m'abstenir de l'acte médité.

Je ne conçois pas une autre justification légitime; la peine, en tant que facteur inhibitif, est utile; son utilité doit la faire conserver. Nous n'avons pas à châtier au nom d'une justice transcendentale, qui exige une souffrance en compensation d'une infraction; toute souffrance inutile doit être épargnée; nous n'avons pas davantage de vengeance à exercer : la vengeance implique la colère et la passion, affections qui doivent demeurer étrangères à l'action collective, froide et réfléchie.

Intimider, inhiber, tel est le véritable rôle de la peine; pour cela, il est nécessaire qu'elle soit réellement une peine, qu'elle représente une certaine quantité de souffrance évitable; une peine qui ne serait pas désagréable cesserait d'avoir une action inhibitive.

C'est également à cette condition qu'elle sera correctrice, c'est-à-dire qu'elle empêchera l'individu une fois condamné de s'exposer à de nouvelles condamnations; dans ce cas, la crainte de la peine est remplacée par son souvenir; c'est encore une inhibition, mais elle s'adresse à la récidive, non à la criminalité primaire.

On demande encore à la peine de satisfaire à

d'autres conditions : elle doit être proportionnée, moralisatrice, individuelle. La première de ces conditions correspond à la notion de justice qui s'est développée dans nos sociétés ; il n'est pas juste de punir un vol simple comme un assassinat ; le sentiment de la justice n'est pas le seul qui doive nous guider dans le choix de peines proportionnées, l'utilité apparaît encore dans la proportionnalité : si la loi ne graduait pas les peines, les malfaiteurs n'auraient aucune raison, au point de vue spécial de l'action inhibitrice qui est le caractère essentiel des sanctions, à s'abstenir des actes les plus graves, au cas où ils y trouveraient quelque avantage. Le risque demeure le même, malgré l'aggravation de l'infraction ; c'est ainsi que la suppression pratique de la peine de mort, sans qu'une peine plus sévère que les travaux forcés lui eût été substituée, semble avoir favorisé le développement de l'homicide associé au vol qualifié ; le maximum étant le même dans les deux cas, et l'homicide pouvant diminuer les chances de découverte. Telle paraît être l'explication des nombreux crimes commis par les bandes de malfaiteurs du Nord et de la Drôme. La proportionnalité des peines est donc utile autant que juste.

Leur action moralisatrice est beaucoup moins probable, surtout dans notre système pénal. Les distinctions que j'ai faites entre les diverses catégories de criminels montrent que certains délinquants ne sont pas moralisables ; il faudrait changer leur nature, ce que nous ne savons pas faire. On peut espérer ramener au bien les criminels occasionnels, mais ce n'est pas en les emprisonnant que l'on y arrivera ; la promiscuité de la prison est une condition déplorable pour la moralisation des détenus. Le public ignore en général les mœurs des prisons, surtout des prisons à dortoir commun ; on ne saurait rien imaginer de plus ignoble. La population des établissements pénitentiaires est plus accessible à la contagion du vice qu'à celle de la vertu, et nous pouvons être assurés que les condamnés qui sont envoyés dans la plupart de nos maisons de correction ou de force en sortent pires qu'ils y sont entrés.

D'ailleurs, je suis très sceptique au sujet de l'action moralisatrice des peines ; je crois que l'on peut aisément confondre l'action moralisatrice proprement dite et l'action inhibitrice par crainte du châtiment. Il faudrait, pour les définir clairement, analyser avec soin l'état psychologique des soi-disant détenus améliorés et ne pas se fier à leurs récits, car ils sont enclins au mensonge.

La peine doit être enfin individuelle ; c'est une conception relativement moderne, car l'antiquité ne s'est pas contentée de punir seulement le coupable : elle étendait d'ordinaire le châtiment à toute sa famille. Nous voulons aujourd'hui n'atteindre que l'auteur de l'infraction et laisser à l'abri des conséquences de la peine sa femme et ses enfants, ou ceux qui dépendent de lui pour vivre. L'individualisation de la peine est, en ce sens, l'application de tout châtiment au coupable et à lui seul.

Il y a un autre point de vue à considérer dans ce que l'on est convenu d'appeler l'individualisation de la peine : c'est son adaptation au délinquant ; M. Saleilles, dans le livre que j'ai cité, a traité avec beaucoup de compétence la question qui se présente ici, et il est inutile de refaire ce qu'il a fort bien fait. Il y a plusieurs manières d'individualiser ainsi la peine : soit qu'on la proportionne au crime, ce qui est le système du Code français, système tout à fait barbare et que l'évolution de nos lois et de nos mœurs a condamné (circonstances atténuantes, par exemple) ; soit que l'on mesure la peine au degré de résistance morale que le délinquant a pu opposer à la sollicitation criminelle, individualisation psychologique ; soit que l'on tienne surtout compte du danger que présente le criminel pour la société, et qu'on le frappe selon cet étalon (école italienne primitive, Lombroso) ; soit enfin que l'on prenne pour critère la moralité relative du coupable, selon la nature des motifs de son infraction [1].

1. Voy. Saleilles, *L'Individualisation de la Peine*, chap. VI, VII et VIII ; L. Rivière, *De l'individualisation des peines, Revue Pénitentiaire*, 1897. Saleilles donne une bibliographie que l'on

J'ai indiqué combien il était difficile de se renseigner exactement, dans certains cas, sur la véritable nature du mobile; le motif apparent peut être tout à fait différent du mobile réel, dont la conscience du coupable peut même n'être pas clairement informée.

L'idée d'individualiser la peine est cependant très juste; elle a pour fondement l'observation et l'expérience. L'emprisonnement, par exemple, n'est pas une peine pour certains délinquants; il constitue un simple ennui pour d'autres, tandis que pour une troisième catégorie de coupables, elle est un châtiment terrible. La prétendue égalité de tous les coupables devant la peine est donc une idée fausse, car cette apparente justice dissimule une criante inégalité.

Le déshonneur qui s'attache à la peine est encore très relatif; des écrivains de grande valeur, comme M. Saleilles, et comme beaucoup d'autres criminalistes appartenant à l'enseignement plutôt qu'aux tribunaux, s'imaginent que les criminels ont des sentiments analogues aux leurs et qu'ils ont conscience de leur *anormalité*. Cela ne me semble pas exact; les criminels d'habitude ne connaissent pas le remords ni la honte; ils rougi-

peut consulter; elle est pauvre en ce qui concerne les travaux publiés en français et ignore systématiquement les études nombreuses faites sur les questions pénales dans les discours de rentrée des tribunaux, par des criminalistes pratiques.

raient bien davantage d'appartenir à la catégorie des « poires » qu'ils exploitent. Ils ont des notions absolument opposées à celles de la majorité du corps social, ne sentent aucune solidarité, aucune équivalence entre leurs victimes habituelles et eux-mêmes. L'analyse de Tarde n'est pas sur ce point à l'abri de critiques. Il résulte de ce fait, d'observation facile, que la peine n'est pas déshonorante pour tous les condamnés, qu'elle ne l'est que pour les moins mauvais, c'est-à-dire pour ceux qui sont socialement le plus près de la normale. Ce sont eux que notre système égalitaire frappe le plus durement.

§ 3. — LA PEINE DANS LA RÉALITÉ.

Si nous examinons à la lumière des principes généraux ci-dessus exposés notre échelle des peines, nous constaterons d'abord qu'elle est en réalité très réduite : exception faite de la peine politique du bannissement, elle peut se ramener à la mort, à la privation de la liberté, avec quelques modalités, et à l'amende.

Notre peine de mort forme un échelon suprême, elle est rarement appliquée; puis viennent ensuite les travaux forcés, la réclusion, la détention, l'emprisonnement; la relégation est une peine accessoire, premier essai d'individualisation pénale officielle et légale. Elle frappe les incorrigibles, tels que les définit la loi de 1885. On trouve d'autres peines accessoires, interdiction de séjour, privation de certains droits civils, civiques ou politiques (art. 42 C. P.). Enfin, l'amende constitue le dernier échelon de nos principales peines, car on pourrait en trouver d'autres, telles que l'affichage ou la publication des décisions de condamnation.

A. — La peine de mort.

On a contesté aux sociétés le droit de tuer légalement certains criminels; il n'est pas douteux que la peine de mort ne répugne aujourd'hui à beaucoup de penseurs; je subis l'influence de ce sentiment, et il m'est arrivé de ne pas la demander au jury, dans des cas où il eût suffi, je crois, au ministère public de la requérir pour l'obtenir. Mais je me rends compte, en analysant mes idées, que j'ai obéi à des considérations sentimentales qui n'ont rien de scientifique. Je ne soumettrai pas le lecteur à une répétition inutile des discussions interminables auxquelles a donné lieu la question de la peine de mort; dès que l'on cherche à la justifier philosophiquement, on est contraint de faire appel à des arguments contestables parce qu'ils sont incontrôlables; le seul argument qui mérite d'être pris en considération est l'utilité de la mort de certains criminels. C'est un point sur lequel on n'est pas d'accord; les partisans de la peine capitale et ses adversaires invoquent à l'appui de leur raisonnement les mêmes statistiques; nous en avons eu récemment l'exemple. M. le garde des sceaux Briand a soutenu, avec toute la force de son talent, la thèse abolitionniste, il n'a pas vaincu l'opposition de la majorité, qui s'était modifiée depuis quelques mois; son sentiment au sujet de la peine de mort s'était altéré; il est juste de dire que les assassins, avec une absence complète de tout instinct d'opportunité, avaient choisi le moment où les exécutions étaient supprimées en fait, pour redoubler d'activité; jamais le mot d'Alphonse Karr n'avait trouvé meilleure justification[1].

En réalité, on ne peut, il me semble, adresser à la peine de mort qu'une objection sérieuse, exception faite des sentiments qu'elle nous inspire individuellement; cette objection est son irréparabilité. Il est évident que toute peine irréparable est défectueuse, à moins d'exclure l'hypothèse d'une erreur possible de la justice; malheureusement, la justice n'est pas infaillible.

D'autre part, j'ai quelque difficulté à m'accommoder à la conception de la mort infligée comme châtiment; j'ai suffisamment indiqué l'état de mes opinions relativement au libre arbitre et à la responsabilité morale, pour que le lecteur ne soit pas

1. Voy. à ce sujet : Lacassagne, *Peine de Mort et Criminalité*. Paris, Maloine, 1908.

surpris de me voir marquer de la répulsion pour une semblable notion; je ne puis accepter l'idée de punir de mort un malheureux qui est criminel peut-être uniquement à cause de la constitution défectueuse de son cerveau ; il serait aussi équitable de condamner à mort les fous et les imbéciles.

Je ne puis par conséquent admettre que nous infligions aux condamnés à mort des angoisses inutiles, que nous leur coupions la tête en public, en présence d'une foule barbare qui insultera des mourants et se fera une fête de leur supplice. Cela me paraît mauvais. C'est même une dangereuse imprudence, car il n'est pas démontré que la publicité des exécutions ne provoque pas l'imitation.

Si nous reconnaissons à la peine de mort, je ne dirai pas un caractère de nécessité, mais simplement d'utilité, je serai disposé à faire abstraction de mes répugnances personnelles d'ordre affectif, et à l'accepter. Mais alors, je ne voudrais pas qu'elle eût l'apparence d'un châtiment. Je voudrais qu'elle ne fût qu'une mesure de salubrité, prise pour éviter des maux plus grands que l'exécution d'un criminel. Je souhaiterais qu'elle ne fût pas publique, qu'elle ne fût pas sanglante, qu'elle fût inattendue. Je reviendrais volontiers aux coutumes athéniennes et je ferais boire aux condamnés, à leur insu, alors qu'ils attendraient encore la décision sur leur recours en grâce, par exemple, quelque cigüe moderne, plus douce que l'ancienne. Je donnerais aux malheureux destinés à l'élimination définitive, l'euthanasie préconisée par Wylm[1].

Il semble que la mort effraye certains criminels; le Dr Gustave Le Bon affirmait, en 1881, les choses suivantes :

« En même temps que les récidives augmentent et que sous l'influence des idées humanitaires le seul châtiment vraiment redouté des criminels, la peine de mort, est de plus en plus rarement appliquée, le nombre des grands crimes augmente rapidement. »

Il donnait les chiffres que voici :

	Crimes, assassinats, blessures, etc.	Exécutions.
1872	1.884	26
1873	1.954	15
1874	1.972	13
1875	2.023	12
1876	2.101	8

On peut comparer ces chiffres à ceux-ci, qui sont plus récents; mais ils ne comprennent que les crimes les plus graves, c'est-à-dire le parricide, l'empoisonnement, l'assassinat, l'infanticide, le meurtre, les coups et blessures ayant entraîné la mort sans intention de la donner :

1. *Morale Sexuelle*, p. 277 et suiv.
2. *La Question des criminels, Rev. Phil.* 1881, 535.

	Crimes.	Condamnations à mort.	Exécutions.
	—	—	—
1898.	599	19	10
1899.	583	20	6
1900.	628	11	1
1901.	562	20	3
1902.	583	9	1
1903.	623	15	1
1904.	592	15	1
1905.	608	18	4
1906.	883	29	0
1907.	»	41	0

Il est difficile de tirer des conclusions précises de ces statistiques ; je ne crois pas que l'on puisse affirmer avec certitude que l'augmentation de la grande criminalité soit en raison directe de la diminution du nombre des exécutions capitales[1]. Il est tout au moins difficile de le démontrer au moyen des statistiques, quoiqu'il soit permis de penser que les criminels, ne redoutant plus la peine de mort, soient moins retenus par la crainte.

Rien n'est plus difficile à interpréter qu'une statistique criminelle; les renseignements sociologiques donnés par elle sont d'une importance considérable, mais les causes qui produisent les variations constatées sont tellement complexes, que beaucoup d'entre elles peuvent échapper au classement; le chef actuel des services statistiques

1. Voy. à ce sujet les graphiques annexés au rapport annuel sur la statistique criminelle, 1898.

au ministère de la Justice, continuateur de Tarde, M. Yvernès, a introduit des améliorations dans les tableaux et dans les indications du compte criminel ; on doit l'en féliciter. Il sait qu'il lui reste encore beaucoup à faire, et il est à désirer que les services statistiques soient mieux dotés ; leurs ressources actuelles sont insuffisantes.

La grosse difficulté, en criminologie, réside dans la complexité des causes qui déterminent les phénomènes constatés ; l'augmentation de la criminalité, par exemple, ne dépend certainement pas de la seule inapplication de la peine de mort, car elle s'observe dans les pays qui l'appliquent ; nous aurons à reconnaître que l'insuffisance de la police urbaine et rurale est un facteur dont l'action est infiniment plus sérieuse. C'est moins la gravité de la peine qui arrête le criminel, que la certitude de ne pas échapper à la justice ; il y a du joueur dans le délinquant, et le risque est un élément qu'il sait apprécier. Il me semble que l'on ne tient pas un compte suffisant de ce caractère psychologique du criminel ordinaire ; les chances qu'un assassin a d'échapper aujourd'hui à la peine capitale sont telles, que je ne suis pas convaincu de l'effet intimidatif de cette peine.

Elle demeure cependant le meilleur moyen d'éliminer du corps social un individu dangereux ; à ce point de vue, elle a des avantages. Je me range complètement à l'avis exprimé par Enrico

Ferri dans la première édition française de sa *Sociologie criminelle*, et je lui emprunte cette citation (p. 528) :

« La peine de mort selon moi est écrite par la nature dans tout l'univers et à chaque instant de la vie universelle. Et quant au droit, elle n'y répugne pas, car lorsque la mort d'autrui est absolument nécessaire, elle est légitime, comme dans les cas de défense directe, individuelle ou sociale : ce qui est aussi admis par des abolitionnistes classiques comme Beccaria et Carrara.

« ... Ce serait donc en accord avec les lois naturelles, une sélection artificielle, faite par la société humaine, par l'élimination des individus antisociaux et non assimilables. »

Ferri fait des réserves sur l'exagération possible de ces conclusions et pense que la déportation ou l'internement perpétuel peuvent remplacer la peine capitale, mais il ajoute :

« Si l'on veut tirer de la peine capitale la seule utilité positive qu'elle ait réellement, c'est-à-dire la sélection artificielle, alors, il faut avoir le courage de l'appliquer sérieusement, dans tous les cas où elle serait nécessaire à ce point de vue, c'est-à-dire à tous les criminels-nés, auteurs des crimes de sang les plus graves... En Italie, il faudrait exécuter 1.000 individus chaque année, et, en France, à peu près 250 au lieu des 7 ou 8 qu'on exécute tous les ans (p. 531). »

Le seul reproche que je ferais à Ferri est de considérer la mort infligée par nécessité ou simple utilité sociale comme une peine; j'aime mieux le système de Wylm, qui écrit (*Mor. Sex.*, p. 279) :

« Est-ce à dire que je condamne la peine de mort? Oui et non. Je la trouve critiquable quand on en fait une peine, quand on lui donne l'apparence d'un acte de justice et d'un châtiment. Elle me paraît tout à fait inique dans ce cas et j'applaudis à tout ce que ses adversaires ont dit et écrit contre elle.

« Mais la mort ne me répugne pas dès qu'elle cesse d'être une peine. »

Wylm, plus logique, ne limite pas l'élimination sociale au criminel-né; il l'étend à l'aliéné et à tous êtres asociaux ou antisociaux; en bonne logique, il a raison, car il est difficile de faire une distinction entre l'aliéné, l'idiot et le criminel-né, fruits également irresponsables de reproductions impures.

En résumé, si nous reconnaissons une utilité certaine à la peine de mort, conservons-la, mais enlevons-lui l'appareil barbare qui l'accompagne et l'aggrave; n'en faisons pas un spectacle indigne de notre civilisation, épargnons au condamné des angoisses inutiles. Que la mort soit un sommeil imprévu pour lui.

B. — Les Travaux forcés, la Réclusion, l'Emprisonnement.

Après la peine capitale, nous rencontrons, dans l'échelle de nos punitions sociales, les travaux forcés ; c'est un châtiment que la loi voulait faire plus redoutable que la réclusion, mais la pratique en a fait un régime infiniment préférable. La transportation à la Nouvelle-Calédonie a longtemps paru un véritable bienfait aux condamnés, et — que l'on me permette de citer mes souvenirs — je vais en donner un exemple emprunté à mon expérience professionnelle. Il n'a qu'une valeur anecdotique, mais cependant il révèle très clairement l'opinion des criminels sur la peine des travaux forcés, à cette époque (1885).

J'avais requis contre un voleur qui avait commis quelques méfaits passibles de la cour d'assises ; son avocat avait plaidé les circonstances atténuantes et essayé d'apitoyer le jury et la cour ; quand le président demanda à l'accusé s'il avait quelque chose à ajouter à la plaidoirie de son défenseur, l'accusé se leva et parla. Il fondit en larmes et supplia le jury de le condamner sans circonstances atténuantes : « Si je vais en prison, dit-il, j'en sortirai sans ressources, je ne pourrai plus trouver de travail et je serai forcé de recommencer à voler ; si je vais au bagne, je puis espérer obtenir par ma bonne conduite une concession et l'autorisation de faire venir ma famille; je pourrai refaire ma vie et être heureux. » Le jury fut touché et lui refusa les circonstances atténuantes. Cela se passait à Périgueux.

A Bordeaux, quelques années auparavant, j'avais assisté aux débats d'une grave affaire d'assassinat; on avait dû faire revenir de la Nouvelle-Calédonie un condamné aux travaux forcés dont le témoignage était nécessaire; ce malfaiteur comparut en costume de planteur et fit à ses codétenus le plus grand éloge de la douceur du bagne.

Cette opinion était d'ailleurs si bien fixée dans l'esprit des criminels, que l'on a été contraint de faire une loi spéciale (25 décembre 1880) pour obliger les détenus à subir, dans la prison même où ils les avaient commis, les crimes justiciables des travaux forcés; les détenus frappaient de coups de couteaux les gardiens ou leurs camarades pour être expédiés au bagne, séjour pour eux préférable à la prison métropolitaine. Je n'ai pas besoin de dire combien l'humanitarisme exagéré dont l'administration avait fait preuve en faveur des forçats était regrettable, malgré l'excellent sentiment qui l'inspirait.

Les travaux forcés n'effraient plus les criminels et le désir d'y être condamné a été souvent le motif de nouveaux crimes; on ne peut faire une plus sévère critique du système.

On peut en dire autant de la réclusion, actuellement la peine la plus redoutée peut-être des criminels ordinaires, et de l'emprisonnement. L'emprisonnement est devenu pour certains délinquants une sorte de villégiature économique; la prison est un hôtel, dans lequel l'aubergiste paie ses pensionnaires. Vagabonds et mendiants surtout s'y font volontiers enfermer pendant la mauvaise saison ; voici encore une anecdote qui servira d'illustration à cette opinion; j'étais substitut au tribunal de Périgueux, il y a vingt-cinq ans de cela, quand on m'amena un individu qui avait, sans aucun motif autre que celui de se faire arrêter, brisé à coups de pierres la coûteuse glace d'une devanture de magasin ; le délinquant répondit fort poliment à mes questions et me demanda, son interrogatoire fini — il était en flagrant délit — pour combien de temps il serait envoyé en prison.

— Pour une huitaine de jours, répondis-je.

— Ce n'est pas assez, reprit mon délinquant, il me faudrait uue plus longue condamnation. J'insulterai le tribunal.

— Ne faites pas cela, vous auriez une peine trop sévère.

Mon homme ne répliqua pas ; je comprenais son but, nous étions au commencement de l'hiver. Il passa devant le tribunal correctionnel et fut condamné à huit jours de prison ; cela ne le satisfaisait pas. Il s'approcha des juges et demanda doucement à quelle peine il avait été condamné.

— A huit jours de prison, répondit le président.

— Alors, m... pour le tribunal, cria le vagabond, sans la moindre colère.

On pourrait multiplier ces exemples; ils sont familiers aux magistrats. Ils démontrent deux choses, d'abord que notre prétendue égalité des peines est un trompe-l'œil, ensuite que certaines de nos peines n'en sont pas, pour des catégories nombreuses de criminels. Le fils de famille qui est contraint de passer un ou plusieurs mois en prison subit un châtiment, éprouve une souffrance; le vagabond, hôte ordinaire des meules de paille ou des fossés des routes, ne regrette que l'air et l'espace libre; il trouve tout le confort désirable dans la maison de détention. Si nous voulons que l'emprisonnement soit redouté des criminels, sans distinction, il faut en faire quelque chose de désagréable; c'est l'évidence même. Les idées trop humanitaires sont quelquefois aussi belles que nuisibles.

C. — L'Amende.

L'amende que nous trouvons au dernier degré de nos peines est encore un leurre; 76 fois sur 100, elle équivaut à l'impunité absolue, et constitue un privilège à rebours, comme nous en observons aujourd'hui quelques-uns, car notre pays n'a pas le sentiment de l'égalité vraie, qui est relative, ainsi que toute chose humaine, et non pas absolue. Condamner un insolvable à l'amende, c'est une des meilleures plaisanteries que puisse dissimuler le masque austère de la justice.

J'indiquais tout à l'heure que 8 fois sur 10 le condamné à l'amende ne payait pas. Il ne faut pas s'imaginer que ce soit une invention; voici les chiffres que j'emprunte à la statistique ministérielle :

	Amendes prononcées.	Sommes recouvrées.	P. 100.
	fr.	fr.	
1901.	6.935.343	2.274.327	32
1905.	9.715.786	2.407.447	24
1906.	7.699.031	2.041.011	26

La proportion des recouvrements est intéressante à noter dans sa marche descendante :

1900.	»
1901.	32 °/o
1902.	30
1903.	29
1904.	26
1905.	24
1906.	26

La contrainte par corps, procédé de recouvrement que je n'apprécie pas, car il est illogique, est elle-même de moins en moins employée; les magistrats y répugnent d'ailleurs en général; en

1900, on a contraint par corps 31.089 condamnés; en 1905, 27.321; en 1906, 21.019.

D. — La Relégation, le Sursis, la Libération conditionnelle.

L'examen que nous venons de faire de nos principales peines, nous montre qu'elles ne sont pas telles qu'elles devraient être, pour présenter les caractères d'efficacité que nous avons exigés de toute peine; on peut en dire autant des peines accessoires, sauf pour la rélégation, qui manque dans beaucoup de cas de proportionnalité; cette peine, qui s'exécute presque exclusivement en Guyane désormais, est assez redoutée, car elle équivaut quelquefois à une condamnation à mort; la survie des relégués à la Guyane n'est pas satisfaisante[1].

1. Voici les derniers renseignements que fournit la statistique publiée par le Ministère des Colonies; je les dois à l'obligeance du directeur des services pénitentiaires, M. Schmidt.

	Nombre des relégués.		Mortalité.		Proportion %.		Accidents.		Suicides.	
	G.	N.C.	G.	N.C.	G.	N.C.	G.	N.C.	G.	N.C.
1898..	2939	3159	240	100	8,2	3,2	10	4	6	»
1899..	3085	3020	317	78	10,3	2,6	8	3	3	3
1900..	3287	3014	514	94	15,7	3,1	4	3	3	3
1901..	3394	2800	331	116	9,8	4,1	11	9	3	3
1902..	3723	2699	201	72	5,4	2,7	16	16	6	»

Le chiffre élevé de la mortalité à la Guyane ne dépend pas uniquement des mauvaises conditions climatériques, mais

Le mal ne s'arrête même pas là ; il existe dans nos lois deux mesures, excellentes en principe, mais dont l'application est l'occasion de certains autres abus, non moins nuisibles que ceux dont je viens d'indiquer la nature.

La loi de sursis permet aux juges de décider que la peine prononcée sera exécutoire conditionnellement, et ne sera subie qu'en cas de nouvelle condamnation ; c'est une disposition excellente ; elle fait le plus grand honneur à son initiateur, M. le sénateur Bérenger ; elle porte son nom, et c'est justice. Son but est d'augmenter l'action moralisatrice de la peine, qui demeure suspendue, comme une menace, sur la tête du condamné ; ce dernier sait que s'il se conduit bien pendant cinq ans, il ne sera pas incarcéré ou ne paiera pas l'amende. On comprend d'abord que le sursis au paiement de l'amende doit être une mesure excep-

aussi du fait que la mortalité frappe les transportés principalement pendant la période de leur acclimatation, soit environ les deux premières années, avec un maximum dans les premiers six mois. Depuis 1897 les relégués ne sont plus transportés à la Nouvelle-Calédonie. La proportion élevée des décès en 1900 à la Guyane est due à l'influenza, qui a fait à cette époque sa première apparition dans la colonie, et à de grandes pluies qui ont amené une recrudescence de fièvres paludéennes. La moyenne de la mortalité de 1898 à 1902 est de un sur dix. Elle reste considérable, soit 1603 décès en cinq ans.

La proportion monte à plus de 12 °/₀ si l'on tient compte de la population moyenne, déduction faite des évadés repris au cours de l'année.

tionnelle, réservée à des cas extrêmement rares; mais les juges, auxquels des critiques bien informés reprochent leur férocité, sont entraînés par le courant de faiblesse indulgente dont notre société subit l'action. Beaucoup de tribunaux accordent la loi Bérenger, systématiquement, à tous les condamnés primaires, c'est-à-dire à tous ceux qui en sont à leurs premières difficultés avec la justice; cette indulgence est contraire à l'esprit de la loi, qui n'a pas eu pour objet d'assurer l'impunité aux coupables n'ayant encore jamais été condamnés, mais d'aider au relèvement des délinquants susceptibles d'amendement; l'amende est une peine trop légère pour que sa suspension puisse jamais avoir l'effet que la loi veut faire produire au sursis.

D'autre part, les tribunaux, en accordant sans discernement le bénéfice du sursis à l'exécution, laissent s'accréditer dans l'opinion que tout délinquant primaire a droit à cette faveur : rien n'est moins exact. D'une manière générale, elle doit être accordée seulement aux criminels d'occasion susceptibles de récidiver; les peines auxquelles elle s'applique doivent être suffisamment sévères pour que la menace de leur exécution constitue une forte inhibition. Il est dangereux de suspendre l'exécution des courtes peines prononcées contre des coupables dont la récidive est improbable; cela est surtout vrai de certaines infractions commises par la jeunesse des écoles; les étudiants qui rossent leurs camarades, et accessoirement le guet, ne récidivent pas; si les tribunaux leur laissent croire que leur première comparution en justice ne sera pas suivie d'une condamnation exécutée, l'opinion se répandra vite, dans ce milieu intelligent et turbulent, que l'on peut sans trop d'inconvénients se livrer à des manifestations troublant l'ordre public, pourvu qu'on ne le fasse qu'une fois. D'où résulte la possibilité d'une récidive particulière, qui n'est pas individuelle, mais qui est une sorte de récidive de classe ou de catégorie. La loi Bérenger, accordée dans de semblables conditions, est une faute.

Une seconde mesure, non moins digne d'éloges que la loi de sursis, est la libération conditionnelle; elle a pour but, comme la précédente, l'amendement du criminel condamné; c'est une prime au repentir et à la bonne conduite en prison. Il est évident qu'elle doit être réservée à ceux-là seulement dont l'amendement est possible et qu'elle ne doit pas être transformée en un simple moyen de diminuer le nombre de détenus pour diminuer en même temps les frais de leur entretien. Or, il arrive souvent que l'administration se préoccupe moins de l'amendement du condamné que de son élimination budgétaire; c'est l'unique explication que l'on puisse trouver aux fréquentes propositions faites en faveur de récidivistes endurcis et *relégués*. L'abus de la libération conditionnelle a pour conséquence de rendre encore plus faible l'action inhibitrice des peines.

§ 4. — L'ACCROISSEMENT DE LA CRIMINALITÉ.

En résumé, de quelque manière que nous envisagions notre système pénal actuel, nous y observons des vices qui en rendent le fonctionnement très défectueux : douceur exagérée des peines, traitement trop lénitif des condamnés, réductions trop faciles de la durée de ces peines.

Il en résulte que la criminalité augmente. Le rapport adressé par le garde des sceaux au Président de la République, à l'occasion de la statistique criminelle de 1905, rapport présenté en 1907, contient les appréciations suivantes :

« Au premier rang des crimes contre les personnes présentant un notable accroissement, on remarque d'abord les meurtres : 163 accusations en 1901 et 274 en 1905, soit 68 °/₀ d'augmentation. Le nombre des assassinats a diminué de 11 unités par rapport à 1904, mais augmenté de 19 relativement à 1901. La moyenne, qui n'atteignait pas 150 de 1901 à 1903, est de 174 pour les deux dernières années... Si, pour les meurtres et les assassinats, on ajoute aux accusations jugées les affaires qui ont été abandonnées à la suite de classements ou d'ordonnances de non-lieu, on obtient pour 1905 un total de 1.075 crimes (au lieu de 795 en 1901).

« Cette recrudescence des crimes de sang, qui se dégage si nettement de l'examen des chiffres, pourrait, si elle persistait, devenir inquiétante. » (Rapport, p. XIX.)

Il y a, dans toutes nos défenses contre le crime, des signes manifestes de relâchement. Il n'y a pas que les peines qui s'adoucissent et s'abrègent, magistrats, police, gendarmerie, toute la hiérarchie des fonctionnaires chargés de nous protéger contre les malfaiteurs, s'endort et ferme les yeux. Les parquets poursuivent de moins en moins, à mesure que le nombre des affaires augmente.

Voici les choses que nous révèle la statistique officielle :

Moyenne des affaires dénoncées aux parquets et laissées sans poursuites pour une raison quelconque.

	Affaires.	Affaires impoursuivies.	P. 100.
	—	—	—
1881-85	422.983	225 680	53
1886-90	461.089	250.347	54
1891-95	520.915	287.744	55
1896-00	514.761	294.394	56
1901	525.457	316 051	60
1902	523.641	319.213	60
1903	529.085	321.014	60
1904	543.636	330 485	60
1905	551 893	339 517	60
1906	549.356	339.287	60

Quand on analyse les éléments dont se compose le nombre des affaires impoursuivies, deux facteurs méritent de retenir l'attention ; le premier est le chiffre des crimes et délits dont les auteurs sont demeurés inconnus ; c'est le nombre des malfaiteurs qui ont réussi à commettre leurs infractions sans être découverts. L'augmentation du nombre des affaires classées pour ce motif revèle l'insuffisance des moyens d'action sociaux pour la découverte des crimes ; insuffisance de la police urbaine et rurale.

L'accroissement du chiffre de ces affaires est énorme depuis 1881 ; il passe de 64.112 à 101.151 en 1903[1]. L'augmentation proportionnelle par rapport au nombre total des affaires impoursuivies revèle l'ascension suivante :

1881-85. . . .	29 °/o	1902.	31 °/o
1886-90. . . .	31	1903.	32
1891-95. . . .	31	1904.	32
1896-00. . . .	31	1905.	33
1901	30	1906.	31

Un second chiffre indique la vigilance et la sévérité des Parquets : c'est celui des affaires classées sous la rubrique de « faits sans gravité ». Il semble, à mesure que la Magistrature perd sa traditionnelle gravité, que les faits dénoncés à sa surveillance perdent également la leur ; de 1881 à

1. 105.714 en 1904, 107.710 en 1905, 106.177 en 1906.

1903, la proportion des affaires impoursuivies s'est élevée, de ce chef, du nombre de 23.796 (moyenne 1881/85) à 46.708 en 1903, passant de 10 °/₀ à 15 °/₀.

« C'est le signe d'une situation fâcheuse », dit le rapport de 1907 que j'ai déjà cité (p. XVI) : et M. le Garde des Sceaux s'exprimait ainsi avec une mélancolie officielle et discrète :

« L'élévation continue du nombre réel des affaires classées ou suivies d'ordonnances de non-lieu n'en reste pas moins, par elle-même, digne de la plus grande attention... L'augmentation de 10 à 15 °/₀ des procès-verbaux (et plaintes particulières, devrait-on ajouter) laissés de côté par les Parquets à raison du peu de gravité des faits, pourrait, bien que légère, être interprétée dans ce sens qu'une indulgence de plus en plus grande guide trop souvent les décisions des magistrats (p. XX du rapport sur 1903).

« Par les statistiques des affaires classées, je reconnais qu'il est très difficile de mesurer le degré de vigilance des Parquets. L'insuffisance notoire de la police municipale, la multiplicité des occupations de la gendarmerie et bien d'autres faits encore, sont autant de causes qui contribuent à rendre la surveillance trop souvent illusoire et à laisser les recherches sans effet (*ibid.*)[1] ».

1. C'est à ce danger que la création des brigades mobiles de police doit parer. Cette mesure me paraît excellente.

Ces constatations officielles se passent de commentaires. Elles comportent une conclusion que j'emprunterai aux mêmes sources, par l'intermédiaire de M. Garraud ; ce criminaliste, dont les travaux honorent l'école française, s'exprimait ainsi au Congrès de l'Union internationale de Droit Pénal (Saint-Pétersbourg, 1902, Bull. XI, 98) :

« Un système de répression n'a de valeur que par ses résultats. Or, deux faits généraux donnent à la criminalité du XIXe siècle, dans presque tous les pays de l'Europe, sa physionomie spéciale et caractéristique. D'un côté, c'est l'augmentation progressive et parallèle de la criminalité et de la récidive. De l'autre, c'est la disproportion entre l'accroissement de la récidive et celui de la criminalité... Si la proportion élevée des récidivistes parmi les criminels est un symptôme rassurant de notre état social, en ce qu'il révèle la localisation et la spécialisation du crime, ce fait est la critique la plus sanglante de notre système répressif. Avec l'un des rapports annuels sur la statistique française, nous devons répéter : « L'inefficacité de la peine au triple point de vue de la « correction, de l'intimidation et de l'exemple, res- « sort chaque jour davantage des indications de la « statistique. »

Tous les spécialistes sont d'accord pour condamner notre système pénal ; les avis diffèrent dès qu'il est question de trouver le remède. M. Garraud, et beaucoup d'autres criminalistes pensent que la peine est un moyen relativement inférieur aux autres ressources dont l'emploi est possible dans la lutte contre le crime. J'en doute ; en tout cas, je ne crois pas que l'on puisse trancher la difficulté en jugeant la répression d'après notre étalon actuel. Nos peines ne sont pas de véritables peines. On a rendu plus redoutable qu'autrefois celle des travaux forcés, car on expédie en Guyane les condamnés ; le climat de cette colonie est malsain, la surveillance y est souvent difficile. Cette réserve faite, nous pouvons dire, sans crainte d'être démentis, que nos prisons n'ont pas un régime assez rigoureux.

Si nous analysons notre système répressif d'après les règles générales que nous avons posées tout à l'heure, nous reconnaîtrons bien vite les principales défectuosités de nos peines. Laissons de côté la proportionnalité des peines, que l'on réalise approximativement ; examinons au contraire leur action moralisatrice, correctrice, leur individualisation : nous constaterons les plus graves défauts.

Loin de moraliser les délinquants, nos peines les corrompent. C'est un fait avéré pour tous ceux qui ont eu à observer des criminels. La corruption se manifeste dans toutes les directions ; au point de vue des mœurs, on peut malaisément imaginer ce qu'est une prison à dortoirs communs ; j'en connais bien une, qui se trouvait dans mon ressort alors que je dirigeais le Parquet de Saumur ; malgré les efforts incessants de l'administration, les choses les plus répugnantes se passaient dans les grandes salles ou les détenus couchaient. D'autre part, les criminels perfectionnent leur instruction technique dans les prisons, qui se transforment en écoles ; les moyens de forcer un coffre-fort, de fabriquer des rossignols perfectionnés, les projets de pillages à réaliser à la libération, tout cela est préparé par l'éducation mutuelle des prisons en commun. On pourra consulter à ce sujet l'article publié par les Archives d'Anthropologie criminelle en 1899, sous la signature de Geôlard (p. 367 et 417) et le livre du Dr Laurent, *Les habitués des prisons de Paris* (Paris et Lyon, Storck).

Les prisons cellulaires offrent moins de dangers, mais elles ne sont pas complètement étanches. Elles sont encore assez rares[1]. Il ne faut d'ailleurs pas croire que l'encellulement empêche toutes communications entre les détenus ; l'article de Geôlard donne de nombreux exemples du contraire. La pratique de la vie judiciaire démontre que nos peines sont aussi peu moralisatrices que possible.

Agissent-elles comme correction? Pas davan-

1. Une sur sept environ.

tage; la plupart de nos prisons corrigent moins encore qu'elles ne moralisent; tous les spécialistes sont d'accord sur ce point. Le Dr Gustave Le Bon écrivait déjà en 1881 (*op. cit.*, p. 535-536) :

« Que la société se venge de l'offense commise par un criminel en l'enfermant, ce procédé enfantin est son droit; mais elle ne doit pas oublier, en même temps, que cette vengeance, elle la paiera fort cher, et que le criminel qui n'était souvent que faiblement à craindre pour elle avant d'être entré en prison, sera toujours devenu fort dangereux quand il en sera sorti.

« ... Que les prisons puissent améliorer un criminel, c'est là une de ces idées qui ne trouveraient plus de défenseurs aujourd'hui parmi les personnes compétentes. »

Ce jugement est plus vrai actuellement qu'il ne l'a jamais été. Non seulement la peine ne corrige pas, mais encore elle n'effraye pas, elle n'a aucun effet d'intimidation; cela tient à la douceur exagérée du régime des prisons; il serait facile d'en citer qui sont mieux aménagées que les casernes où nous logeons nos soldats; la prison de Fresnes a coûté plus de huit millions, m'assure un ancien ministre; je n'ai pas vérifié cette indication, mais il est certain que les aménagements y sont excellents et semblent laisser aux détenus un goût de *revenez-y*. Comment espérer intimider un criminel par la crainte d'un emprisonnement confortable? Cela est illogique. Il n'est donc pas surprenant que le résultat cherché ne soit pas obtenu.

La relégation est une peine redoutée des criminels ; son application correspond à une diminution marquée de la récidive, quoiqu'on en ait dit ; de 1894 à 1903, par exemple, le nombre des condamnés récidivistes s'est abaissé de 106.234 à 84.234, soit une diminution de près de 20 °/₀. Il semble que l'amélioration ne persiste pas ; cela coïncide avec un relâchement notable dans l'application de la loi de 1885, dû autant à l'indulgence des magistrats qu'à celle de l'administration ; on est autorisé à penser que la relégation, non seulement agit comme peine éliminatrice, mais aussi comme peine intimidante.

Notre système, enfin, ne tient aucun compte de l'individualisation de la peine ; dans quelque sens que l'on prenne cette expression, la peine n'est pas individualisée.

D'abord, elle ne frappe pas uniquement le coupable ; l'emprisonnement du chef de famille retentit durement sur sa femme et ses enfants, ou sur de vieux parents qui dépendent de lui ; rien n'est plus attristant que de voir, au moment où il faut faire exécuter la peine, la femme, la mère, les enfants du condamné venir supplier les magistrats d'accorder au condamné un sursis, généralement demandé pour éviter la misère imminente. Il est visible que la peine subie par le chef de famille sera également une peine pour les siens ; il arrive souvent alors que les municipalités soient obligées d'assister la famille du détenu ; de cette manière, non seulement les frais de l'entretien du condamné resteront à la charge de la collectivité, mais encore ceux de la subsistance de sa famille seront supportés par la société ; on voit combien cela est illogique. Ce cas s'observe souvent pour les braconniers de chasse et de pêche, pour les contrebandiers, pour les menus voleurs de récoltes.

A un autre point de vue, l'individualisation de la peine n'existe pas, sauf dans une certaine mesure en matière de délits et de crimes politiques. Que l'on condamne un vagabond ou un membre du Jockey-Club, le régime sera identique ; ce qui sera une véritable peine pour l'un, n'en sera pas une pour l'autre[1]. De même, que l'on ait à juger un criminel d'habitude ou un criminel

1. Exception faite de la période de détention préventive, le prévenu subit ainsi une partie de sa peine avec un régime spécial, celui du prévenu toujours supposé innocent, car la détention préventive s'impute sur la durée de la peine. Il est autorisé à se faire servir à part, à avoir une cellule à lui ; il est à la pistole, et la prison, s'il peut payer, est une sorte d'hôtel ; autre cause d'inégalité, sans compter la surcharge de travail inutile qu'entraînent pour les cours d'appel, les appels faits, pour la cour de cassation, les pourvois formés, uniquement pour prolonger la durée du régime de la prévention.

d'occasion, on ne disposera que de deux régimes, emprisonnement ou amende. Or, il y a de nombreuses catégories de délinquants auxquels ce régime est inapplicable, si l'on veut réellement modifier le condamné; il en est ainsi particulièrement des *dégénérés* souvent fort accessibles à l'action intimidante de la peine, si celle-ci est sérieuse. J'ai montré que notre système actuel aboutissait nécessairement à la prononciation d'une peine atténuée pour ces condamnés à responsabilité atténuée également. J'ai essayé de faire voir l'absurdité de cette inévitable conséquence.

§ 5. — LES RÉFORMES NÉCESSAIRES.

Comment remédier aux imperfections non contestées de nos lois pénales ? Plusieurs systèmes sont en présence. Il serait trop long de les examiner en détail ; l'étude de la prévention du crime et de sa répression demanderait à elle seule un gros volume. Les idées les plus intéressantes sont les suivantes :

Ferri a montré l'action des *substitutifs pénaux*, c'est-à-dire des mesures préventives résultant de l'action des lois, de la religion, des coutumes ; il y a, dans ce qu'il dit, beaucoup de vérité, mélangée à beaucoup de théories qui ne semblent pas appuyées par les faits. En réalité, ses « *sostituvi penali* » ne sont que des mesures de prévention, non de véritables remplaçants de la pénalité. J'ai montré dans quelle direction devaient être faits les efforts préventifs pour qu'ils soient effectifs. Je me bornerai à indiquer maintenant les modifications dont notre régime pénal pourrait être l'objet.

La criminalité des dégénérés a été surtout étudiée; on a reconnu depuis longtemps le peu de logique de nos peines appliquées à des délinquants qui ne sont pas tout à fait des individus normaux; Grasset propose pour eux un système mixte, à la fois curatif et répressif. Il voudrait que l'on infligeât à ces demi-responsables une peine atténuée et qu'on les internât ensuite dans un asile où ils seraient soumis à une surveillance et à un traitement appropriés, sous la direction de médecins compétents. Cet internement serait prononcé par les juges, mais sa durée serait indéterminée; il ne prendrait fin que lorsque le médecin, ou une commission médicale, jugeraient que l'interné est guéri et qu'il ne récidivera pas.

Ce système serait évidemment préférable aux combinaisons actuelles; il permettrait aux médecins spécialistes ou spécialisés de faire une thérapeutique psychique intelligente et d'individualiser la peine selon le tempérament de chaque délinquant; il aurait un inconvénient sérieux, résultant de la dépense considérable qu'entraineraient la construction, l'aménagement et l'entretien des maisons spéciales de détention, ainsi que le traitement des médecins et des gardiens. Il ne semble pas possible de réaliser ce progrès, puisque le corps médical ne peut même pas obtenir la création d'asiles spéciaux pour les aliénés criminels, asiles dont la nécessité est cependant urgente.

Il faut reconnaître toutefois que les criminalistes les plus autorisés, tels que Feuilloley, Garraud, Prins, Ferri et bien d'autres, sont disposés à recommander ce système ou un système analogue. On désigne ce mode de répression sous le nom de « sentence indéterminée ». Le juge, d'une manière générale, ne statuerait pas sur la durée de la peine ; tout au plus pourrait-il fixer, soit un minimum, soit un maximum ; encore, à l'expiration du délai maximum, l'interné devrait-il être examiné par des experts qui prononceraient sur sa mise en liberté. La peine serait ainsi éminemment moralisatrice et correctrice, mais elle cesserait d'être proportionnée à l'infraction, n'étant graduée, en principe, que sur le degré de nocivité du criminel. Je ne conteste pas la valeur théorique de ce système, mais je doute de sa valeur pratique. Appliqué à toutes les catégories de délinquants, il serait encore plus coûteux que dans le cas précédent, où il est limité aux demi-responsables ; c'est une objection pratique assez sérieuse ; on peut d'ailleurs lui faire d'autres critiques ; la principale est qu'il permet l'arbitraire ; je ne crois pas plus à l'infaillibilité du médecin qu'à celle du magistrat. De plus, si l'on juge de son fonctionnement éventuel d'après celui des asiles actuels, on peut redouter que les commissions médicales, poussées par le désir très légitime de ne pas trop grever le budget, ne soient favorables à la libération de beaucoup d'internés non corrigés, comme cela se voit journellement pour les aliénés. Enfin, comment saura-t-on que le criminel est *guéri ?* Dans l'asile, il sera mis à l'abri du besoin, de l'alcool, des tentations de toute nature qui l'assailleront dès qu'il sera libre. Pourra-t-on jamais être certain que la guérison persistera au milieu de ces sollicitations diverses?

Quant au criminel d'habitude, son sort sera définitivement scellé; il sera interné à perpétuité. Il suffira de quelques infractions, comme des vols peut-être légers, pour que sa vie entière soit vouée à l'emprisonnement.

On voit combien le problème est difficile à résoudre : la position de la question suffit à faire varier la solution cherchée; si l'on se préoccupe avant tout de l'intérêt social, le système de la peine indéterminée est le meilleur; si l'on tient compte du délit et du délinquant, il peut paraître injuste. Actuellement les tendances de la plupart des criminalistes sont orientées vers une protection sociale plus effective, et il semble que l'opinion publique soit impressionnée de la même manière ; cela explique la faveur dont jouit dans le monde scientifique la sentence indéterminée.

Les anthropologistes criminels ne reculent pas devant la séparation des criminels incorrigibles du reste des citoyens ; M. Cainer a soutenu cette opinion au Congrès de Turin (1906).

Une chose est certaine, c'est que les criminels ne doivent pas être traités tous de la même façon ; que peut-on songer à faire pour assurer pratiquement et sans des dépenses impossibles à réaliser, la défense sociale ?

Il faut d'abord éviter les courtes peines, surtout pour les dégénérés ; il faudrait éviter ensuite de confondre, dans les mêmes établissements, les criminels corrigibles et les incorrigibles ; l'administration pénitentiaire compte un nombre considérable de fonctionnaires instruits et compétents, elle pourrait, sans trop de difficultés, spécialiser certaines prisons et les affecter aux occasionnels, on éviterait ainsi leur contamination définitive ; enfin, il faudrait résolument exécuter la loi du 5 juin 1875, supprimer les prisons non cellulaires, et le faire immédiatement, car c'est une abomination que d'enfermer ensemble nos détenus.

Il serait ensuite nécessaire de réduire les cas dans lesquels l'emprisonnement serait prononcé, particulièrement en ce qui concerne les jeunes délinquants ; on a signalé l'augmentation de la criminalité juvénile ; elle paraît probable, quoique les statistiques ne la révèlent pas clairement et semblent même indiquer un phénomène contraire ;

je crois que cette apparence dépend de la multiplication des œuvres protectrices de l'enfance coupable, œuvres dont on ne saurait exagérer les bienfaits.

Ce qui rend vraisemblable cette hypothèse, c'est la comparaison entre le nombre relatif des délinquants mineurs de 16 ans et celui des délinquants de 16 à 21 ans.

Voici ces chiffres empruntés à la statistique officielle :

	Mineurs de 16 ans prévenus.	De 16 à 21 ans.
	—	—
1881	5.487	28.281
1899	5.381	30.981
1900	4.565	29.270
1901	5.006	29.351
1902	4.567	30.344
1903	4.852	32.300
1904	4.800	34.734
1905	4.371	30.853[1]
1906	5.419	28.708

La première catégorie accuse une diminution d'environ 11 °/₀, la seconde une augmentation de près d'un quart (6.453) depuis *1881* ; or, la protection s'étend surtout aux mineurs de 16 ans. On ne peut songer à envoyer dans des patronages les jeunes gens âgés de plus de 16 ans, ils ont déjà

1. Depuis 1905 ce nombre est celui des *individus* : jusque-là le mineur figurait dans la statistique autant de fois qu'il avait été poursuivi.

de mauvaises habitudes et l'éducation a moins de prise sur eux.

Que fait-on pour les punir? On les envoie en prison où ils achèvent de se corrompre; on les emprisonne le plus souvent avec des criminels plus âgés qu'eux, et alors ils se perfectionnent dans le crime, se dégradent dans le vice et deviennent d'immondes déchets. Pourquoi ne pas imiter l'Angleterre et le Danemark? Pourquoi ne pas rétablir dans nos lois une peine corporelle quelconque?

Les objections qui sont faites au châtiment corporel sont des objections de sentiment; on parle de l'atteinte à la dignité humaine, comme si les jeunes délinquants avaient la notion de leur dignité! Quelle singulière psychologie! Nous raisonnons mal en cette matière quand nous prêtons à des délinquants nos propres conceptions, qu'ils sont loin d'avoir. Le sentiment de leur dignité d'hommes n'existe pas, on pourrait presque le dire *à priori*. La mentalité d'un jeune rôdeur de barrière ne ressemble pas le moins du monde à celle d'un membre du Parlement ou d'un dignitaire de nos sociétés de sciences pénales.

Les sentiments délicats qui se sont développés chez l'élite paraissent stupides aux jeunes criminels; ils ont un mot expressif pour désigner ceux qui les supposent aptes à comprendre les bons sentiments auxquels ils les incitent. Ce sont des *poires*. L'instinct a su déterminer chez eux les moyens les mieux appropriés à leur caractère pour les discipliner lorsqu'ils s'organisent en bandes : c'est la crainte. Leurs chefs se font obéir par la force judicieusement employée ; c'est d'ailleurs le porte-respect par excellence pour l'enfant, et tous les criminels ont une mentalité assez semblable, à certains égards, à celle de l'enfant.

Je n'hésite pas à me prononcer en faveur du rétablissement de quelque forme de châtiment corporel ; M. Lacassagne, dont la compétence n'est pas contestée, a manifesté la même opinion [1] ; il assure que c'est grâce à l'application du fouet que certaines grandes villes anglaises ont pu se débarrasser des jeunes apaches qui les terrorisaient ; Je n'ai pu contrôler les indications qu'il donne, mais je cite son opinion comme celle d'un criminaliste dont les avis font autorité. Lombroso (*Le Crime, causes et remèdes*, Paris, Alcan 1907) se prononce également en faveur des peines corporelles. En tout cas, le fouet est appliqué en Angleterre à deux ou trois mille délinquants chaque année ; les enfants de moins de douze ans ne peuvent recevoir plus de six coups de fouet ; de douze à seize, quatorze ; de seize à vingt et un ans, vingt-cinq. Je dois dire cependant que M. Spach, à la thèse duquel j'emprunte ces

1. *La Peine de Mort et la Criminalité*, p. 115.

renseignements, assure que l'opinion du législateur anglais serait moins favorable qu'autrefois à la peine du fouet, dont il a rejeté l'emploi dans les cas prévus par la loi de 1901 sur les jeunes délinquants.

Le Danemark a rétabli, non sans opposition, une peine analogue ; ce pays a été contraint de revenir aux châtiments corporels pour faire échec à l'augmentation des agressions commises principalement contre des femmes, par les malfaiteurs de Copenhague ; cette peine n'a été jusqu'ici appliquée que onze fois, d'après les renseignements qui m'ont été fournis par les soins de M. de Friis, directeur des affaires criminelles, et il n'est pas encore possible d'en apprécier les effets.

Je crois que le rétablissement d'une peine corporelle aurait des avantages, spécialement à l'égard des mineurs de vingt et un ans ; on éviterait ainsi la contamination de la prison.

Faudrait-il imiter le Danemark et autoriser l'application du fouet aux majeurs? Je n'y verrais aucun inconvénient, et je pense que l'un des plus précieux avantages de la peine corporelle est son individualisation complète ; elle n'atteint que le coupable, elle ne prive pas sa famille des fruits de son travail pendant toute la durée d'un emprisonnement souvent prolongé ; elle n'a aucune mauvaise conséquence pour la santé. Elle est économique.

J'ajoute qu'elle intimiderait beaucoup; le fait de recevoir la bastonnade ou le fouet n'est pas seulement douloureux, il est humiliant pour le criminel et offre, à ce point de vue, une action morale effective; mais je reconnais que le sentiment public n'est peut-être pas favorable actuellement à ce système répressif.

En résumé, la criminalité augmente, notre système pénal est insuffisant, tout le monde est d'accord pour le reconnaître, il est devenu urgent de mieux nous défendre; les moyens proposés par beaucoup de criminalistes, la sentence indéterminée, par exemple, soulèvent des difficultés d'ordres divers; pourquoi ne pas essayer du châtiment corporel, au moins en ce qui concerne les jeunes délinquants?

Je le répète encore, car c'est une vérité encore méconnue, il est nécessaire de considérer la mentalité et le développement intellectuel et social du criminel pour apprécier l'effet correctif ou intimidant que la peine peut avoir sur lui; il est illogique de raisonner d'après nos propres sentiments qui ne lui sont pas intelligibles dans beaucoup de cas; ce qui est pour nous la condition de l'honneur et de la dignité n'a souvent aucun sens pour lui; le criminel, et cela est particulièrement vrai du criminel d'habitude et du jeune criminel, est à l'homme socialement évolué ce que l'enfant est à l'adulte; son développement a subi un arrêt, il est dans un stade inférieur, qui le rapproche mentalement de l'enfant méchant et indiscipliné. L'expérience séculaire des sociétés humaines leur a depuis longtemps appris que la correction manuelle était un excellent moyen de redresser les mauvais penchants des enfants; que s'il existe des natures délicates, auxquelles les châtiments corporels sont plus nuisibles qu'utiles, ces natures sont exceptionnelles et qu'il est téméraire de les prendre comme types moyens ; notre système pénal a commis l'erreur que je signale, et nos meilleurs esprits sont encore enclins à la commettre; ils reconnaissent les défauts de nos lois répressives, ils déplorent leur inefficacité, mais ils ne se demandent pas si l'erreur du système ne provient pas d'une mauvaise analyse de l'âme du criminel[1]. Or, je crois que c'est là qu'est l'origine du mal dont nous nous plaignons. Nos peines sont inefficaces, par ce que dans beaucoup de cas, sinon dans tous, elles ne sont pas adéquates aux individus auxquels nous les appliquons[2].

La psychologie du criminel n'a pas de lois qui lui soient particulières, elle suit les règles com-

1. Le Dr de Fleury en a donné une analyse intéressante dans son livre *L'Ame du Criminel*. Paris, Alcan, 1898.

2. Voy. à ce sujet : Dr M. A. Legrand, *La Peine de mort et les châtiments corporels appliqués aux criminels*. Arch. d'Anthropologie criminelle, 1908, 689.

munes et obéit aux lois ordinaires de l'activité psychique; mais si les processus sont identiques, les éléments qui les déterminent sont très différents ; on ne saurait comparer la sensibilité morale d'un délinquant à celle d'un citoyen normal, pas plus qu'on ne saurait comparer leur sensibilité physiologique; l'analgésie, c'est-à-dire le manque de sensibilité à la douleur, est un des caractères signalés par Lombroso dans son type criminel. Les praticiens sont bien informés de cette particularité; les femmes coupables d'infanticide font preuve d'une incroyable énergie, qui montre que leurs réactions à la douleur sont moins fortes que chez les normales; les criminels blessés parcourent quelquefois, malgré leurs blessures, de longues distances; c'est encore là un caractère probablement atavique. Cette « hypoesthésie » physique existe dans la sphère psychique et des choses qui sont pour l'honnête homme de cuisants chagrins, laissent le criminel tout à fait insensible.

Il ne faut pas se le dissimuler, le relèvement moral des criminels d'habitude est une chimère; pour les maintenir dans l'ordre, il faut la crainte d'une douleur ou d'une souffrance, il faut autre chose que nos prisons actuelles.

Que l'on me permette un dernier exemple : les foules criminelles sont intéressantes à étudier, car elles manifestent avec plus de violence et de sincérité que les individus, les sentiments barbares et régressifs qui existent chez tous les hommes, tantôt apparents, tantôt cachés sous les alluvions de la vie morale et sociale. L'instinct de ces foules leur indique les moyens propres à les diriger.

Parmi les foules, les moins criminelles sont peut-être celles des ouvriers en grève; que font-elles cependant dès qu'elles veulent obliger tous les ouvriers à la cessation du travail? Elles infligent aux non grévistes (renards, sarrasins, jaunes) des châtiments corporels; les non grévistes sont roués de coups, et les conducteurs des masses qui montent à l'assaut de notre société et de notre gouvernement, de ces masses qui emploient la grève comme un moyen politique, ne se gênent pas pour recommander l'usage de la « machine à bosseler », c'est-à-dire des coups, pour en imposer aux renards.

Leur psychologie est meilleure que celle de beaucoup de nos criminalistes. Il est à craindre que mon raisonnement ne persuade pas, que l'idée d'employer les châtiments corporels ne semble rétrograde; l'avenir dira si les anthropologistes qui recommandent des mesures sévères contre les délinquants habituels ont tort. J'ai la conviction qu'une étude pratique de la psychologie des criminels nous conduira nécessairement à changer la conception que nous avons de leur sensibilité aux choses qui impressionnent la nôtre. Nous vivons encore de préjugés en ce qui les concerne, et nous en sommes à la notion humanitaire et sensible de Jean-Jacques Rousseau, toute subjective et à prioriste.

L'homme honnête et bon est un produit de l'évolution sociale; ce n'est pas un produit naturel de la vie humaine. L'âge d'or attend peut-être nos arrière-petits-neveux, mais nos arrière-grands-pères ne l'ont certainement pas connu.

CHAPITRE V

La réparation du préjudice.

Beaucoup de criminalistes font une distinction entre la répression proprement dite et la peine; cela me paraît une subtilité, à moins de limiter la peine à la vindicte publique, idée dont j'ai essayé de montrer le peu de fondement. La peine n'est qu'un des éléments de la réaction sociale contre l'infraction, elle ne saurait en être le facteur le plus important; j'accorderais volontiers à la réparation du préjudice le rôle prépondérant.

Je ne peux mieux faire que de reproduire à cette occasion les idées très nouvelles d'un homme d'État qui a été longtemps garde des sceaux, M. Monis. Il a bien voulu m'autoriser à les exposer, et je l'en remercie; ses conceptions relatives à la répression sont fondées sur la réparation du préjudice causé par l'infraction.

M. Monis est frappé de l'injustice relative avec laquelle notre législation traite les victimes d'un crime ou d'un délit; veulent-elles demander aux tribunaux répressifs, comme parties civiles, la réparation du préjudice qui leur a été causé, elles doivent pour cela supporter les frais de la procédure; les coupables condamnés à l'emprisonnement subissent leur sort avec plus de philosophie et se consolent en disant — ce qui arrive fréquemment — « tant mieux! on me nourrira pendant ce temps-là. » S'ils ont su mettre à l'abri des recherches de la police une partie des sommes qu'ils se sont indûment appropriées, leur infraction leur aura été profitable; quant aux sommes ou objets saisis sur eux, la restitution en est faite aux légitimes propriétaires après d'ennuyeuses formalités.

« Cependant, fait observer avec raison le sénateur de la Gironde, la victime est en réalité le personnage le plus intéressant du drame judiciaire qui aboutit à un jugement de condamnation et c'est pourtant elle qui est le plus mal traitée, dont l'intervention est le plus défavorablement accueillie, dont les intérêts sont le plus mal protégés. » En effet, il est rare, sauf le cas de constitution de partie civile, que le jugement de condamnation statue sur les dommages éprouvés par la victime de l'infraction et en ordonne la réparation. Il ne faut pas oublier un détail habituel, c'est que, neuf fois sur dix, le plaignant sera malmené par la défense.

M. Monis fait au contraire de la réparation due à la victime l'idée directrice de son système pénal; toute décision de condamnation devra statuer d'office sur l'évaluation du dommage et en ordonner la réparation. Le montant du préjudice sera la base de l'appréciation de la peine.

Ce principe posé, les règles actuelles de compétence n'étant pas modifiées, l'ancien ministre de la Justice fait une distinction entre les criminels corrigibles et ceux qui ne le sont pas; il établit sa distinction sur des bases juridiques, non sur des signes anthropologiques. L'indice de l'incorrigibilité sera la récidive. Il conviendra de faire subir aux récidivistes un traitement différent de celui qui sera applicable aux condamnés primaires.

Ceux-ci pourront être autorisés à réparer le préjudice à l'aide de leurs biens personnels, ou avec l'aide de leurs parents ou de leurs amis; l'autorisation pourra être totale ou partielle, suivant la décision judiciaire.

La faculté ainsi laissée aux juges est une faveur accordée aux délinquants primaires, car l'obligation de la réparation par le travail personnel du condamné est la règle; la conséquence de cette obligation est la nécessité pour le condamné de travailler jusqu'à ce qu'il se soit libéré, non seulement des dommages ou restitutions dues à sa victime, mais encore des frais de justice et des dépenses d'entretien dont l'État ne fait que l'avance. Il a donc intérêt à éviter le prolongement coûteux de l'instruction. C'est une différence marquée avec le système actuel, les frais d'entretien du prisonnier n'étant pas en principe recouvrables, sauf pour la partie civile, qui doit en faire l'avance lorsqu'elle veut exercer la contrainte par corps. Il y aura sans doute des condamnés qui refuseront de travailler; il faudra, pour les y obliger, avoir recours à des mesures de coercition, telles que nos châtiments disciplinaires actuels.

L'inégalité apparente du traitement dont les condamnés solvables et les condamnés insolvables pourraient être l'objet n'arrête pas M. Monis, qui fait observer justement que cette inégalité existe actuellement, car il est impossible de proportionner exactement la peine au tempérament et à la culpabilité de chaque individu; dans son système, la réparation du préjudice étant la base de l'intervention sociale, il est naturel que cette intervention soit limitée à assurer l'indemnisation de celui qui a souffert de l'infraction.

Il peut se rencontrer des cas où l'insolvabilité du condamné et l'importance du préjudice rendent nécessaire une longue astreinte au travail obligatoire; il n'y aurait rien d'injuste à cela, puisque c'est à la faute seule du coupable que sera imputable la durée de sa condamnation. Il conviendrait d'ailleurs de laisser aux tribunaux une assez grande liberté et de leur permettre par exemple de limiter la durée de la condamnation à un maximum, ou de cantonner à une partie des dommages-intérêts la réparation pénale.

Comment organiser le travail obligatoire? M. Monis s'est préoccupé de cette question et voici la solution qu'il propose, en laissant bien entendu aux gens de compétence spéciale le soin d'en régler les détails.

Le travail serait exécuté soit dans des maisons de détention, soit dans les colonies. La répartition des condamnés dans ces deux catégories serait faite d'après leur degré de nocivité sociale ; les récidivistes et les criminels d'habitude, à instincts mauvais, seraient soumis à un régime analogue à celui de la relégation, et transportés aux colonies ; ils seraient employés aux travaux publics, comme les condamnés romains l'étaient aux mines. Les condamnés corrigibles seraient internés dans des établissements affectés au travail. L'internement serait de type différent suivant la gravité de l'infraction ayant motivé la condamnation et suivant le degré de nocivité du coupable. Certains condamnés dont la faute est relativement légère ou dont les habitudes ne constituent pas un péril pour la société, pourraient être autorisés à passer la nuit chez eux ; il en serait ainsi notamment des gens mariés, sur le compte desquels de bons renseignements auraient été donnés. Les autres seraient astreints à l'encellulement, au moins pendant la nuit.

M. Monis est hostile à l'emprisonnement en commun, à cause de ses inconvénients ; il pense que les prisonniers doivent être isolés, mais que cet isolement ne doit pas être absolu, car il y a peu d'hommes qui puissent supporter sans troubles graves une séquestration prolongée. Les détenus travailleraient donc non pas en commun, mais dans de grandes salles contenant des sortes de compartiments permettant aux condamnés de se voir sans communiquer entre eux.

A quel genre de travail les emploierait-on? Il y a encore des distinctions à faire ; certains condamnés ont un métier ou exercent un art, il conviendrait de leur laisser la faculté de travailler selon leurs capacités ; un peintre pourrait faire des tableaux, un sculpteur, des statues, un écrivain composer des ouvrages littéraires ou scientifiques. La considération dominante serait l'obligation du travail pour indemniser le préjudice individuel et social résultant de l'infraction ; les artistes ou les ouvriers habiles seraient évidemment favorisés, mais cette faveur ne serait que la conséquence de la valeur de leur œuvre.

Les artisans, ceux qui n'ont appris aucun métier, qui n'ont aucune profession, seraient employés comme manœuvres ou comme journaliers et exécuteraient des travaux n'exigeant pas un long apprentissage ; M. Monis avait étudié spécialement à ce point de vue les équipements militaires ; la confection d'un pantalon d'artilleur, par exemple, comporte de nombreuses opérations réparties entre divers ouvriers, qui ne font qu'un détail particulier; quelques jours suffiraient aux détenus d'intelligence moyenne pour être au courant de ce détail. En organisant dans les établissements pénitentiaires, dont la distribution géographique s'y prête bien, des ateliers pour les fournitures militaires, on pourrait employer un nombre considérable de condamnés. L'industrie des équipements militaires deviendrait une sorte de monopole de l'État; mais les conditions dans lesquelles ces fournitures doivent être faites, et leur objet, justifieraient la fabrication directe par la nation.

M. Monis ne donne d'ailleurs cette indication qu'à titre d'exemple; il ajoute que les récidivistes, destinés à la transportation, seraient affectés aux grands travaux publics coloniaux.

Il insiste sur un point : le paiement équitable du travail pénal; il ne faut pas donner au condamné l'exemple de la mauvaise foi, de l'exploitation intéressée; rien ne le démoralise davantage; son travail doit être rémunéré à sa valeur exacte, qui n'est pas difficile à déterminer. Peut-être y aurait-il quelque embarras pour apprécier la valeur de la main-d'œuvre grossière dans les colonies où les indigènes se contentent de salaires assez bas; il y a là un point de détail à régler.

La peine consistant dans l'obligation de réparer le dommage que l'on a causé par sa faute, il en résulte que, dans le système de M. Monis, la mort n'est plus une peine applicable, puisqu'elle fait disparaître la possibilité de la réparation ; d'autre part, la conséquence logique des principes admis par l'ancien garde des sceaux est d'augmenter la durée de la plupart des peines ; dans les cas graves, lorsque le préjudice sera considérable : meurtre, blessures, attentats aux mœurs, vols importants, cette durée peut devenir indéfinie. Les criminels dangereux sont ainsi pratiquement exclus du milieu social. Il est intéressant de noter que le système purement juridique de M. Monis aboutit automatiquement à deux résultats, que les criminalistes de l'école anthropologique réclament avec insistance ; l'un est la sentence indéterminée, l'autre l'internement indéfini des incorrigibles dangereux ; dans le système pénal de M. Monis, l'indétermination dépend, dans une certaine mesure, du condamné lui-même, qui sera libéré d'autant plus vite qu'il aura plus tôt réparé le préjudice causé par son infraction. La perpétuité de l'internement est la conséquence de la récidive, signe légal de l'incorrigibilité du criminel habituel.

Les conceptions du vice-président du Sénat offrent sur celles du Code un avantage important. Le condamné, une fois sa peine terminée, aurait réparé le préjudice causé à la victime et remboursé à la société toutes les dépenses occasionnées par la répression et la détention; il serait dans la situation d'un débiteur qui a intégralement payé sa dette, qui est véritablement libéré. Pour employer les expressions mêmes de M. Monis, qui font image, son système « fabriquerait des réhabilitables au lieu de fabriquer des récidivistes comme le fait le système actuel ». Le frein, le facteur inhibitif du crime est, dans le projet du sénateur girondin, l'obligation de travailler, et de travailler *pour autrui*, obligation particulièrement pénible. Le délinquant perd les avantages relatifs que lui assure l'état actuel de notre législation; il ne sera *libéré* qu'autant qu'il aura *réparé*. La peine devient ainsi véritablement proportionnée, efficace, moralisatrice; la récidive devient un danger que le criminel a le plus sérieux intérêt à éviter.

J'ai voulu terminer l'exposé des principes modernes sur la peine par l'analyse des théories originales du sénateur de la Gironde; elles constituent un essai cohérent et pratique de refonte de notre législation répressive; les principes qui en forment la base ont préoccupé à diverses reprises les savants; un des criminalistes les plus respectés, M. Prins, a étudié la question de réparation du préjudice et du travail sans détention (Bulletin Union Internationale de droit pénal, III, 121; 317; VII, 145; IX, 27; II, 221 etc.).

M. Monis est, à ma connaissance, le premier criminaliste qui ait systématisé la répression en prenant comme point de départ les droits de la partie lésée.

L'application de ses idées entrainerait des modifications profondes dans notre administration pénitentiaire et occasionnerait des dépenses nouvelles ; cela paraît probable, mais ces dépenses sont inévitables, si l'on veut assurer efficacement la protection des citoyens contre les criminels, protection que notre système actuel, universellement condamné, ne réalise pas suffisamment. Dans le système que je viens d'exposer, les dépenses seraient d'ailleurs recouvrées sur le travail des condamnés, ce qui est impossible aujourd'hui.

En tout cas, il y a dans le projet de M. Monis une idée qui peut immédiatement être mise en pratique, c'est la fixation par les juridictions répressives des dommages-intérêts et des restitutions en faveur de la partie lésée ; il serait facile au législateur de confier cette mission aux tribunaux en complétant les articles 3, 162 et 194 du Code d'Instruction criminelle. Le jugement devrait statuer obligatoirement non seulement sur les dépens, mais sur les réparations civiles, dans tous les cas. La restitution des objets volés ou détournés devrait être ordonnée par décision judiciaire et non laissée aux soins du parquet.

Il faut espérer que M. Monis usera de sa légitime autorité dans le Parlement pour faire voter cette mesure, ainsi que toutes celles qui rendraient aux plaignants moins difficiles et moins onéreux l'accès des tribunaux répressifs et la défense de leurs intérêts privés.

CONCLUSIONS

Il resterait encore bien des choses à dire sur le fonctionnement pratique de la justice, en tant qu'organe approprié à la réaction sociale de défense contre le crime; mais le sujet est si vaste, qu'il ne faut pas songer à l'aborder ici. Il dépend étroitement de la sociologie criminelle, car les lois pénales les meilleures deviennent insuffisantes quand elles sont mal appliquées; mais l'examen de la fonction sociale de la justice est une étude qui doit demeurer autonome.

Je terminerai l'analyse incomplète que je viens de faire des principes de la science criminelle en formulant les conclusions qui en résultent; il serait inutile de rechercher les moyens de lutter contre la criminalité, si l'on n'essayait pas en même temps d'amener l'opinion publique, dans la mesure possible, à comprendre leur utilité ou leur urgente nécessité.

D'une manière générale, le système pénal

actuel est à modifier. Beaucoup de nos peines sont absolument inefficaces, et l'argent que nous employons à entretenir nos prisonniers est de l'argent gaspillé. Loin d'assurer la défense sociale, c'est-à-dire la protection des bons citoyens contre les mauvais, notre système lui fait le plus grand tort. Il est tout à fait illogique de montrer plus de condescendance et de sympathie pour les coupables que pour les victimes, celles-ci sont infiniment plus dignes d'intérêt. Il est urgent de nous débarrasser de sentiments qui ne se justifient plus aujourd'hui ; alors surtout que nous ne devons pas chercher à punir des coupables, mais à nous mettre à l'abri d'individus dangereux et nuisibles.

Plus spécialement, nous devons lutter contre le développement croissant de la criminalité; les plus pressants besoins de notre société à ce point de vue sont les suivants :

1° Prévention :

Il est urgent d'établir des asiles spéciaux pour les aliénés dangereux ou criminels qu'il est imprudent de laisser dans les asiles ordinaires, plus imprudent encore de relâcher sans un examen approfondi de leur état.

Il est nécessaire de surveiller la reproduction humaine, de ne pas permettre aux progéniteurs tarés de multiplier les dégénérés inférieurs dans la société; le mariage est un fait auquel la collectivité ne saurait plus longtemps demeurer indifférente.

L'enfance doit être mieux protégée ; il est indispensable de ne pas abandonner les enfants à eux-mêmes. dès leur sortie de l'école primaire ; la société doit leur continuer sa surveillance et ses soins ; les moyens proposés à cet effet par M. Monis sont à recommander. On remédiera ainsi à un véritable péril social. l'accroissement de la criminalité juvénile.

Il faut enfin faire de bonnes lois sociales, en prenant bien garde de ne pas détruire les sources de production par des mesures téméraires ou mal étudiées, quelque respectables que soient les sentiments qui les inspirent ; le corps social est un organisme dont les parties sont solidaires, la santé des unes est la condition de celle des autres. Il faut par conséquent examiner avec soin la répercussion des lois ; des dispositions excellentes en elles-mêmes peuvent retentir sur les causes de la criminalité résultant de la misère ou de la gêne ; *la prospérité économique d'un pays est une des conditions qui assurent le plus efficacement la diminution de sa criminalité.*

2° Réprimer :

Nos peines doivent être conçues de telle sorte qu'elles deviennent une inhibition véritable, non une incitation à l'infraction, comme elles le sont quelquefois ; le régime pénitentiaire ne doit pas avoir pour objet de rendre le séjour des établissements de répression désirable, mais de déterminer au contraire chez le condamné la plus sérieuse volonté de n'y plus revenir; cette notion est évidente, et cependant nous l'avons souvent perdue de vue; n'oublions pas que, dans l'intérêt du criminel lui-même, la peine doit être une correction.

Notre système actuel d'atténuation des peines en faveur des demi-responsables est une erreur capitale; il est à souhaiter que l'on donne aux juges la mission de prononcer un internement prolongé, soit pénal avec un régime spécial sanitaire, soit médical; il serait nécessaire de prendre des mesures propres à éviter l'arbitraire.

Les incorrigibles doivent être exclus du corps social s'ils sont un danger; la relégation, la transportation avec travail obligatoire, ou toute autre mesure équivalente doivent être recommandées à leur égard.

La répression n'est efficace qu'à la condition de n'être pas exagérée; il est devenu nécessaire de déclasser certaines infractions trop punies encore; le meilleur moyen de parvenir à ce résultat serait de réglementer la correctionnalisation et d'en fixer les limites et les conditions; cette réforme est urgente.

3° Réparer :

Si le Parlement ne veut pas tenter une réforme complète de nos lois pénales, sur les bases proposées par M. Monis, par exemple, il est cependant indispensable qu'il permette aux parties lésées d'être indemnisées sans avoir à se constituer parties civiles ; la fixation de la valeur de l'indemnité de réparation devrait être faite d'office par le jugement de condamnation.

Telles sont les améliorations qu'il serait facile de réaliser en peu de temps, exception faite de la plus importante, celle qui concerne la propagation de la vie humaine et qui dépend des mœurs et non des lois ; il faut que nous apprenions cependant, avant qu'il ne soit trop tard, à juger les phénomènes sociaux selon leur véritable valeur, à connaître le prix de la santé physique et morale de nos enfants ; il faut que nous sachions que la perpétuation de la vie est une obligation et un devoir, mais que la paternité et la maternité sont des actes sacrés, interdits à tout ce qui est impur. *L'Évolution d'une société, comme d'une race, dépend des conditions dans lesquelles la reproduction y est assurée.*

FIN

TABLE DES MATIÈRES

LIVRE DEUXIÈME

LIVRE TROISIÈME

638. — Paris. — Imp. Hemmerlé et Cie. — 4-09.

638. — Paris. — Imp. Hemmerlé et Cie. — 4-09.

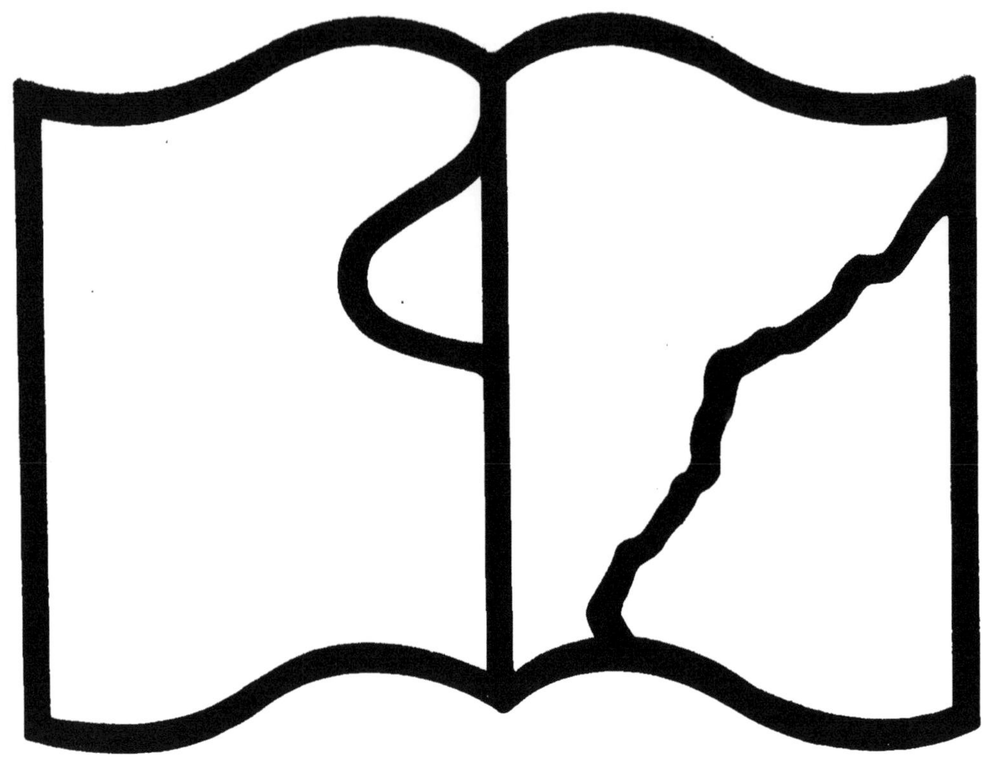

Texte détérioré — reliure défec.ueuse

NF Z 43-120-11

www.ingramcontent.com/pod-product-compliance
Ingram Content Group UK Ltd.
Pitfield, Milton Keynes, MK11 3LW, UK
UKHW012008240726
13965UKWH00001B/242

9 782013 570343